古籍版本
价值及鉴定

孔庆茂 著

创于1897 商务印书馆
The Commercial Press

本书由南京艺术学院学术著作基金资助出版

目　录

绪　论

古籍版本源流概说

　　古籍版本学是传统的文献学的一个重要组成部分。文献学又包含目录学、版本学、校勘学及辨伪学、辑佚学等内容。版本学是研究古籍不同时期、不同类型的版本问题。目录版本学原本是中国传统人文学科的基础，近年来随着文物保护学科的兴起，古籍的收藏、鉴定、保护日益被全社会重视，古籍版本及鉴定也成为其中重要的一门课程。

　　古籍版本鉴定是涉及多方面学科知识的一门学问。古籍是中国传统文化最重要的载体，浩如烟海，包罗万象。对其版本的认识，既需要理论的知识储备，更需要大量的长期实践。

　　要了解古籍的价值及版本鉴定，我们须先从古籍的发展源流说起，了解相关的知识。

一、古籍的载体

　　古籍是随着中国文明的产生而发展的。当人类文明发展到文字成熟使用之后，书籍也就出现了。殷墟的甲骨文就是我们可以知道的最早的古籍，只不过是以龟甲和牛肩胛骨作为载体，类似于后世的档案。那么用于占卜的《易经》在当时也一定以某一种形式流传。

《墨子》里所谓的"书于竹帛，镂于金石"（《兼爱下》），就是指古代书籍的载体与形式。从今天出土的战国时代的木牍、竹简、帛书，以及用笔书写在玉石片上的侯马盟书，刻在石上的石鼓文，以及青铜器上的铭文，都可以看作是那个时代的古籍。我们可以知道，在先秦时代已经有好几种不同的文字载体了。

一是刻在龟甲牛骨上的甲骨文。除了河南安阳殷墟里的甲骨卜辞之外，还有发现于陕西扶风的周代初年的甲骨。国家有大事，每每借助占卜预测凶吉，占卜以物灼钻龟甲背面，结果用文字刻在正面，作为档案资料保存。殷墟甲骨是当时卜筮的详细记载，故又谓之卜辞。殷商时代国家大事占卜的资料，无疑是一种很有价值的书籍档案。

二是帛书。帛作为丝织品轻薄光洁，除用于穿着外，也便于书写保存，是一种很理想的书写载体。帛书，又名缯书，我们今天看到最早的帛书是长沙子弹库楚墓里的帛书。长沙马王堆三号汉墓也出土了大量汉初的帛书，共计28种。如帛书《老子》甲乙本、《战国纵横家书》，还有类似于气功导引类的、图文并茂的帛书。帛书比起甲骨来要轻便得多，便于书写，是很理想的载体。但是这种丝织品过于贵重，只有极少数王侯之家才有条件使用，流传不如简牍广。

三是简牍。也就是竹简和木牍的合称。这是古人最常见的书写载体。南方多用竹简，北方则用木牍。竹简比较窄，一简只能写一行。而木牍可以写多行。简牍比帛书成本要低许多，容易得到，但缺点是笨重。《庄子·天下》里说："惠施多方，其书五车。"从春秋战国到三国西晋，简牍是主要的书籍载体。出土的简牍很多，如包山楚简、云梦秦简、武威汉简、三国吴简等。

四是纸质书。东汉时有了纸张，但用于写书还不普遍。西晋文学家左思写《三都赋》，一时争相传抄，以至"洛阳纸贵"。我们今天看到陆机的《平复帖》，也是纸质书写的，可见西晋纸质书已经相当普遍了。东晋桓温上奏提出废除竹简，纸张才开始普及整个社会。

以上这些可以毫无疑问称之为书籍。青铜器、石刻，并称金石，也有许多文字。虽然它的功能并不单纯是书籍，但从广义上也可以把它归为书籍的载体，特别是石刻，有些石刻跟书籍非常接近，如东汉末熹平石经、三国魏正始石经、唐代开成石经、蜀石经等等。写刻在玉或石上之字，如春秋战国时的侯马盟书、温县盟书，历代帝王祭祀封禅时所投的金简玉册等，基本上都属于金石之学。

我们讲古籍版本，主要是讲纸质书的版本，其他载体一般而言不在我们研究的论述之内。

二、古籍的版本分类

古籍数量浩繁，版本类别众多，要为古籍版本做个完整科学的分类非常困难。但要研究，首先就必须分类。人们习惯上根据不同的研究需要，从不同的角度进行归类划分。

1. 从时代来分，可分为唐本、宋本、金本、西夏本、元本、明本、清本等等。

2. 从版本物质属性来分，可分为写本、木刻本、活字本、石印本、铅印本、磁版、泥版等等。

3. 从版本所有者来分，可分为官刻本、家刻本、坊刻本等等。所谓官刻本，即官方机构刊印的书本，上至朝廷内府，下至各级地方政府机构、学校都有。如宋代的国子监、地方上各府郡州县，茶盐司、转运司、公使库、漕台、计台、郡学，元代各路儒学、书院，明代的司礼监、藩府、国子监，清代武英殿、扬州诗局、官书局，等等。这些机构刻印的书本叫官刻本。宋元时代的书院，佛道教刻经，也往往有官方背景，大抵也可归入此类。所谓家刻本，指历代各地个人、家族、家塾刻印的书本，也叫私刻本。家刻主要指官僚、文人、学者自己刊刻的、不以营利为目的的刻书，大多出于个人兴趣或保存家族地方文献之用。所谓坊刻本，是指历代各地书坊刻印的书本。坊刻与家刻的区别在于，前者是书商以营利为目的刻印的书。当然，家刻的书也会售卖一部分，书商有时也身兼学者，刻一些有学术趣味的书，有时不好区分①。

4. 从地域的角度来分，可分为浙江本（浙本）、福建本（建本、麻沙本）、蜀本（眉山本）、平水本、江西本等等。也可以在前面再加上时代，如宋浙本、宋建本、宋蜀本、元浙本、元建本、金元平水本等等。书坊刻书常标"京本""杭本""婺（婺州，今浙江金华）本""明（明州，今浙江宁波）本"，表明书的来源。但与刻书的地点往往并不一致，如建阳的刻书常常标"京本""杭本""金陵原本"等。地域区分多用于宋元时代，明清以后地域的差异变小，一般不再这么称呼。

5. 从版印时间先后分，可分为初刻本、重修本、宋刻元明递修本、元刻明清递修本、递修本、配补本、百衲本、宋刻元印或明印本等不同的类型。

6. 根据流传情况分，可分为足本、稀见本、善本、通行本、孤本、残本、节本等等。

----

① 有人简单地把牌记上带有"宅""家塾""书堂"的书都归于家刻，失之过宽，不足为据。

三、古籍的装帧

纸质的书籍，今天我们看到最早的是十六国及东晋时期的敦煌写经。20世纪初期敦煌石窟的发现，打开了中国古籍的一大宝库，我们得以见到从两晋到北宋初年各种类型的古书。纸质书从诞生到近现代，书的装帧形式不断在改进和更新，在适应人们阅读的需求，越来越便于人们使用。从装帧的形式看，古今图书的装订方式，大概经历以下几个阶段。

1. 卷轴装

最早的书籍形式是卷轴装，又叫卷子装。这种装帧形式大概来源于战国时代以前的简牍与帛书帛画。书籍与图画同科，可以像画一样卷起来，成为一轴。我们今天看南北朝之前的许多手写的本子都是这种卷轴的。古籍的一卷的名称就来源于这种卷轴装。卷轴比起简牍要轻便得多。这种卷轴装的书，卷好以后轴头可以往架上一插，不占地方。唐代的书籍很多还是这种卷轴装的，所以韩愈的诗说李泌藏书邺三万。(韩愈《送诸葛觉往随州读书》诗："邺侯家多书，插架三万轴。")

2. 缝缋装

古人诗文往往是单篇小幅形式，积少成多，连缀成书。有些民间的书籍就是这种缝缋装形式。即把一叠单叶的纸，用线连缀在一起，便于人们前后翻阅。缝缋装大概是民间比较简陋的装帧形式，看起来不美观。敦煌遗书中可以见到这种形式，但很少见到皇家藏书用这种缝缋装的。敦煌佛经中常见这种将书叶连缀在一起的缝缋装的册子。

缝缋装的缺点也是显而易见的：单页的书容易脱落，使用不耐久。所以在唐代出现了经折装取而代之。

3. 经折装

所谓的经折装，是指佛经一折一折地折叠起来，外面加上书衣。这种装帧形式是卷子装的改良，即把原来长卷的卷轴折成一叠一叠的方册，前后加上书衣，即成后来书本的样子。经折装的书籍翻阅起来比卷轴更加方便，且便于前后查找。经折装与线装是流传到后世的两种最主要的装帧形式。宋元以后刊行的各类《大藏经》、碑帖、臣子的奏折，几乎都是这种装帧形式。

4. 龙鳞装

针对卷轴装的缺点，人们进行了种种革新。除了经折装外，另一种尝试是在卷轴装的底子上从右到左一页一页依次粘贴纸叶，像鱼鳞一样，故称龙鳞装。原来一卷只能一纸写到底，而这样像鱼鳞一样一页页地依次粘贴，能在一个卷轴中容下许多张纸，而且摊开一页一页翻检也容易。但其也有两个明显的缺点。一是纸张容易脱落，二是摊开以后所有粘贴的叶子都是向上卷起来的，看起来像旋风一样，不平整服帖，所以龙鳞装又叫旋风装。单页从右侧一条粘贴书叶，时间长了很容易脱落。这种装帧好像只有唐季五代有，后世就不见记载了。

5. 梵夹装

佛经还有一种装帧形式，是来自印度佛经贝叶经的装帧，将一叶一叶经纸依次摞好，上下各打一个钉眼，用绳子穿起来，前后上下各加一块木板保护，用绳子系起来。印度贝叶经和藏传佛教里的藏文佛经很多用这种方式，叫梵夹装。但这种装帧只适合贝叶或特别厚重结实的纸张采用。汉族地区一般的皮纸、竹纸经不起这样磨。梵夹也就是佛经，所以很多人把梵夹装等同于经折装。如现在中国台湾地区还习惯称经折装为梵夹装。

6. 蝴蝶装

蝴蝶装是宋元到明中期常见的装帧形式。一叶书版以中间的版心为中轴线，左右两半叶对称。书叶从版心处向内对折，形成两个对折的半叶。每叶折起后都会有两个背白，要用糨糊溜口，在版心后面涂上糨糊，把所有书页粘在一起，外面再用厚纸粘贴包背。摊开来对称的两个半叶形成完整一叶，加上边框，像一只展翅的蝴蝶，看起来有一种对称美。蝴蝶装改变了卷轴与经折装书籍连绵不绝的阅读效果，一叶一叶的，阅读时给人一种节奏感与对称美，所以蝴蝶装可以说是古籍装帧史上的一个里程碑。但蝴蝶装也不是没有缺点，书根部分用糨糊粘贴，不够牢固耐久，时间长了容易脱胶散开，而且两个背白用糨糊溜口，也容易散开影响美观。

7. 纸捻装

在蝴蝶装糨糊粘叶的同时，还有一种用纸捻穿订的方法。将书叶以版心为中心向外对折，背白折到里面，原来的版心到了最外面（后来改称书口），在书脑上打下两个或四个眼，用纸捻（纸捻是用纸搓成的细绳）穿订扎紧。线头压在中间书内，然后将书捶平。这种装帧跟线装书的差别只在于不用线订，没有线装那么整齐好看，故又称毛装。毛装常用于一般文人读书或著书，写完一卷，为防散乱，自己用纸捻订起来，前后调整方便，不求精致美观。它是一种简易的方法，然而在社会上却运用得相当普遍。

8. 包背装

纸捻装外面，考究一点的还要加一层较厚的书衣包起来，加了书衣的就是包背装。包背是为了保护纸捻不被磨断，同时加了书衣又比较美观①。明清时代的包背装内芯大多是纸捻装。《永乐大典》《四库全书》采用的都是包背装。当然，蝴蝶装也需要包背，但其书心太狭窄，只能用糨糊粘贴。

9. 线装

纸捻装的捻容易断开，蝴蝶装容易脱胶，发展到后来就有了线装的装订方法。把纸捻装改成线装，是一个很大的进步：在书脑上穿好纸捻后前后加上书衣切齐，再打四个孔（或六孔），一起装订起来。线装比之前各种装订方法都要牢固结实，经久耐用。宋元时代的蝴蝶装、包背装后来在重装时就改为了线装。

四、 怎么判断古书的价值

作为中国传统文化的载体，古书的价值是多方面的。文史哲学科主要是研究其文字精神内容的价值。版本学研究的重点是古籍的版本在精神内容传播中的价值。比如《庄子》一书，人们可以从文学、史学、哲学等不同学科来研究它的思想，都是从文本内容入手的。版本学则是从书的物质形态入手，研究不同版本的先后、文本内容上的差异以及它们之间的真伪优劣问题。研究物质形态的版本的价值，是一切研究的基础。

有较高价值的古籍版本，以前习惯叫善本。所谓善本，是相对

---

① 纸捻装前后也加有书衣，但与正文一起穿订，纸捻是露于外面的。

于普通本子（普本）而言的。如何确定是否善本，传统上习惯以所谓的"三性""九条"来把握。这"三性""九条"是20世纪70年代末编写的《中国古籍善本书目》提出的确定善本的原则。

"三性"就是以历史文物性、学术资料性、艺术代表性三个方面为尺度，这也是衡量一本书版本价值的三个维度。

所谓历史文物性，是从文物的角度看其文物价值的高低。宋刻元椠，肯定高于一般的明清刻本，名家稿本、抄本肯定高于一般抄本。时代越早、作者知名度越高或版本越稀见，其文物价值就越高。

所谓学术资料性，是指古籍的文献价值，即古籍内容对学术研究的参考价值。时代越早、离原作者越近，其文献价值一般来说就越高。如作者自己的手稿本，肯定比后来辗转抄写刻印的书籍更接近原貌，错误更少。如老子《道德经》战国和西汉的帛书简牍，无疑比后世的抄本、刻本文献价值更高。

所谓艺术代表性，是指古籍的艺术价值。古籍也是一种艺术品，无论对其中的书法、绘画、设计，还是对纸墨及雕刻与刷印技艺都有很高的要求，对于某些稀见而又具有代表性的古籍，比如在雕版、活字印刷、套版水印等方面具有代表性的，其艺术价值当然也更高。如明末饾版、拱花技艺的代表《十竹斋笺谱》，清初泰山徐志定印的《周易说略》《蒿庵闲话》是仅存的磁版印书。历史上的名家如司马光、顾炎武、王国维、梁启超的手稿本，无论其文物价值还是艺术价值，都是很高的。

不同的古籍在这三种价值中具有一方面，甚或兼具三方面的价值，就不能等闲视之。

在"三性"之外，古籍善本具体的选择标准还有所谓的"九条"。这"九条"主要是：

1. 元代及元代以前刻印、抄写的图书（包括残本和零页）。

2. 明代刻印、抄写的图书（包括具有特殊价值的残本与零页），但版印模糊、流传尚多者不收。

3. 清乾隆及乾隆以前流传较少的印本、抄本。

4. 太平天国及历代农民革命政权刊行的图书。

5. 辛亥革命前在学术上有独到见解或有学派特点，或集众说较有系统的稿本，以及流传很少的刻本、抄本。

6. 辛亥革命前反映某一时期、某一领域或某一事件资料方面的稿本及较少见的刻本、抄本。

7. 辛亥革命前有名人学者批校、题跋或抄录前人批校而有参考价值的印本、抄本。

8. 在印刷上能反映我国古代印刷技术发展，代表一定时期技术水平的各种活字本、套印本，或有较精版画的刻本。

9. 明代印谱全收。清代集古印谱、名家篆刻印谱的钤印本，有特色或有亲笔题记的收，一般不收。

尽管"三性""九条"在实际工作中还有许多不尽如人意的地方，但目前仍是比较容易把握的尺度。

在具体工作中，判断一本古籍的价值，往往是多种因素的综合考量。古书不像字画、瓷器、青铜可以从直观的视觉角度赏鉴，它是由文字构成的，首先要从文本内容上进行研究，确定其价值。中国传统的文人学者或藏书家，特别是清代学者拿到一本书，首先做的就是校勘。拿它与通行的本子进行比较，从卷数多少、文字异同、刻写优劣等方面进行比较，在比较中得出版本的价值，甚至还要写出校勘记，附于书后。不尚空谈，实事求是，这是清代学者鉴定古籍的最基本做法，清代的钱大昕、黄丕烈，近代的傅增湘、张元济、王国维更是发扬光大，炉火纯青。但后来特别是近几十年这个传统渐渐不讲了，鉴定古籍就成为一门技术活，从版式字体、著录多寡、是否常见等方面，给出一个大概的结论。这是不够科学的。书籍是由文字构成的，它的价值不单单在于形式，更重要的在于内容，必须通过书的内容比较判断衡量其价值。我们一般可以从祖本、异本、足本、精校本四个方面来确定古书的文献价值。

所谓祖本，也就是最早的版本，是后世各种版本的源头。比如《宣和画谱》元大德六年（1302）杭州吴文贵刻本，是以王芝所见南宋内府本为底本，又校以其他抄本而刊刻的。后世各种本子都是从这个本子翻刻出来的。

所谓足本，就是与其他版本相比内容最全的本子。有许多古籍在流传过程中有卷帙散佚，或被后人删节、腰斩、选录，就有了各种卷数多寡不同的版本。足本具有天然的优势，对于学术研究至关重要。如宋代文人王庭珪《卢溪先生文集》（明嘉靖五年［1526］刊本）是六十卷本（书名"文集"，实含诗文两类），并不是特别稀见的书，《四库全书》也收录了，如果不从文字比较来确定，就很容易忽视它的价值。这个嘉靖刊本有胡铨作的王庭珪的《墓志铭》、杨万里作的序言、周必大作的《行状》，都有重大的史料价值。后世的刊本抄本如李兆洛藏抄本《泸溪文集》只有二十卷（现藏上海图书馆），清同治七年（1868）王廉端刊《泸溪集》只有十六卷（现藏上海图书馆），不仅书名改了（"卢溪"误为"泸溪"），字号弄错了，王庭珪生平史料也弄错了。博学如钱锺书先生读的是同治七年王廉端刊的《泸溪集》，在其《宋诗选注》中对王庭珪生平介绍就出现了错误[1]。经核查，钱先生著作所引《泸溪集》卷数都不超过

---

[1] 周本淳：《王庭珪别号、贬年及生卒——〈宋诗选注〉有关王庭珪材料正误》，载《周本淳文集》第二卷，人民文学出版社2021年版，第472—476页。

卷十六，可知所据的是同治七年的版本。由此一端，我们即可知这部足本嘉靖本的文献价值了。

所谓精校本，就是经过学者对照各种版本精心校勘的本子。一部书经过学者收集各种不同版本，比较异同，认真考订，择善而从，错误最少。旧时做学术研究的人都爱选择清儒考订校勘过的书，就是这个原因。

古书的价值是多方面的，不同的人对其价值认识挖掘不同，有高低、深浅、精粗之分。清洪亮吉说：

> 藏书家有数等：得一书必推求本原，是正缺失，是谓考订家，如钱少詹大昕、戴吉士震诸人是也。次则辨其板片，注其错讹，是谓校雠家，如卢学士文弨、翁阁学方纲诸人是也。次则搜采异本，上则补石室金匮之遗亡，下可备通人博士之浏览，是谓收藏家，如鄞县范氏之天一阁、钱塘吴氏之瓶花斋、昆山徐氏之传是楼诸家是也。次则第求精本，独嗜宋刻，作者之旨意纵未尽窥，而刻书之年月最所深悉，是谓赏鉴家，如吴门黄主事丕烈、邬镇鲍处士廷博诸人是也。又次则于旧家中落者贱售其所藏，富室嗜书者要求其善价，眼别真赝，心识古今，闽本、蜀本，一不得欺，宋椠、元椠，见而即识，是谓掠贩家，如吴门之钱景开、陶五柳，湖州之施汉英诸书估是也。[1]

这话颇切中肯綮。我们对古籍的态度不能只从古董的层面考虑，更应当从学术和文化遗产保护的层面来认识其价值。

---

[1] 《北江诗话》卷三，光绪三年授经堂刻本。

五、 古籍版本鉴定是一门科学

长期以来，人们对版本的鉴定一直有一种误解，许多人靠经验、凭直觉断定，很少上升到理论的层面。当然这种实践性很强的工作绝对需要长期的实践经验，但如果不从理论上总结归纳甚至统计分析，并进而上升为规律，单靠经验直觉难免出错。一个时期的古籍有它的时代和地域的特点，体现在书籍形式上，刻书字体、款式、行格都有不同，将古籍的各种要素进行比较、分析、归纳、总结，是完全可以把握规律并得出正确结论的。那种完全凭经验的"望气派"做法是不可取的。

我们可以从以下几个方面把握古籍鉴定的主要因素。

1. 字体特征

这是鉴定古籍最直观且最重要的依据。古籍是通过书法写刻成书的，一个时代有一个时代的书风，时代改变了，书风和书体也会跟着改变。每个时代都有这个时代最流行的书体，要么是约定俗成的一种潮流，要么是官方的规定，有高度的一致性。如宋代浙江一带流行的是唐代欧阳询的欧体楷书，元代就逐渐从欧体过渡到赵孟𫖯的赵体，明清两代又从赵体过渡为集颜、欧、赵体于一身的馆阁体。

同样一种书体，不同时期或不同区域还有差异。如宋代福建地区刻书用的主要是颜体字，丰满厚重，硬朗整饬，跟颜体书法很接近。到了元代以后，就变得草率，有颜体的架子而无其厚重笔力，笔画软弱无力，松软拘谨。明清两代通行的字体，一是硬体的宋体字，一是软体的馆阁字。宋体字体凡屡变，从嘉靖时刀刻手写软硬兼具的宋体，到万历长宋、扁宋，再到横细竖粗的方正宋体。明清两朝的馆阁体也有差别。明代的馆阁体笔画舒展，硬朗刚劲，锋芒外露，而到了清代，字体变得优美、内敛、规范，而没有了明代剑拔弩张的硬气。我们只要看看明代《永乐大典》和清代《四库全书》的字体，一比较就知其明显的风格差异。

刻书的字体与书法字体既有相同之处，又有差异。刻书字体在写工的写样之外，又经过了刻工之手，所以还要看刀工。这就需要我们掌握中国书法史上几种有代表性的字体，抓住每一种字体的特点。不仅要掌握其最标准、最典型的写法，还要掌握一种书体的不同变体的规律及特征，如最标准的、较呆板的、较草率的，或者在一种字体中融入其他字体特点的混合字体，如欧颜字体的混合、颜柳的混合。这些典型标准的字体以及各种变体，是我们鉴定版本时的依据，在后面的章节里都会讲到的。刀工也有差异，名工名匠与一般工匠有很大差别，文化发达地区的写刻，与相对欠发达地区的写工刻工相比也有明显的不同。如宋元浙江、福建的刻书与北方平水的刻书迥异其趣。

2. 版式特征

版式特征是书籍版面上的形式特点，主要要素包括版框、行格、书口、鱼尾，是一部书版面的装饰与设计。不同时代、不同区域有不同的风气，官刻、家刻与坊刻也有不同。这些带有规律性的特点，是我们鉴定古籍时代和区域的重要依据。如宋代的浙刻本，除了字体都是欧体字之外，在版式上也有共同特征：不管官刻还是坊刻，都是左右双边，白口，单黑鱼尾，几乎没有例外。宋代福建刻本，主要是四周双边，双鱼尾，开始出现了细黑口。虽然有些白口，但不多，绝对没有大黑口。整个宋代都没有大黑口，这也是有规律性的特点。官刻、家刻不为赚钱，版式就比较朴素大方，不求花哨。而书坊刻书为了吸引读者，赚钱营利，往往在书名或版式上下功夫，有许多创新的设计，令人耳目一新。

到了元代，黑口成为各地刻书普遍的现象，一改宋代的时代风貌。明代初期大多数也是大黑口。但到正德、嘉靖之后，由于复古主义运动影响下翻刻宋本书的风气，一变而为白口，这是宋元时期所没有的。正嘉时期极少数的黑口，大都是翻刻元本或明初书而保留的，此外只有墨守成规的司礼监依然保持黑口。除了这些，嘉靖以后大量的书都是白口。鱼尾也由宋代的黑鱼尾、元代的花鱼尾变为嘉靖以后的白鱼尾或线鱼尾。明代在版式方面也有很大创新，万历时的《径山藏》、毛氏绿君亭刻书把书口、鱼尾都简化了，版心也没有了，就成为两个独立的半叶，都是很有时代性的特点。抓住这些典型的特点，就很容易断定版本的时代了。

3. 某些特殊的称谓

历史上有一些书名、称号带有明显的时代特色，在一个时期内流行，以后就不再出现了。这些特殊的称谓往往成为鉴定古籍的重要参考项。如宋元建阳书坊刻书为了迎合科举考试的要求，往往有许多创新性称谓，如在书原名前冠以"纂图""互注""重言""重意""分门""类题"等，使读者更容易理解把握内容，为科举考试作文章服务。看到这一类字眼，一般都是建阳宋元时的书坊刻书（最晚不会晚于明初）。明代后期建阳的书坊因为都集中在一起，所以习惯在刻书堂号前冠以"书林"二字，宋元和后来的清朝几乎不用这种称呼。书坊刻书在书名上也有自己的特点，往往会标榜自己的来源正、内容新、校勘精。在书名上常常喜欢用所谓"京本""杭本""金陵原本""新镌""新鍥""鼎鍥"等词，一看就知是明代建阳刻的书。明代书坊还经常有一些为读书应试的举子而编的历朝"捷录"的书。所谓"捷录"，顾名思义，就是为了应试而拣主要内容摘抄的本子，各朝史书几乎都被如此这般"捷录"过，这类书主要出现在明代后期的建阳书坊。正是这类书助长了明代人束书不观、游谈无根的不良学风，到清代康熙以后这类书大多被销毁了，清代以后也不准有这种投机取巧的书，没有人敢公然用这种书名，像这类书名一看就知其年代一定在明末。

4. 序跋、题记、牌记与封面

一般的古书，在正文前面或后面都会有序跋，交代刻书的缘由、价值与意义，刻书人及刻书情况。有名人写的序，也有作者自己写的，也有刻书人作的序跋。重刻前人的书，除了保留前人的序跋之外，还会再加上自己的重印序（或跋），这样书的前后就会有若干序言或跋尾，序跋都是按时间先后排的，其中年代最晚的一个可能与该书刻印的时间最相近，但要看其具体内容，一般都会交代刻书的情况，这是一个重要凭据。当然书的前后序跋最容易佚去，也可能与刻书的时间有比较大的差别，要认真分析。

此外，还要考虑一下书中有没有牌记。牌记是刻书者的商标和品牌，宋代牌记往往只标地点、刻书人和堂号，标刻书时间的不多。元明以后刻书后边的牌记一般都兼有时间，这是我们鉴定古籍很重要的依据。牌记既是商标标记、广告词，又相当于版权页。一般说来，牌记是比较可靠的依据。需要注意的是，历史上有一些书经过书贾之手，时常有割裂伪造的牌记，我们鉴定时需要看一下这个牌记有没有被动过，字体前后是不是一致。

明清以后，古籍普遍有了内封面①。所谓内封面，是书衣之内的封面。其往往会用大号字标明书名、著者、刻书堂号及刊刻时间等，更能准确了解刊刻时间及地区。有了内封面之后，牌记就可有可无了，或者把牌记移到最后，明代建阳坊刻书，前有内封面，后有牌记，相当于全书结尾的标志，几乎成为约定俗成的规矩。清代以后，牌记就演变成为书最后的版权页。同时为了防止盗版，在把书籍批发给经销商时，书坊主人还会在内封面上加盖印信，往往是肖形的图案，称作图记，如建阳余氏三台馆用鼎形，南京胡正言十竹斋用麟吐玉书图案，作为正版的商标。

5. 避讳字

避讳字是鉴定古籍的另一项重要依据。中国历代对皇帝的名字都有避讳制度，与本朝皇帝名字相同的人名、地名，甚至官名都要更改。体现在刻书上，就是把书中本朝皇帝的名字（或同音的"嫌名"）缺末笔（一般是缺末笔，亦有省略部分笔画）。宋代刻书对皇帝的本名或嫌名都要避讳，这就为版本鉴定提供了一个明确可资判断的依据。从前到后，避到哪一个皇帝的讳（以后都没避），一般就是这个皇帝在位时所刻（宋刻本一般会标"今上御名"）。宋代避讳严格，清代尤严，这是一个重要的判断依据，用避讳辨别清刻本是很靠得住的。辽刻本也有避讳，金、元、明不避讳，不能用避字鉴定。需要说明的是，明代虽然不避当朝帝讳，但明人覆刻宋本却仍依宋本避讳照刻不误，有时会让人误以为是宋本，因此还需要从字体、版式方面进行认真辨别。具体避讳字及避讳方法，详见后面相关章节。

---

① 元代建安陈氏余庆堂、刘氏翠岩精舍、建安虞氏刻书就有了内封面，只是到了明代更加普遍。

6. 刻工

雕版古籍中往往列有刻工的名字，一般都在下书口，是当时为了计件工资而留下的。书籍刻印过程中雕版是工作量最大、最繁重的一项。刻工的报酬是按刻版字数计算的，有的宋元版本的上书口往往标本页的字数，甚至大字若干、小字若干，下书口往往标刻工的名字，这是为了计算刻工的工作量。付报酬的这些刻工往往终生从事刻书，一生会刻若干部书，通过同一刻工在不同古籍上留下的名字可以比较准确地断定刻书时间。这些刻工姓名就成为鉴定古籍刊刻时代与地区的重要依据。赵万里主编《中国版刻图录》经常利用刻工来考定版本的时代与地区。王肇文编《古籍宋元刊工姓名索引》、李国庆编《明代刊工姓名索引》、张振铎编著《古籍刻工名录》，就是可以用来查找刻工的工具书。瞿冕良编著《中国古籍版刻辞典》也可以查刻工。通过刻工来鉴定版本，是比较可靠的途径，比如美国国会图书馆收藏的元刻本《宣和画谱》，前后没有序跋和牌记，国会图书馆参照台北"故宫博物院"藏元代大德六年（1302）吴文贵本《宣和画谱》，确定为元大德刊本。但两本书只有行格相同，字体完全不同，台北"故宫博物院"的元大德本是欧体字，而美国国会图书馆所藏版本是赵体字。通过查找此书的刻工，就会发现这本书中的好几位刻工，同时又见于元后至元五年（1339）扬州儒学刊本《石田集》里，而且两部书的字体高度相近，都是元代通行的赵体字。可知这部《宣和画谱》刊刻年代一定距后至元五年的时间不会太远，不是大德本，而是元代后期扬州一带刻本。

7. 纸张

通过古籍的纸张来断定刻书年代，是比较可靠的，因为纸张是最难伪造的。不同时代由于材料和抄造技术的原因，纸张在质量、厚薄、色泽等方面特点不同，帘纹不同，后世最不容易仿制。历史上有许多射利书贾利用正德嘉靖间的翻宋刻本冒充宋刻本，纸张往往会露出破绽，正、嘉间的白棉纸厚而白，韧性高，与宋刻本书的皮纸或麻纸有很明显的差别。辨别二者需要对宋元或明清的古籍有比较丰富的实践经验，要熟悉历代古籍用纸及不同类型纸张的特点。另外，宋元时期的官刻本常用废弃的公文纸背面印刷，这种印本叫公文纸印本，或叫官库本。公文纸印书节约纸张，背面的公文往往可以确定印书的具体时间，而且这些公文纸上的公文内容也有特别的文献价值。这些当时废弃的公文文书，对于后世研究宋元时代的社会经济生活，都是极为有用的第一手资料。宋代龙舒郡斋刊《王荆文公集》是公文纸印书，纸背有许多宋人书信底稿，时间多为南宋绍兴三十二年（1162）至隆兴元年（1163），可知此书刷印时间就在此后不久。同时这些文字也极有文献价值，人们把纸背的公文辑为《宋人佚简》五卷，其中一至四卷为宋人书简，计三百余通，有名宦、将士、文人、学者，涉及 62 人，第五卷为公牍，包括官文书和酒务账。其内容丰富，涉及政治、经济、军事及书仪和公文程式等，是十分珍贵的宋代实物文献资料。有些古籍在修复装裱时也会用其他废纸作衬纸，这些装裱的纸有时也会是极有价值的文献。以前曾见报道：一本普通的明代医书，装裱衬纸竟然是李自成农民政权刊的《大顺律》，虽然残缺不全，也是很有文物文献价值的重大发现。

8. 收藏印

收藏印是考订一本古籍流传递藏的第一手资料，一般的传世古籍，往往前后经过不同的藏书家之手，有些藏书家会留下一些痕迹，如批校、收藏印，或者题跋、识语。这些东西可以帮助我们了解这本古籍的流传过程，而且这些印章、批校、题跋也增加了古籍的附加价值，特别是名家收藏过的，从书法或篆刻的角度看，价值就更高一些。一个收藏家往往有不同的室名堂号，有时一人就多达一二十个。林申清《明清藏书家印鉴》（上海书店 1989 年出版）收集了明清一百位藏书家的不同藏书印，按人编排，有藏书家简介，有所使用的各种印鉴，便于查找使用。《中国国家图书馆古籍藏书印选编》（孙学雷、董光和主编，国家图书馆分馆普通古籍组编，线装书局 2004 年出版）则是选取国家图书馆藏书中的收藏印章，影印并配释文，两部书互为补充，都可以给我们提供参考。

9. 收藏题跋与著录

古籍鉴定还有一些可资借鉴的手段，即借助藏书题跋和著录来印证判断。古籍在流传过程中会被不同时代的收藏家著录记载，或著书名版本，或著行格，或批校题跋，或附图录。历代藏书家的书籍题跋、各大图书馆藏古籍的图录，对于学习鉴定古籍有重要的参考价值。特别是一些权威的图录，如 20 世纪 60 年代初赵万里主持编写的《中国版刻图录》，按时代与地区编排，让人全面了解古籍版本的发展演变。后来又有几种各大图书馆的收藏图录，特别是北京图书馆出版社（后改为国家图书馆出版社）2008 年出版的《第一批国家珍贵古籍名录图录》以及后续六批《名录图录》，对于古籍版本的学习与鉴定非常有用。第一批国家珍贵古籍名录收录古籍计 2392 部，第二批计 4478 部，第三批计 2989 部，第四批计 1516 部，第五批计 899 部，第六批计 752 部。有详细的版框行格款式，有图录，鉴定可靠，可以作为版本鉴定标准使用。此外各省也有本省的国家珍贵古籍图录，这些对于古籍版本的参照与比较，都有重要的作用。还有一部重要的工具书《古籍版本题记索引》（罗伟国、胡平编，上海书店 1991 年出版），收录了历史上的古籍目录题跋一百余种，其书名索引特别便于查找古书的各种版本著录，并可以通过古籍的行格款式来对照判断。此种古籍题跋类的工具书还有 2002 年北京图书馆出版社的《国家图书馆藏古籍题跋丛刊》（全 30 册）、2008 年中国书店的《海王邨古籍书目题跋丛刊》（全 8 册），均有书名索引，都是很好用的工具书。近年来，全国各大图书馆的古籍图录及更大量的数字化古籍，提供了更丰富的参考资源，通过查找对比，可以帮助我们做比较准确的判断。

以上诸种因素，虽然具体到一本古书未必每项皆有，但应尽可能每项都去衡量一下，认真考虑，综合分析，才能得出较准确的结论。

六、 古籍版面常识

在讲古籍版本鉴定之前，我们要先认识一下谈古籍必备的名词术语。

1. 版面构成

图 0-1 中以版心为中线的整个一块版，即为刻书的一个版面，在古籍里叫"一叶"，"一叶"其实包含左右两个半叶。描述一本古籍时常说，每半叶多少行、行多少字云云。

边框、鱼尾、书口是经常要用的版式术语。边框又叫版框，是四周的栏线，一般分为四周单边、左右双边、四周双边三种。边框里分行的线叫界栏。像鱼尾形状的墨块叫"鱼尾"。鱼尾一般有黑鱼尾、花鱼尾（黑鱼尾里有白色的镂空，鱼尾的分岔有弧形细线）、白鱼尾（细线勾出鱼尾形状）等。明代嘉靖以后有些书鱼尾就简化为一条短横线，习惯称线鱼尾。

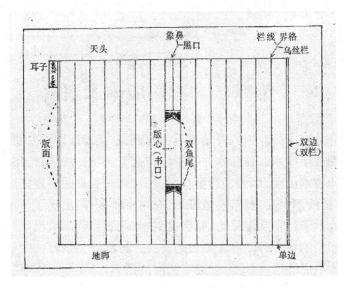

图 0-1　古籍版面构成

上鱼尾以上的叫上书口，相对应的下方就叫下书口。书口中间无竖线的叫白口，中间有细竖线的叫细黑口（或线黑口，又称象鼻），如果有很粗的黑线或墨块的，叫大黑口。

书耳，是一叶书版左上方的边框外加一个小方框，标本叶所在的篇名（多是简称），起到提示作用。书耳是宋元时代建阳刻书的独创，也是蝴蝶装时代的产物，改为线装以后就不存在了。

2. 古籍的书名及行格

我们描述一部书，首先是书名。在一部书里，书名可以在多个位置出现：可以在书的目录前后，也可以在每卷正文的前面，每卷的卷尾也可能标书名，书衣的签条上也有书名，有时候版心上也会有书名。这些书名前后并不一致，有时甚至差别很大，就需要我们为这本书确定一个标准的书名。一般以每部书正文卷首的题名为准，叫卷端题名，其他各处的书名作为参考项。

对一部书的描述，除了书名、作者、卷数之外，版框的长宽和行格也是必备的内容。版框的高度、宽度，从版框内侧测量，以厘米计。行格又叫行款，就是书中正文的行数与每行字数，多记作：半叶多少行，每行多少字。如果书中有大字、小字，则云每行大字多少，小字多少。有的书一行字数会有差别，如半叶十二行，行二十一、二十二字不等。不同刻书家刻书的行款往往有所不同，行款也是判断版本的重要参考。

总之，古籍版本鉴定是一门综合性、实践性很强的学科，需要多方面的理论知识，同时又需要大量的实践，需要多看古籍。今天我们有许多古人所不具备的条件，有公共图书馆，有许多关于古籍的展览，特别是近年来国家古籍保护中心及各省的古籍保护中心，在普查古籍、宣传古籍和保护修复古籍等方面做了大量的宣传工作。国内外许多重要的古籍收藏单位都将古籍数字化在网站上公布，我们足不出户就可以看到海内外所藏的古籍，现代科技手段带给我们许多古人都无法见到的宋刻元椠、精校名钞。我们比古人的条件好多了，只要真正喜欢，对古籍保持浓厚的兴趣，是完全可以学习掌握古籍版本的基本规律的。孔子云："知之者不如好之者，好之者不如乐之者。"（《论语·雍也》）好之、乐之是学习好古籍版本知识的前提条件。

第一章
宋刻本及其鉴定

关于中国雕版印刷的起源，现在比较公认的说法是"唐初说"。我们今天看到的最早的有准确纪年的雕版印书是唐咸通九年（868）王玠出资刊刻的《金刚经》，还有一些零星出土的唐代历书、《陀罗尼经》等，连同五代的刻本，存于世者，稀于星凤，可不具论。

我们讲的宋刻本，一般是指南宋的刻本。北宋刻本流传至今的也极少。靖康之难后，汴京（今河南开封）所存的官刻本版片及书籍全被金人掳掠走，故明确的北宋刻本非常少见，也可忽略不论。

宋代统治者重文轻武，强化科举考试选拔人才，宋代经济繁荣，文化发达，思想和学术都很繁荣，比唐代有很大的发展。宋代上自朝廷，下至文人，都喜欢藏书藏画。宋仁宗时编《崇文总目》66卷，孝宗时编《中兴馆阁书目》70卷，后又编《中兴馆阁续目》。这些为南宋刻书事业的繁盛奠定了重要的基础。南宋的刻书西到四川，东到沿海各省，其中有几个区域是刻书最多最集中的地方。刻书在唐代萌芽，宋代开始通行，但还没有明清那样普及，各个区域刻书的地域特点比较明显。为了便于叙述，分三个地区：浙江地区（以杭州为中心）、福建地区（以建阳为中心）、四川地区（唐末五代以成都为中心，北宋后期逐渐转到眉山）。在这几个刻书事业较发达的地区，影响力从中心向外辐射，也影响到周围地区，甚至会有交叉影响，我们也附带论及。

一、 浙刻本

浙江杭州在唐末五代就以刻书知名。五代吴越国王钱俶在北宋开宝八年（975）刻了《陀罗尼经》"舍人西关砖塔"（雷峰塔），是我们今天能看到的最早的浙刻本。杭州早在北宋时就是朝廷指定刻书地，北宋都城汴梁不具备南方地区刻书的资源优势，大量朝廷官刻本都发到杭州刻①。南宋定都后，升杭州为临安府，重建国子监，并向附近各地官府索取书籍及书版，大量刻书，同时鼓励官府和私家刻书。所以南宋的刻书很快又得到复兴，后来数量远远超过北宋。所谓浙刻，以杭州为中心，包含今天的浙江、上海、江苏及安徽皖南、江西东部部分地区。

（一） 浙刻本的特点

第一，字体。普遍使用欧体字，也就是唐初欧阳询《九成宫醴泉铭碑》的字体。欧体字的最大特点就是笔画均匀，瘦劲方正，转折处没有顿笔，给人方正清秀的感觉。南宋初年的欧体字继承了北宋以来刻书字体的风格②，欧体字方正谨严，秀骨清相，给人爽心悦目的美感。南宋后期特别是坊刻本，越来越方整，趋向瘦硬方正。

第二，版式。浙刻的版式绝大多数都是左右双边，白口，单黑

---

① 南宋覆刻嘉祐本《南齐书》书首有书牒云："崇文院嘉祐六年八月十一日敕。节文《宋书》《齐书》《梁书》《陈书》《后魏书》《北齐书》《后周书》，见今国子监并未有印本，宜令三馆秘阁见编校书籍官员精加校勘，同与管勾使臣选择楷书如法书写板样，依唐书例逐旋封送杭州开板。治平二年六月日。"

② 宋代官刻的欧体字，起源于五代时国子监刊刻的《九经》，而五代国子监本则来源于唐代的开成石经使用的欧体字。

鱼尾。书名、卷次在鱼尾下方。版心最下方记刻工姓名，书棚本刻工少见，但书棚本后面一般都有一行文字牌记。官刻本下书口列刻工名，在卷尾会列出负责校勘之人的姓名及官衔。

第三，纸张。一般是白麻纸或皮纸。这种纸正面光洁，背面稍显粗涩，纸质较后来的棉纸要更硬朗一些。古人说宋刻本"纸坚刻软"。"纸坚"是指纸张厚实硬朗，叩之有声，宋代的麻纸、皮纸手感都较厚硬；"刻软"指字体都是请名工手书上版，与明代以后匠体宋字迥然不同。

南宋早期的官刻本，即承北宋风格为欧体字。官刻本最好的是国子监本，下及各府学、州学、军学、县学，各级官府及其他职能部门如漕台、计台、转运司、茶盐司、公使库等都有刻书。宋版《汉官仪》书后有"绍兴九年三月临安府雕印"一行，字体端严方正。临安府刊本还有同年刊的《文粹》，姚铉著。此书后有"临安府今重行开雕《唐文粹》一部，计……"，可见是北宋原本被金人掳掠后，至南宋初又重刻的。

在浙本的官刻本中，要以绍兴十六年（1146）两浙东路茶盐司刻的宋吴淑《事类赋注》、乾道四年（1168）越州刻的《元氏长庆集》（图1-1）写刻最好，结构谨严，笔画生动，书法上最得欧体神韵，不输真迹。

两浙东路茶盐司刻八行本诸经注疏，是诸经注疏的首次合刻本，现存的有《周易注疏》《尚书正义》《礼记正义》《周礼疏》等几种。因主其事者是黄唐，这套经书又叫黄唐刻本。两浙东路茶盐司刻本现存的还有《旧唐书》《资治通鉴》等书。有些官刻书写刻得会比较偏于方正，匠体的味道较浓，如《中兴馆阁录》（图1-2）、《资治通鉴》（图1-3）。

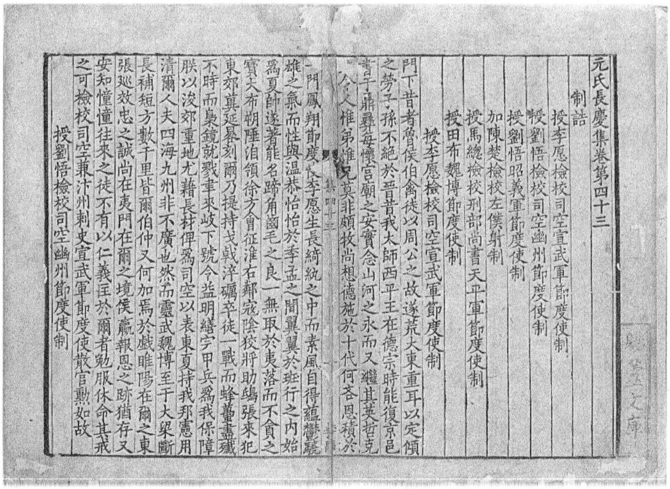

元氏長慶集卷第四十三

制誥

授李愬檢校司空宣武軍節度使制

授劉悟檢校司空幽州節度使制

授劉悟昭義軍節度使制

加陳楚檢校左僕射制

授馬總檢校刑部尚書天平軍節度使制

授田布魏博節度使制

授李愬檢校司空宣武軍節度使制

图 1-1 《元氏长庆集》，乾道四年（1168）越州刊本

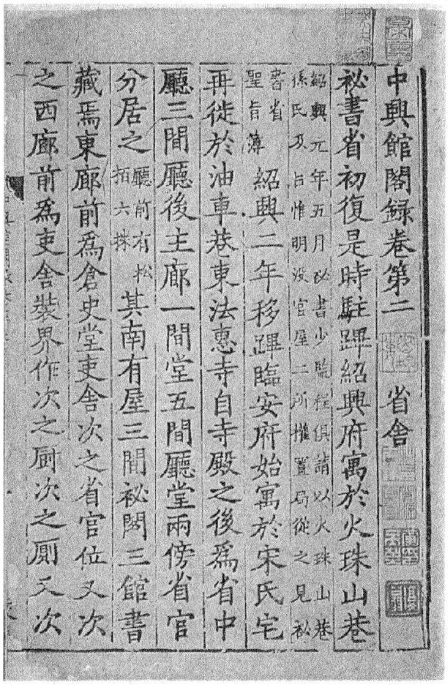

中興館閣録卷第二 省舍

秘書省初復是時駐蹕紹興府寓於火珠山巷

紹興元年五月秘書少監程俱請以火珠山巷係氏及占惟明没官屋二所權置局從之見秘書省聖旨簿 紹興二年移蹕臨安府始寓於宋氏宅

再徙於油車巷東法惠寺自寺燬之後爲省中

廳三間廳後主廊一間堂五間廳堂兩傍省官

分居之廳前有松拓六株 其南有屋三間秘閣三館書

藏焉東廊前爲倉史堂吏舍次之省官位又次

之西廊前爲吏舍裝界作次之廁次之厠又次

图 1-2 宋浙江官刻本代表《中兴馆阁录》

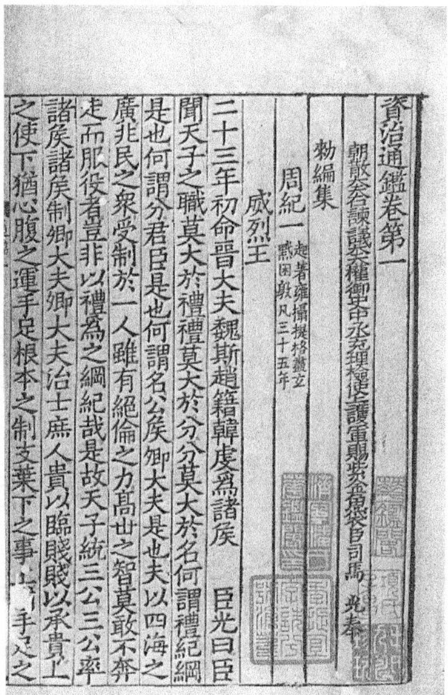

資治通鑑卷第一

朝散大夫右諫議大夫權御史中丞充理檢使上護軍賜紫金魚袋臣司馬光奉

勑編集

周紀一 起著雍攝提格盡玄黓困敦凡三十五年

威烈王

二十三年初命晉大夫魏斯趙籍韓虔爲諸侯 臣光曰臣

聞天子之職莫大於禮禮莫大於分分莫大於名何謂禮紀綱

是也何謂分君臣是也何謂名公侯卿大夫是也夫以四海之

廣兆民之衆受制於一人雖有絶倫之力高世之智莫敢不奔

走而服役者豈非以禮爲之綱紀哉是故天子統三公三公率

諸侯諸侯制卿大夫卿大夫治士庶人貴以臨賤賤以承貴上

之使下猶心腹之運手足根本之制支葉下之事上猶手足之

图 1-3 《资治通鉴》，绍兴二年（1132）两浙东路茶盐司公使库本

现存宋浙本中，明州（后升为庆元府，今宁波）、婺州（今金华）州学、严州（今建德）、严州州学（郡庠）、温州州学、台州等地都有许多官刻书。也偶有例外的，如昆山县官刻的《昆山杂咏》，名家行书上版，与一般工整的欧体楷书不同，却如行云流水，自然洒脱，别具生动之姿。

官刻本书后往往列校勘人官衔姓名，如初校、覆校、终校人员衔名。这些人是责任人，要对本书负责，故他们会严格认真、一丝不苟。还有记本卷字数的，甚至还有在书末记下印书工本的。如宋高邮军学刻印秦观的《淮海集》，在书末列出了印书的纸墨工钱："高邮军学《淮海文集》，计四百四十九版，并副叶裱背，共用纸五百张：三省纸每张二十文，计一十贯文省；新管纸每张一十文，计五贯文省；竹下纸每张五文计，计二贯五百文省，工墨每板一文，计五百文省。青纸裱背作一十册，每册七十文，计七百文省。官收工料钱，计五百文省。"[①] 对了解古代纸张工价，特别有史料价值。

宋官刻本书，有些用公文纸印，即背面有写过的文字，这是确定印书时间最有用的依据，也是断定官刻本的依据。如国家图书馆藏宋浙刻《三国志注》，纸背有南宋乾道、淳熙间公牍，可知为淳熙之际印行。《北山小集》用乾道六年（1170）官司账簿纸印，有归安、乌程县印记。《洪氏集验方》用淳熙七年（1180）官册纸背印，镇江府学刻《三礼图集注》、龙舒本《王文公文集》都是用当地官府的公文印。上海图书馆藏宋浙本《增修互注礼部韵略》纸背有元初至元年间公文，可知是宋版元代刷印。台北藏南宋绍兴初刻《李贺歌诗编》是王百穀、张丑旧藏，纸背也有很多公文字迹。

---

① 文字据日本国立公文书馆内阁文库藏本。

（二）浙刻的书棚本

杭州城内御河上有棚桥，附近有条长街，分南棚、中棚、棚北大街，这一带书坊比较集中，所以这些书坊也叫书棚，书坊所刻书也就叫书棚本。有一些书坊是从汴京迁到杭州的，如荣六郎书籍铺，原在开封大相国寺东，北宋亡后迁到杭州中瓦南街东，继续刻书，在绍兴二十二年（1152）翻刻了葛洪的《抱朴子内篇》（见该书牌记，书藏辽宁省图书馆）。南宋以后书棚众多，各种书棚本盛行。如诗人陈起刻了大量的唐人诗集、《江湖小集》、《南宋群贤小集》等。又如众安桥南的贾官人经书铺刻印过《妙法莲华经》《佛国禅师文殊菩萨指南图赞》等①。

书棚本在目录后或卷尾，往往用一行字表明刻书地点、刻书人及堂号作为牌记，目的是广告宣传，便于读者认明堂号，前去购买。牌记不加框，只是比正文低一些，最后一字末笔拖长，区别于正文。

杭州开笺纸马铺锺家刻印《文选五臣注》，卷三十后有一行"杭州猫儿桥河东岸开笺纸马铺锺家印行"牌记（图1-4）。"钱唐鲍洵书字"，鲍洵为绍兴时杭州书工，绍兴三十年（1160）曾写释延寿《注心赋》四卷，此书近于北宋，最迟亦当为南宋初年杭州刻本②。

浙江坊刻本中唐宋人诗集刻印尤其多，只因当时诗词是最流行的文艺类别，特别是陈起父子，刻书尤多。陈起，字宗之，又号陈道人，设书肆于睦亲坊，其书后常题"睦亲坊陈宅书籍铺"或"陈道人书（经）籍铺"。陈起刻了许多唐宋人诗词集，今存如《唐女郎鱼玄机诗》一卷、《王建诗集》一卷（图1-5）、《朱庆余诗集》

---

① 参见陈红彦主编：《古籍善本掌故》第一辑，上海远东出版社2017年版。
② 参见北京图书馆编：《中国版刻图录》，文物出版社1961年版。

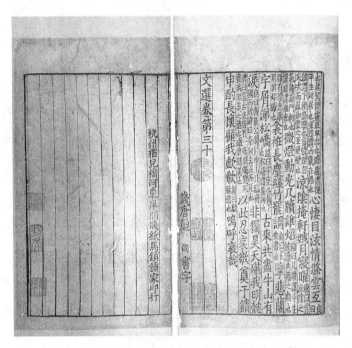

图 1-4 　《文选五臣注》，杭州开笺纸马铺锺家印行

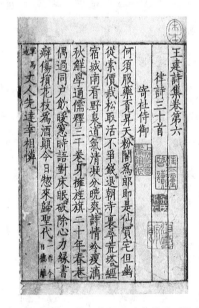

图 1-5 　《王建诗集》，临安府棚北睦亲坊巷口陈解元宅刊印

一卷（图1-6）、《周贺诗集》一卷、许浑《丁卯集》二卷、罗隐《甲乙集》十卷、韦縠辑《才调集》十卷、《李群玉诗集》三卷、李咸用《李推官披沙集》六卷等。陈起之子，即陈解元，号续芸，子承父业，陆续辑刻了《江湖小集》《六十家名贤小集》《江湖后集》等宋代人诗集，又刻邓椿《画继》五卷、郭若虚《图画见闻志》六卷、孔平仲《续世说》十二卷、《唐僧弘秀集》等。陈氏族人刻书众多，杭州鞔鼓桥河西岸亦有陈宅书籍铺，刻印过洪迈《容斋三笔》十六卷、南唐李建勋《李丞相诗集》二卷。理宗时陈思，也称陈道人，刻有《宝刻丛编》《两宋群贤小集》等，当也是杭州书棚中同族人。

此外，宋临安府太庙前尹家书籍铺，刻了许多笔记小说，如唐李复言《续幽怪录》四卷、宋王辟之《渑水燕谈录》十卷、宋黄休复《茅亭客话》十卷、宋朱弁《曲洧旧闻》十卷、南唐史虚白《钓矶立谈》一卷、南朝梁任昉《述异记》二卷、宋徐度《却扫编》三卷等，还刻有唐元结选《箧中集》多种。钱塘门里车桥南大街郭宅

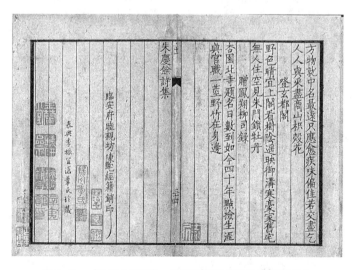

图1-6　《朱庆余诗集》，临安府睦亲坊陈宅经籍铺刊印

经铺，刻有《寒山拾得诗》一卷等。这些坊刻本与官刻本版式字体都很接近，越到后来，字体越趋于方正。

（三）家刻本

南宋浙江地区家刻流传至今者，也有不少。如昆山锦溪张监税宅刊刻的《昌黎先生集》就属于文人官僚出于兴趣爱好自家刻印的书籍。陆游幼子陆子遹在溧阳县任职时聘请杭州刻工刻陆游《渭南文集》。最出名、刻印也最佳的是南宋末年廖莹中世綵堂刻印的《昌黎先生集》、《河东先生集》（图1-7）。

廖莹中，字群玉，号药洲，为咸淳年间宰相贾似道的门客，为贾似道掌管青铜文物的鉴定。他刻有九经、三传、《昌黎先生集》、《河东先生集》。他的刻书也采用欧体，但他的欧体比起官刻、坊刻都要优美得多，异常清秀。他刻书版式兼学建阳风格，细黑口，四

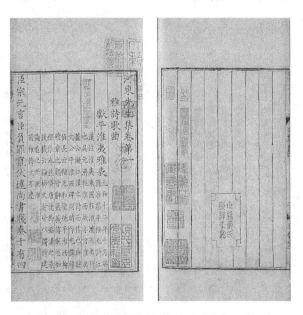

图1-7 廖莹中世綵堂刻《河东先生集》及牌记

周双边，上下双鱼尾，尤其是下书口不标刻工，而刻上自己的"世綵堂"堂号，这是他的创新之处。他的书印刷与装潢极考究精美，同时稍晚的周密《癸辛杂识》说："廖群玉诸书，九经本最佳，以数十种比较，百余人校正而后成。以抚州草抄纸、油烟墨印造，其装襕至以泥金为签。然或者惜其刊落诸经注，反不如韩、柳文为精妙。"[①]

二、 建刻本

宋代福建，是南方的又一个刻书业区域。福建地处东南，物产丰富，战乱较少，唐末五代刻书业就兴盛了起来。北宋时福州就刻了两次佛教《大藏经》。先是神宗元丰三年（1080）福州东禅寺开雕、至政和竣工的《万寿藏》（徽宗赐"崇宁万寿大藏"敕牒），又称《崇宁藏》或《福州东禅寺藏》。政和时福州开元寺又开雕了《毗卢大藏经》（卷首题记称"毗卢大藏经印板一副计五百余函"），俗称《毗卢藏》（图1-8）。这两种藏经都是经折装，字体厚重宽博近颜体，开建刻之先。福建刻书称建本或闽本。建本主要集中在建宁府的建阳、建安。所谓建刻本，泛指建宁、建安、建阳一带的刻本。

绍兴三十二年（1162）设建宁府。建宁府在福建北部，位于福建、浙江、江西三省交界处。辖建安、建阳、瓯宁等县。这里盛产造纸的原料毛竹，又有适宜刻板的木材。水路交通便利，后由水路可以通往江西、浙江，因此唐末五代建宁就开始了刻书业的发展。这里也是大理学家朱熹的出生地，朱熹曾多次在福建做官，并长期在闽北一带讲学，对当地的教育文化发展产生了很大的促进作用。

---

① 周密:《癸辛杂识》后集，清照旷阁学津讨原本。

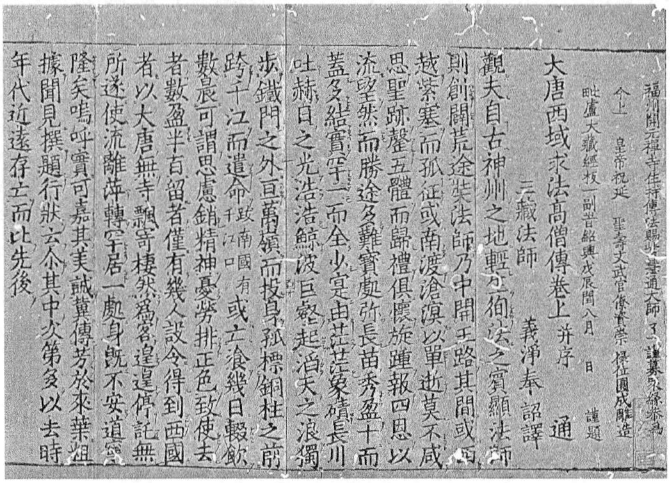

福州開元禪寺住持傳法賜紫慧通大師了一謹募衆緣恭為
今上皇帝祝延聖壽文武官僚資崇祿位圓成雕造
毗盧大藏經板一副時紹興戊辰閏八月日謹題
大唐西域求法高僧傳卷上并序　通
三藏法師義淨奉詔譯
觀夫自古神州之地輕生徇法之賓顯法師
則創闢荒途奘法師乃中開王路其間或西
越紫塞而孤征或南渡滄溟以單逝莫不咸
思聖跡罄五體而歸禮俱懷旋踵報四恩以
流望然而勝途多難寶處弥長苗秀盈十而
蓋多結實罕一而全少寔由茫茫象磧長川
吐赫日之光浩浩鯨波巨壑起滔天之浪獨
步鐵門之外亘萬嶺而投身孤標銅柱之前
跨千江而遣命（跋南國有千江口）或亡湌幾日輟飲
數晨可謂思慮銷精神憂勞排正色致使去
者數盈半百留者僅有幾人設令得到西國
者以大唐無寺飄寄棲然為客遑遑停託無
所遂使流離萍轉罕居一處身既不安道寧
隆矣嗚呼實可嘉其美誠冀傳芳於來葉粗
據聞見撰題行狀云尒其中次第多以去時
年代近遠存亡而比先後

图 1-8　《大唐西域求法高僧传》，福州《毗卢藏》零卷

北宋以后，造纸、刻书业很兴盛。北宋时宫廷书写所用的纸张，就有建阳余氏勤有堂所生产的纸张，其大概兼营刻书与纸张。建宁刻书的中心在建阳。建阳刻书主要集中在麻沙、崇化两个镇。因为印书的纸多是麻沙镇所出产，故建本也泛称麻沙本。

（一）建本的特点

第一，字体。建刻本大多都用颜体字，近于颜真卿中年时期《多宝塔碑》(《大唐西京千福寺多宝佛塔感应碑》)风格，笔画丰满厚重，横细竖粗，转折有明显的顿笔，显得庄重有力。建刻的颜体字一种是笔画横细竖粗的字，浑厚有力，庄重大气。另一种是横竖差别不大的颜体，笔画均匀，看起来圆润秀气，有丰腴之致。有人说是柳体，这是不准确的。这种字是颜真卿早年的字体，如新出土的《王琳墓志》的字体。

第二，版式。有少数白口，多是细黑口，大多四周双边，多用双黑鱼尾。上下书口有一条细线，便于书叶对折得更精确。在版框的左上方，有时会有一个小方框，里面写本叶的篇名，起提示作用，这叫书耳，是建阳书坊的独创。有的书商为了版面醒目好看，在黑鱼尾上增加花式，镂空，加上弧形边线，变成了花鱼尾。

第三，牌记。牌记字比较大，往往跨两行甚至更宽刻制一块牌记，外加边框，一般包含有书坊或书坊主人名称，比起浙刻书棚本的牌记，给人更醒目的感觉。

第四，因为大多数是坊刻，以吸引读者、营利为主，故刻书多实用性与通俗性，便于当时举子考试，或为一般读者日常生活之需，如医书、算术、星象等书。特别有意义的是，建阳书坊刻了许多话本小说，今天尚能看到的有《新刊宋宣和遗事》、《新编五代史平话》五种等小说故事，对于中国通俗文学特别是话本小说的传播起到了重要作用。

第五，纸张。建阳印书的纸是当地盛产的麻沙纸。麻沙纸是以竹原料为主，加入了麦秸草芥的混料纸。表面颜色深黄粗糙，比黄麻纸颜色还要深，厚而坚硬，常能看到表面的麦秸草芥，帘纹较宽，但不明显。麻沙纸因产于建阳麻沙镇而得名。也有不用本地麻沙纸，而用质量较好的皮纸的，如黄善夫刻印《史记》。

（二） 建阳主要的刻书书坊

崇化余氏勤有堂，从北宋一直延续到元代，北宋末年有余靖安刻印过《三辅黄图》《绘图古列女传》《续列女传》，杨复《仪礼图》附《仪礼旁通图》，陈傅良《春秋后传》等。

余仁仲万卷堂，刻有《春秋公羊经传解诂》《尚书精义》《古列女传》等。

黄善夫家塾，刻有《史记索隐正义》《后汉书注》《王状元集百家注分类东坡先生诗》，牌记"建安黄善夫刻于家塾之敬室"。建安刘元起家塾刻《汉书注》。建安蔡琪刻有《汉书集注》，牌记"建安蔡纯父刻梓于家塾"。建溪三峰蔡梦弼，乾道七年（1171）刻《史记集解索隐》，有牌记"建溪三峰蔡梦弼傅卿校刻梓于东塾，时乾道七年王正上日书"。余仁仲、黄善夫、刘元起、蔡琪刻书都极精审，可以归入家刻。余尚有魏仲举家塾、魏仲立宅、虞氏家塾、刘叔刚一经堂、詹光祖月厓书堂、龙山书堂等等。顺带说一下，有的学者把凡是带有"家塾""宅""书堂"的都列入家刻，这种简单的分法是不可取的，书坊未尝不可以取这些名目来牟利。

　　福建有许多官刻本，也同书坊刻本字体、版式相近，与浙江的官刻迥异。可见前人所谓的宋代官刻本字体为欧体字的观点不一定可靠。建阳官刻本用颜体，厚重庄严，更有官刻气派。如嘉定间建宁府刻《育德堂奏议》，吴坚福建漕治（亦在建宁）刻《张子语录》、《龟山语录》、《邵子观物内篇》（图1-9），咸淳元年（1265）吴革建宁府刻《周易本义》，咸淳初年福建转运司刻《新编方舆胜览》（图1-10），建宁府刻汤汉《陶靖节先生诗注》等都是颜体字，字大行疏，极为悦目。

　　建刻最有代表性的字体，是厚重有力的颜体字，如黄善夫刊刻的《史记》（图1-11），余仁仲万卷堂刻《春秋公羊经传解诂》《礼记注》。还有一种笔画较细的颜体，横竖均匀，近于颜真卿早年字体，如新出土的《王琳墓志》，比后来的颜体要更清秀一些，丰腴圆润。两种颜体都有顿笔，与欧体的方正绝不相类。如南宋初年刻王弼、韩康伯《周易注疏》，蔡梦弼刻《史记集解索隐》。钱塘人王叔边在建阳开书坊刻书，所刻唐李贤注《后汉书》（图1-12）也入乡

图 1-9 《邵子观物内篇》，
福建漕治吴坚刻本

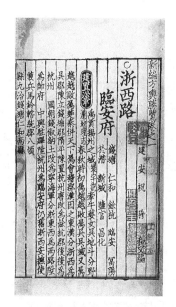

图 1-10 《新编方舆胜览》，
福建转运司咸淳初年刻本

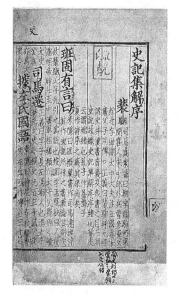

图 1-11 《史记》三家注，
建安黄善夫刻本

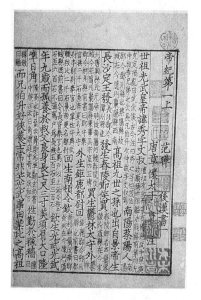

图 1-12 《后汉书》，钱塘人
王叔边建阳刻本

随俗，用颜体刻书，也属于笔画纤细的一种。

黄善夫也刻有《后汉书注》，字体版式同。但他刻的《王状元集百家注分类东坡先生诗》，字体较前两种书笔画纤细许多。书后有"建安黄善夫刊于家塾之敬室"的牌记。

与此相近的，还有《汉书注》南宋庆元间建安刘元起家塾刊本。细黑口，四周双边，版式、字体跟黄善夫刊本很相近，有人怀疑是同一家写刻工①。还有蔡琪（纯父）刻《汉书集注》与不知刊者的《三国志注》，字体版式全同，都是南宋中叶建阳刻本。此外，尚有龙山书堂刻《挥麈录》（目录后有刻书咨文），建阳虞氏家塾刻《老子道德经》，魏仲举刻《新刊五百家注音辨昌黎先生诗集》，建瓯刻宋蔡幼学《育德堂奏议》，上海图书馆藏建阳本《唐宋白孔六帖》，国家图书馆藏曾慥《类说》，以及《分门集注杜工部诗》。

乾道、淳熙间工朋甫所刊《尚书孔氏传》（图1-13）字体与王叔边刻书极相近。王朋甫与王叔边都是钱塘人，都在建阳经营刻书书坊，不知是否同族。

笔画较细的颜体字刻书也有不少，建阳陈八郎绍兴三十一年（1161）刊刻《文选》（图1-14），笔画纤细，更增加一份丰腴圆润之美。

建宁黄三八郎书铺，乾道间刻有《钜宋广韵》（图1-15）、《韩非子》。麻沙镇南刘仕隆宅刻书，在颜体字中有柳体的劲峭，与其他诸家稍异，别是一番风貌。

建阳书坊为了证明他们所刻的书不同凡响，常常要标榜书的来源不凡，如在书名前加上"监本""京本""婺本"等，再加上"纂

---

① 参见魏隐儒编著：《中国古籍印刷史》，印刷工业出版社1984年版。

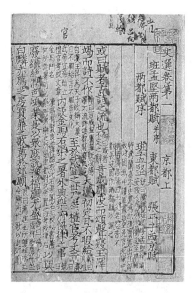

图 1-13 《尚书孔氏传》，
钱塘王朋甫建阳刊本

图 1-14 《文选》，建阳陈八郎
崇化书坊刻本

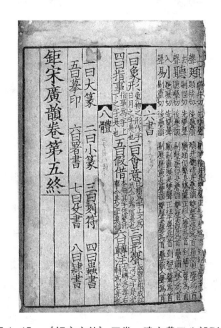

图 1-15 《钜宋广韵》五卷，建宁黄三八郎刊本

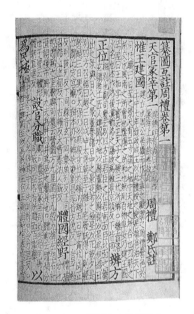
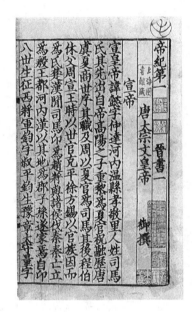

图 1-16　《纂图互注周礼》，
建刻本，国家图书馆藏

图 1-17　《晋书》，
南宋中期建刻本

图""音注""句读""重言""重意""互注"等词（有时也会在刻书题记或牌记中强调），这些都是建阳坊刻本的创意。书坊把各种注疏、句读、图例、讲解等汇编在一起，便于初学阅读，便于科举作文，购买的人就多，所以建本书很畅销，流传到现在的最多。流传至今的宋刻本，建本占三分之二以上。

建阳书坊还刻了很多通俗小说和日常实用类书籍，这些向来为官府和文人学者不屑一顾的书籍，却保留了大量的古代文学史料，特别是在中国的话本小说等通俗文学方面，厥功甚伟。建刊《新刊宣和遗事》（图 1-18）是宋代流行的话本小说[①]，后世《水浒传》

---

① 此书有说为元代刊本，盖以书中叙述赵宋帝王直呼其名。但清人黄丕烈、叶德辉都认为是宋本。宋末民间说唱故事未必避帝讳，今人大多数将此书与《新编五代史平话》定为宋末元初间刊本。

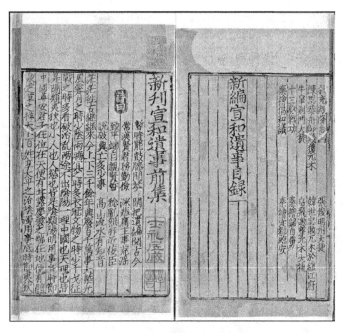

图 1-18 《新刊宣和遗事》，南宋末建阳刻本

故事的雏形，有特别高的文献价值。此书两卷四册，为清代黄丕烈旧藏，后有黄氏题跋，并被重排收入《士礼居丛书》。《新编五代史平话》（图 1-19）十卷（今存八卷）也是宋末元初刊本，是关于五代历史故事的讲史话本，书中多避宋讳，故清末曹元忠、董康定为宋麻沙本。董康跋曰：

> 宋时通俗小说盛行，读陆务观《夕阳古道》一绝，可想见其风尚。顾世所传者，一为士礼居本之《宣和遗事》，一为艺风老人所刊之《残本通俗小说》，是否录自宋椠，待考也。此《五代平话》，清内阁大库物，微有残缺，曾在元和曹君直处见之，借以覆梓，久已驰名艺苑，今为谷孙世兄所得，虽似宋元间麻沙坊刻，而笔力朴茂，其为宋椠无疑。近数十年，传奇

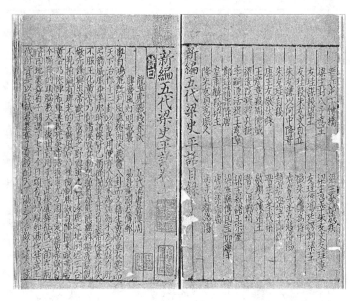

图 1-19 　《新编五代史平话》，南宋末建阳刻本

小说珍秘过于四部，则是书之值可知矣。丙子夏日，毗陵董康识。

以上两部书，今均藏于中国台北。

建本辐射的范围要比浙本大得多，江西、湖南、广东地区几乎都受建本的影响。江西庐陵（今江西吉安）刻书几乎与建阳没有差别。如宝庆元年（1225）广东漕司刻《新刊校定集注杜诗》（图1-20），也与建刻本相差无几。乾道元年（1165）零陵郡庠刻《柳柳州外集》（图1-21），庆元六年（1200）罗田县庠刻《离骚草木疏》，宝庆元年广东漕司刻《附释文互注礼部韵略》，宋淳祐三年（1243）王旦在广东惠州博罗刻《义丰文集》，宝祐三年（1255）江陵府先锋隘李安桧刻《大方广佛华严经》，都是颜体字。

 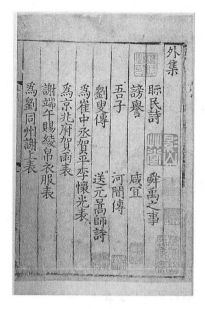

图1-20　《新刊校定集注杜诗》，
广东漕司刻本

图1-21　《柳柳州外集》，
零陵郡庠刻本

三、宋蜀本

本来蜀刻的中心在成都。成都在唐末五代雕版就很兴盛①，成为全国刻书的重镇。北宋初期的开宝四年（971）在成都开雕《大藏经》五千卷，就是有名的《开宝藏》。南宋后，蜀刻中心逐渐由成都移向眉山。眉山在成都南面，与成都相距不远，是苏东坡的家乡。这里文化也很发达，由于"三苏"在宋代的影响，读书人众多，书商云集，蜀刻本实际上绝大多数是指眉山刻本，不过成都仍有很多刻书。

---

① 1944年成都唐墓出土唐代《陀罗尼经》，敦煌遗书有唐代成都府卞家印卖经咒，唐末五代的第一本词总集《花间集》也编刊于成都。

蜀刻本的主要特点为：

第一，字体在颜体字的基础上，加入了柳体字的成分，撇捺长而硬朗，舒展大气，字往往把行格撑得很满。但蜀刻本字笔画不像浙刻或建刻那样整齐、规范、均匀，笔画常常有些生硬，字稍嫌歪扭，刀工比较笨拙，没有浙本与建本整齐美观。

第二，版式与浙刻本相仿，左右双边，白口，单鱼尾。一般没有刻书序跋、题识和牌记。

第三，纸张厚实洁白，也同浙本，是白麻纸或黄麻纸。

蜀本明显地分为大字、中字、小字三种。坊刻小字本不够精审。蜀刻有经书传本，如《周礼》《春秋》《礼记》《孟子》等书，尤以刻唐代诗人诗集最出名。

蜀刻本中，最负盛名的是蜀大字本。蜀大字本，无论开本、字体都很大，字大如钱，点墨如漆，看起来爽心悦目，是宋刻中的精品。蜀大字本九经，也就是元初《相台书塾刊正九经三传沿革例》中所标的"蜀大字本"，今传世的有《礼记正义》、《春秋经传集解》（图1-22）、《论语注疏》、《孟子》等。大字本还有一套唐宋诗文集，存世者有《新刊经进详注昌黎先生文》《新刊增广百家详注唐柳先生文》《苏文忠公文集》《苏文定公文集》《淮海先生文集》《后山先生文集》等。《淮海先生闲居集》（图1-23）卷一首叶中缝有"眉山文中刊"。

蜀刻小字本今存有庆元三年（1197）咸阳书隐斋刻《新刊国朝二百家名贤文粹》（图1-24）、《后山诗注》、《三国志注》。《册府元龟》（图1-25）一千卷，规模庞大，避讳至贞字，故知其原出北宋版，保留北宋刻本面目，远胜后世翻刻本。

最有名、保存也最完整的中字本是蜀刻唐代诗人文集。蜀刻唐

图1-22　《春秋经传集解》，
蜀刊大字本

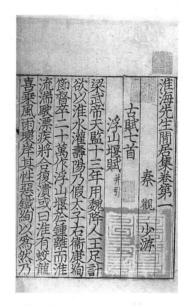

图1-23　《淮海先生闲居集》，
蜀刊大字本

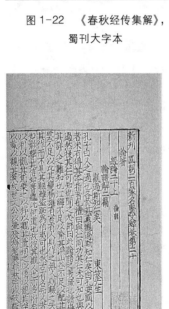

图1-24　《新刊国朝二百家名贤
文粹》，眉山咸阳书隐斋刻本

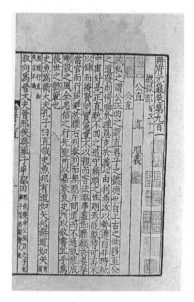

图1-25　《册府元龟》，
眉山刻本

人集，有两个系统：一为十一行本，刻于南北宋之际，今存有《骆宾王文集》、《李太白文集》、《王摩诘文集》三种；另一为十二行本，刻于南宋中叶，今存有《孟浩然诗集》（图1-26）、《孟东野文集》、《权载之文集》、《欧阳行周文集》、《杜荀鹤文集》（图1-27）、《新刊元微之文集》、《李长吉文集》、《郑守愚文集》等十九种[①]，元时为国史翰林院所藏，清初归颍川刘体仁所藏，尚有三十多种。

宋蜀眉山程舍人宅刻《东都事略》，目录后面有牌记"眉山程舍人宅刊行，已申上司不许覆板"（图1-28），首次出现了版权保护、不许翻刻的牌记，可见当时已经有许多盗版行为了。

在成都北面的四川绵阳，古称潼川，也有刻书，风格与眉山非

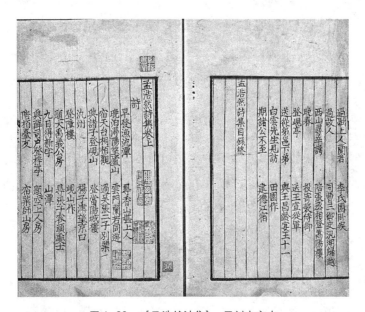

图1-26　《孟浩然诗集》，蜀刻中字本

① 《中国版刻图录》谓18种，加上上海图书馆藏《杜荀鹤文集》共19种。参见北京图书馆编：《中国版刻图录》，文物出版社1961年版。

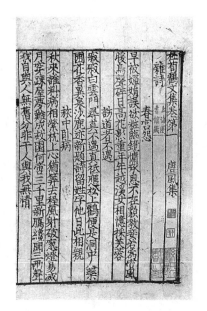

图 1-27 《杜荀鹤文集》，蜀刻中字本

常一致，嘉定四年（1211）潼川府刘甲刻于三台（今绵阳市三台县）的宋唐慎微《经史证类备急本草》（图 1-29）开本很大，框高 48 厘米，宽 18.1 厘米，字体很近于蜀大字本，为清代杨氏海源阁旧藏，今存国家图书馆。

眉山刻过一种很有名的"眉山七史"，就是南宋绍兴年间井宪孟命眉山刊行的南北朝时七部史书（《宋书》《南齐书》《梁书》《陈书》《魏书》《北齐书》《北周书》），可惜我们今天却看不到了。前人一直认为百衲本二十一史中的南北朝七史（图 1-30）是眉山所刻，其实是错误的。我们今天能看到的宋刻元明清三朝递修的百衲本七史，字体是欧体，版式都是浙江本通行的版式，并不是眉山刻的①。

---

① 参见黄永年：《古籍版本学》第五章"宋蜀本"，江苏教育出版社 2005 年版。

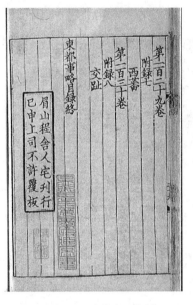

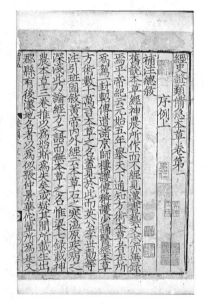

图 1-28　眉山程舍人宅刻
《东都事略》牌记

图 1-29　《经史证类备急本草》，
潼川重刊

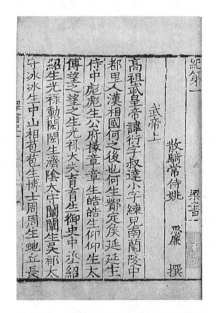

图 1-30　《梁书》，宋刻元明清递修本

蜀刻本远比建刻本、浙刻本少，由于它的历史渊源与地区特点，有许多不同于建刻、浙刻之处。宋陈振孙《直斋书录解题》在"王右丞集"条下按："建昌本与蜀本次序皆不同，大抵蜀刻唐六十家异于他处。"卷数多少不同，次序不同，版本内容就有很大差异。如唐代诗人张祜（字承吉）的集子，传世的通行本是二卷本与五卷本，见于著录的有一卷本与六卷本两种。而蜀刻《张承吉文集》却是十卷本，独一无二，无论篇幅文字都有佳胜之处。[①]

除了以上三个区域，江西也是一个重要的刻书地区。宋代江西的文化在全国最发达，文人众多，文学上如欧阳修、曾巩、王安石、黄庭坚、杨万里、陈师道等皆生丁斯，理学家中的陆象山、朱熹都在此讲学，白鹿洞书院、鹅湖书院都是理学家讲学的重要书院，宋代最大的诗歌流派江西诗派也源于斯。因此宋代江西刻书也很发达，刻的数量甚至远超蜀刻。江西东邻浙江，受浙刻本影响比较大，东南紧靠建宁，又受建刻本很明显的影响。抚州刻书近于建阳颜体风格，江西庐陵刻书特别接近建阳的面貌，有的地区同时兼受浙江、福建刻书影响。江西的刻书往往是颜体与欧体的混合，颜体的丰满厚重，与欧体的方正瘦劲经过结合，字体更加匀称中和，肥瘦合度，显示了另一种美感。如绍定六年（1233）临江军学刻《朱文公校昌黎先生集》，颜体框架，但不像建安黄善夫、蔡琪那么粗壮厚重，而又精干有力，有欧体瘦劲之致。南宋庆元元年（1195）江南西路转运司刻宋寇宗奭《本草衍义》二十卷，字体也极为匀称中和，今藏日本宫内厅书陵部。庆元六年（1200）浔阳郡斋本《輶轩使者绝代语释别国方言》、南宋中期吉州刻本《甲申杂记》（合刻《闻见近

---

① 参见严佐之：《古籍版本学概论》，华东师范大学出版社1989年版。

录》)、苏辙曾孙苏栩在知筠州时所刻苏辙著《诗集传》二十卷，皆与婺州刻书面貌相近。周必大家刻的《欧阳文忠公集》、《文苑英华》、《周益文忠公集》（图1-31）都有这种颜欧混合的特点。宋端平元年（1234）九江郡斋刻的《自警编》（图1-32）等，使用了具有综合特点的字体，这也是江西刻书的特点，当然相邻的湖南、湖北地区的刻书也会有一些相近之处。

以上三个区域的刻书，从中心向外辐射，影响周围地区的刻书风格。大抵浙刻本影响的区域内江苏刻书与浙江最近似，安徽、江西受其影响。湖南、广东地区受福建影响最大。湖北、广西受蜀刻影响较为明显。

图1-31　《周益文忠公集》，
吉州刊本

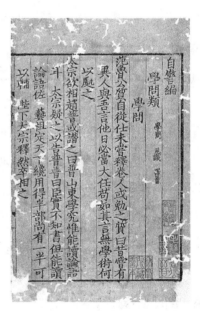

图1-32　《自警编》，九江郡
斋刻本

四、 宋刻本的价值

宋刻本因为产生年代较早，不像后世书籍屡经辗转刻写带来许多讹误衍脱及错简，保留更多古书的原始面貌，这是人们贵宋刻元椠的一个重要原因。

无论从历史文物的角度，还是从文献资料或艺术性的角度，宋版书都是首屈一指的，所以民间有"一页宋版一两黄金"之说。当然，不加分析地一味"佞宋"的态度并不完全可取。对宋刻本我们也应当做科学的分析。

宋刻本首先因为其时间早，历经时代变迁与战争的浩劫，能够幸存下来的少之又少，物以稀为贵，此自然之理。其次，宋代是中国文化的高峰，出自宋代学者之手的书籍，校勘严格，且经过历代名家收藏，有题跋与藏印，其文物价值自然不菲。再次，宋刻大多请当时名家或能书之士精心书写，无论是欧体还是颜体，都写得很认真工整，一丝不苟，这一点不仅超过元刻，更远胜明代。大概在雕版初期，刻书是一件传世的大工程，开雕不易，耗资甚巨，态度谨慎，严肃认真。写工认真，刻工精细，虽经刀刻而不失书法作品的神韵，很少看到后世常见的所谓"匠气"。最后，纸墨精良。宋人印书的纸，较后代为坚韧厚实，且不说浙刻与蜀刻用的麻纸、皮纸，就是建阳刻书的麻沙纸，也很硬朗，叩之有声，也即后人常说的"纸坚刻软"（明高濂语）、"纸质莹洁"（明张应文语）、"纸色苍润"（清孙从添语）。宋墨加了松烟、凝胶与香料，墨光如漆，经时既久而墨香犹存，书香沁人，所以宋刻本受历代藏书家重视，珍若拱璧。上海图书馆藏宋黄伯思《东观余论》（图1-33）二卷为南宋嘉定三

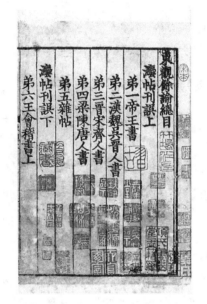

图 1-33　《东观余论》，宋刊初印本

年（1210）庄夏刊本，而且系初印本，纸白如玉，墨黑似漆，有嘉靖十五年（1536）丰坊题记曰："宋刻初拓，纸墨独精，卷帙甚备，世所罕见。"

宋刻本的文献价值，我们可以从祖本、足本、精刻精校本、异本四个方面审视。

首先是祖本。除了考古出土简帛之外，相当一部分古书宋刻是最早的版本了，是后世所有本子之祖。用祖本对照，即可知后世版本的改窜。康熙十九年（1680）徐乾学刻的《通志堂经解》向称精善，其中宋崔子方《西畴居士春秋本例》一书，何焯谓出明代汲古阁毛氏旧抄本，上海图书馆所藏《西畴居士春秋本例》也是毛氏汲古阁的旧藏，持此宋本与通志堂本对照，竟然发现有许多不同。有文字抄写颠倒，有臆改文字，有错字，有衍文，有脱文，五项总计竟达一百三十多处。^① 如南宋初浙江刻本陈彭年《广韵》，为东流日本的古书，清末杨守敬从日本购归，并刻入《古逸丛书》，今藏上海图书馆。《广韵》系韵书，历代翻刻很多，改易也最多。清初张士俊刻《泽存堂五种》向称精善，此本亦为祖本，持此对读，就可以发现张氏在校勘上仍有误处。杨守敬跋云：此即张氏泽存堂刊本所从出，原本讹谬不少，张氏校改，扑尘之功诚不可没，然有本不误而以为误者。^②

其次是足本、精校本，也就是内容完整无误的版本。宋代刻书初兴，态度极严谨慎重。私家刻书投资甚巨自不用说，官刻更要上奏表列校勘官衔。不敢轻改古书，校勘人员卷尾署名，故宋版书写刻校雠都是极认真的，远胜元明刻本。

国家图书馆藏宋临安府学绍兴九年（1139）刻本贾昌朝《群经音辨》七卷，系根据北宋庆历时国子监本重雕，保留经文原貌。钱大昕《跋群经音辨》云："所引经文……皆与今本不同，寻其义，大较胜于今本。盖北宋去唐未远，犹有所师承也。"^③

最后是异本。同一本书，书名作者一样，版本有时却大不相同，与常见之通行本不同的，就是异本。如唐代诗人许浑《丁卯集》二卷，浙江书棚本较为常见通行。蜀刻十二行本《许用晦文集》虽亦为二卷本，但编次与文字却很不相同。蜀本内容上卷多出四首，下卷多出八十七首。蜀本还附《许用晦拾遗篇》、《许郢州拾遗》各一卷，又多出五、七言诗六十一首。又如宋丁度撰《集韵》，在宋刻本中就有两种不同的版本系统，宋明州刻本是一个系统，而孝宗时潭州刻本、淳熙间田世卿金州军刻本是另一个系统，每一韵下所收的文字内容与

---

① 参见《上海图书馆藏宋本图录》。
② 参见《上海图书馆藏宋本图录》。
③ 刘明：《中国古书版本笔记》，北京联合出版有限责任公司 2020 年版，第 23 页。

排列顺序都有很大的差异。明州本流传少，毛晋汲古阁和钱曾述古堂都曾据以影抄，对于订正潭州本与金州军本，有很高的文献价值。

当然，我们并不能盲目迷信宋本，文献价值的大小需要通过与其他版本的比较与对勘来检验。宋刻本也有精粗之分。南宋初叶梦得《石林燕语》说："印本以杭州为上，蜀次之，福建最下。福建多以柔木刻之，取其易成速售，故不能工。福建本几遍天下。"叶梦得为北宋末期至南宋初年学者，可见当时福建本在全国风行之盛，连杭州府学教授姚祐买的书也是福建本的《易经》，在堂试诸生时闹出了"乾为金坤亦为金"的笑话①。

蜀本《王摩诘文集》（图1-34）十卷刻于南宋初年，是王维诗

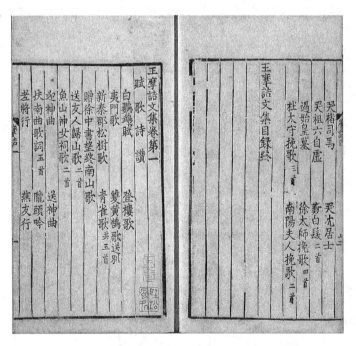

图1-34　《王摩诘文集》，南宋初年眉山十一行刻本

---

① 参见朱彧：《萍洲可谈》卷一，丛书集成初编排印本。

文集现存最早的版本，文物、文献价值不可谓不高。然而还是存在许多问题。这本文集中诗文混杂，卷第二、三、七、八为文，其余六卷为诗。南宋陈振孙《直斋书录解题》说它"编次尤无伦"。在目录第一卷末和正文第一卷末，误收了王涯、张仲素二人的十六题三十首诗。南宋时洪迈《万首唐人绝句序》中已指出其误。[1] 所以不能因为是宋本就一味说好，还是要通过与其他本子的比较对勘，才能得出科学的结论。

五、 宋刻本的鉴定

上面所讲的宋代不同地区刻书的字体、版式特点，如果能熟练掌握，就可以很快地判断出刻本的时代及区域。过去的藏书家往往拿着一本书看一两眼，就可以很快断定刻书的年代，主要就在于对不同时代不同地方刻书字体、版式规律的把握。在熟悉字体、版式的基础上，多看书，巩固与强化自己的版本知识，就可以比较快地断定版本。

当然，仅凭这一点有时候还是会不够准确或出问题，任何单方面的依据，都不是十分可靠的，还需要从题跋、避讳、藏印、纸张等多方面审视，符合的条件越多，结论才越可靠。

古籍版本鉴定是一个理论性与实践性很强的学科，要综合多方面的知识，既需要具备一定的书法、历史、文化理论知识，更需要经常动手实践。但它是有规律可循的，掌握基本规律，能够综合应用相关知识，还是可以很快上手的。版本鉴定的主要依据有：

---

① 参见王君莉、王辉斌：《宋本王维集考述》，《南都学坛》2017 年第 5 期。

1. 序跋与题记。古籍中有序跋，往往会交代刻书的缘起与过程，可以给我们断定版本时代提供可靠的帮助。但序言有时候会有好几篇，时间上前后会隔很长时间，跋往往在书后，多涉及刻书的具体内容。宋代的官刻本卷尾经常有校刻书者写的很简短的题记，时间最后的一个跋或题记，一般都是最接近刻书时间的。

2. 避讳字。宋刻本、清刻本都有比较严格的避讳，利用避讳来确定刊刻年代是一个非常重要的手段。避讳的下限到哪个皇帝，就可以断定是哪个时代的版本。

宋代古籍中主要的避讳字为：赵氏祖先始祖名玄朗，曾祖名珽，祖父名敬，父名弘殷，太祖名匡胤，太宗名炅，真宗名恒，仁宗名祯，英宗名曙，神宗名顼，哲宗名煦，徽宗名佶，钦宗名桓（兼避嫌名完，缺末笔），高宗名构（从冓嫌名皆避），孝宗名慎（兼避嫌名眘），光宗名惇（兼避嫌名敦），宁宗名扩（兼避嫌名廓），理宗名昀，均须缺末笔。

官刻本避讳非常严格，对于当朝皇帝的名讳往往用"御名"或"今上御名"方框小字表示，其他的庙讳往往缺末笔。凡遇到上述讳字而缺末笔的，要特别注意。最后避到哪一个皇帝讳，即应是这个皇帝年代所刻。

除了避皇帝国讳之外，尚有避家讳的例子，也就是避自己父祖名讳。陆游的幼子陆子遹知溧阳，刻了陆游的《渭南文集》，"游"字缺末笔。后来他知严州，所刻魏野《钜鹿东观集》，凡有"游"字的十多处，也都缺末笔。宋代有时还偶有避外戚讳的。宋仁宗时太后刘氏父亲名通，祖父名庆，也要天下人避讳。坊刻本避讳不如官刻本严格，但也都有避讳，如建阳许多坊刻本也都避讳，只不过没有官刻本那么严，有的字会漏掉未避。

3. 牌记与刻工。宋元明刻书普遍都有牌记，牌记又叫牌子、木记，一般会标明刻书地点，刻书人与刻书堂号。很容易查找出刻书人及时代。林申清编《宋元书刻牌记图录》（北京图书馆出版社 1999 年版）一书收录宋元古籍中的牌记，可以参考。宋刻本下书口往往留有刻工姓名，通过一些工具书如瞿冕良编著《中国古籍版刻辞典（增订本）》（苏州大学出版社 2009 年版）、王肇文编《古籍宋元刊工姓名索引》（上海古籍出版社 2012 年版）可以确定刊刻时间。

4. 纸张。上面所讲的避讳、牌记与刻工等，在后世的仿刻、摹刻、影刻本中会照原样保留下来。如明代正德嘉靖间翻刻的宋本书，完全照宋本翻刻，序跋、避讳、牌记与刻工都照刻不误。此时，就需要从其他方面如纸张上着眼辨别。不同时代的纸张有很大差异，宋代纸张是最难伪造的。辨别需要有纸张方面的知识，田洪生编《纸鉴》、浙江图书馆编《中国古籍修复纸谱》可以参考。

5. 多看标准宋刻本，提高辨伪能力。过去的书贾往往拿明初或嘉靖翻宋本冒充宋刻。其实嘉靖翻刻的宋版书，字体都带有明代刻写的"宋体"特点。只要熟悉宋刻本的字体和明代嘉靖刻本的字体，两相比较，还是能够辨别出它们之间的差别的。清代有许多仿宋刻本，如金陵著名的刘文奎、文楷、文模兄弟，为胡克家翻刻过宋淳熙本《文选》、元兴文署刻本《资治通鉴》多种，还有清末黄冈陶子麟都号称名工，但仿刻本笔画过于整齐光洁，也易于辨认。而且清代仿刻宋本，除照刻宋讳外，对于清朝的帝讳也要避，也一律缺末笔。这就很容易辨别。文物出版社出版的《中国版刻图录》、国家图书馆出版社出版的《国家珍贵古籍名录图录》收录的都是经过考订的古籍版本，多看这些标准的宋刻本图录，真品看多了，自然就能辨别出赝品了。

第二章
辽金刻本及其鉴定

比起宋元刻本，辽金刻本更是稀少，民国以前的收藏家，几乎没有人见过辽刻本实物，所以叶德辉、毛春翔、王欣夫的版本学著作都略而不讲。金刻本稍多一些，也不过寥寥一二十种，而且往往与宋刻或元刻相混淆。这一时期，还有西北党项族建立的西夏王朝也刻有书，同样流传非常稀少，且绝大多数都是西夏文字，属于少数民族文字刻书，因为学识所限，不懂西夏文字，也暂阙而不讲。

谈这个时期的版本鉴定，就像学屠龙术一样，掌握了屠龙技未必一辈子能见得到真龙。但随着网络与数字化时代的发展，海内外能看到的古书越来越多。当下有一些国际性的古籍拍卖会，或海外回流，有时也许会偶尔冒出一两件辽金刻本，也未可知。现在经常有一些从海外回流的文物，真赝杂陈，试着运用版本知识判断一下，也是"人生一适"。

一、今存辽代刻本

辽国是907年由耶律阿保机建立的政权，称契丹，916年始建年号，后改国号为辽，1125年为金所灭。

辽虽是契丹族，但其所统治的区域，特别是被石敬瑭出卖的幽云十六州本来就是汉人地区，绝大多数都是汉人，流行的是汉族文化。所以辽国虽然创立了契丹文字，但契丹字流通的范围很有限，仅在契丹贵族中流传，而且绝大多数契丹人都认识汉字，更不要说辽国的汉族人了。所以在辽国最通行的文字仍然是汉字。辽的国君如圣宗、兴宗、道宗都喜欢读汉文典籍。宋辽边境民间交易集市也会有书籍的流通。但辽对于本国国内刊刻的书是严禁流向北宋的。沈括《梦溪笔谈》卷十五有云："契丹书禁甚严，传入中国者，法皆死。"历史上仅知从辽传入宋的一本书也就是《梦溪笔谈》里提到的《龙龛手镜》。这部书是辽初幽州僧人行均所辑的一部韵书。在熙宁年间传入北宋，蒲宗孟帅浙西时雕版付印，因避赵匡胤祖父赵敬讳，改书名《龙龛手鉴》。我们今天所见的，不是熙宁间的原本，而是避高宗以下一直避到宋理宗赵昀的讳，可知已是二百年以后的南宋末年的翻刻本了。除此之外，几乎没有见过辽刻本。

1974年7月28日，国家文物局文物保护科学研究所和山西雁北地区的工作人员，在检查应县佛宫寺释迦木塔时，从木塔第四层安置的释迦牟尼像腹内发现一批辽代文物，有刻经、写经书籍、佛画像等，共160件。其中有61件辽刻本，包含12卷《契丹藏》、35卷其他辽刻佛经、1册辽刻唐李翰《蒙求》、7件佛画和其他印刷品。时代最早的是统和八年（990）刻印的《上生经疏科文》（下文引用到的刻本或书影，除注明收藏地之外，均据国家图书馆出版社《第一批国家珍贵古籍名录图录》《第二批国家珍贵古籍名录图录》《第三批国家珍贵古籍名录图录》）。

辽代刻的12卷大藏经《契丹藏》，刻于辽统和年间，稍晚于宋代《开宝藏》。这是人们首次见到《契丹藏》的原貌。《契丹藏》并没有用契丹文，而是用汉文雕刻，且与北宋《开宝藏》有渊源关系。《佛祖统纪》卷四载："宋真宗天禧三年东女真国入贡，讫请《大藏经》，诏给与之。"所给的即是开宝六年（973）修的《开宝藏》。辽即于圣宗太平元年（1021）刊刻《契丹藏》，至辽道宗清宁八年（1062）竣工，共五百七十九帙。这一时期辽复号契丹，故称此大藏经为《契丹藏》。①应县木塔内的辽刻藏经，使人们知道在这部大藏经之前统和年间还刻印过另一部大藏经。每卷开头题目下，标千字文编号。这批大字本的纸背都盖有"神坡云泉院藏经记"黑色木记。《契丹藏》纸张是硬黄纸，光洁坚韧，卷子装，每张 28 行，行 14—18 字不等。

1987 年河北丰润（今唐山市丰润区）在维修遭地震破坏的天宫寺宝塔时，先后发现了两个塔心室，其中一个在 4—8 层之间，里面藏有一批辽代刻经。其中有清宁五年（1059）刻的《金光明最胜王经》十卷、重熙八年（1039）刻的《金刚般若波罗蜜经》、重熙十一年（1042）刻的《大方广佛花严经》八十卷、咸雍五年（1069）刻的《妙法莲华经》八卷、咸雍六年（1070）刻的《大乘本生心地观经》八卷，汉文与梵文都有的《梵本诸经咒》、《诸佛菩萨名集》，以上都是蝴蝶装。另有卷轴装的《佛说阿弥陀经》、《佛说大乘圣无量寿决定光明王如来陀罗尼经》、《佛顶心观世音经》三卷，这些辽代刻经都保存在唐山市丰润区文物管理所。其中清宁五年刻的《金光明最胜王经》十卷，被认为是辽代刻的另一套《契丹藏》，即小字本《契丹藏》（图 2-1）。其卷尾有题记：

左街仙露寺秘持大师赐紫比丘尼灵志雕造小字《金光明经》板一部，所集胜利先愿上资

---

① 参见王尧：《辽刻契丹藏发微》，《中国历史博物馆馆刊》1983 年第 5 期。

□宗皇帝、太皇太后，兴宗皇帝仙驾御灵速生乐国。更愿
皇太后、皇帝、皇后□□圣寿，皇太叔与妃、诸王公主永纳殊
祯，法界有情同露□□

清宁五年岁次己亥六月甲子□十三日，丙子雕毕流通。

其与北宋元丰至政和时刻的《福州崇宁藏》题记如出一辙，亦
按《千字文》编号藏经，故极有可能是辽代另一种小字本蝴蝶装的
《契丹藏》。

民间偶有收藏，如韦力先生芷兰斋藏有《观弥勒菩萨上生兜率
天经疏》（图2-2）二卷。

韩国诚庵古书博物馆收藏有辽刻本三卷：《大方广佛花严经》卷六、
《妙法莲华经》一卷、辽刻《大藏经》一卷。所知辽刻本仅此而已。

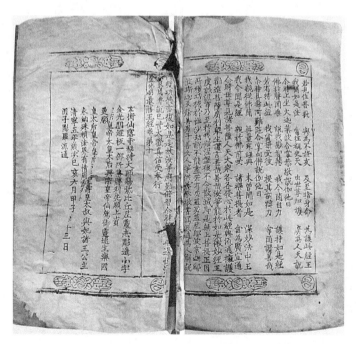

图2-1　《金光明最胜王经》，辽清宁五年（1059）刻《大藏经》小字本

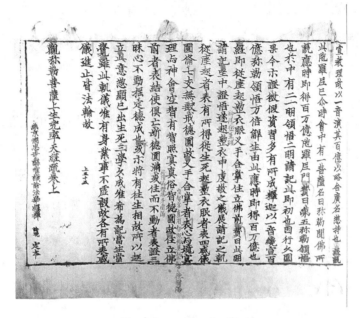

图 2-2 《观弥勒菩萨上生兜率天经疏》，辽刻本

辽刻本的中心在辽的南京（会同元年［938］升幽州为南京，开泰元年［1012］改为燕京），也就是今天的北京。在现存的辽代刻本题记中，我们可以发现辽刻书的地点与刻书者。刻书地点主要有：燕京悯忠寺（即今北京法源寺）、燕京弘法寺（刻有《释摩诃衍论通赞疏》，咸雍五年［1069］刻《妙法莲华经》）、燕京仰山寺、仙露寺（清宁五年［1059］雕造小字《金光明最胜王经》）。

花栏的《妙法莲华经》卷尾后有："燕京雕历日赵守俊并长男少男同雕记。"

在另一本《妙法莲华经》卷四后面，列出了写版、雕版及经版主人信息：

摄大定府文学庞可升书；同雕造孙寿益、权司辰、赵从业、弟从善雕。

燕京檀州街显忠坊门南颊住冯家印造。

经版主前家令判官银青崇禄大夫检校国子祭酒兼监察御史武骑尉冯绍文抽己分之财，特命良工书写雕成《妙法莲华经》一部印造流通，伏愿承此功德，回施法界，有情同霑利乐。时太平五年岁次乙丑八月辛亥朔十五日乙丑记。

这段文字不仅列出书写者（书工）、雕版者、经版主（即刻书家）冯家，还交代了冯家刊刻此经的缘由。

《契丹藏》中《称赞大乘功德经》卷尾有题记云："燕台圣寿寺……时统和二十一祀癸卯岁季春月冥生五叶记。弘业寺释迦佛舍利塔主沙门智云书，穆咸宁、赵守俊、李存让、樊遵四人同雕。"①

《上生经疏科文》卷尾题记："时统和八年岁次庚寅八月癸卯朔十五日戊午故记。燕京仰山寺前杨家印记。"《菩萨戒坛所牒》尾部有"乾统"年号，年月日与受戒人都空着，可知是在佛教活动中应用的，当时的印量应该是很大的。

二、 辽刻本的特点

通过现在能看到的辽刻本，我们可以总结出辽刻本的特点。

（一） 字体

辽刻书籍在相当程度上仍受宋刻的影响。字体与宋代官刻本一样，仍是欧体字。从上面所列辽刻本看，字体基本上都是一致的。

---

① 转引自王巍：《辽代刻书事业管窥》，《图书馆学研究》1986 年第 1 期。

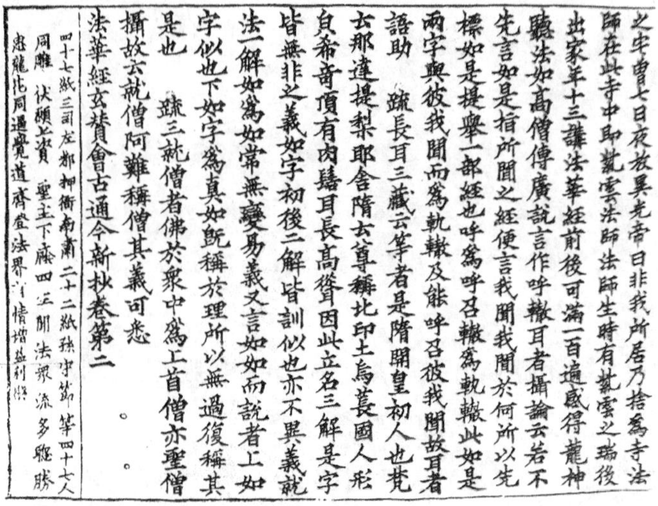
之宇曾七日夜放異光帝曰非我所居乃捨爲寺法
師在此寺中即紫雲法師法師生時有紫雲之瑞後
出家年十三講法華經前後可滿一百遍感得龍神
聽法如高僧傳廣説言作呼轍耳者攝論云若不
先言如是指所聞之經便言我聞我聞於何所以先
標如是提舉一部經也呼爲呼召轍爲軌轍此如是
兩字與彼我聞而爲軌轍及能呼召彼我聞故耳者
語助　疏長耳三藏云等者是隋開皇初人也梵
云那連提梨耶舍隋云尊稱北印土烏萇國人形
貟希奇頂有肉髻耳長高聳因此立名三解是字
皆無非之義如字初後二解皆訓似也亦不異義就
法一解如爲如常無變易義又言如如而説者上如
字似也下如字爲真如既稱於理所以無過復稱其
是也　疏三衆僧者佛於衆中爲上首僧亦聖僧
攝故云衆僧阿難稱僧其義可悉
法華經玄賛會古通今新抄卷第二
四十七紙三司左都押衙南衙二十二紙孫守節等四十七人
同雕　伏願上資　聖主下廕四生開法衆流多聡勝
惠龍花同遇覺道齊登法界有情增益利樂

图 2-3　《法华经玄赞会古通今新抄》，山西应县木塔管理处藏

但辽刻字体没有宋刻本那么成熟流畅，宋刻的欧体笔画均匀，方正清秀，而辽刻欧体棱角分明，起笔落笔方斩整齐，字体遒劲而有锋芒，很有北方流行的“魏碑”字体的特色。字大，行格疏朗，给人爽心悦目的感觉。

这种字体可以说是应县木塔发现的辽刻藏经的共同特点，在河北丰润发现的辽刻藏经也与其相近。如其中的重熙十一年（1042）刊《大方广佛花严经》八十卷、咸雍五年（1069）燕京弘法寺刊《妙法莲华经》八卷，咸雍六年（1070）刊《大乘本生心地观经》八卷，没有年款的《佛说阿弥陀经》、《佛说大乘圣无量寿决定光明王如来陀罗尼经》、《佛顶心观世音经》三卷及《梵本诸经咒》。除此之外，韦力芷兰斋藏燕京悯忠寺刊《观弥勒菩萨上生兜率天经疏》，字体也非常相近。与南京图书馆藏辽重熙四年（1035）泥金写本《大方广佛花严经》（图 2-4）字体极相类。

图 2-4 《大方广佛花严经》，辽重熙四年（1035）泥金写本

　　还有一种方正而内敛的字体，更接近宋刻风格，如应县木塔发现的唐李翰《蒙求》残卷（图 2-5）、《八师经报应记》（图 2-6），河北丰润发现的重熙八年（1039）刻《金刚般若波罗蜜经》、咸雍五年（1069）刻《妙法莲华经》八卷、《诸佛菩萨名集》，包括韩国诚庵古书博物馆所藏三件都属此类。可见辽代燕京刻书众多，写工不一，与宋刻一样，虽大致都属欧体，但书写上还是有所差异的，特别是作为当时读书人蒙学读物的《蒙求》，半叶十行，行十六字，左右双边，白口。蝴蝶装，存七叶半，明、慎、镇字缺末笔。字体古拙朴茂，与刻于景祐的北宋民间刻本《礼部韵略》（图 2-7），字体与版式风格很接近。

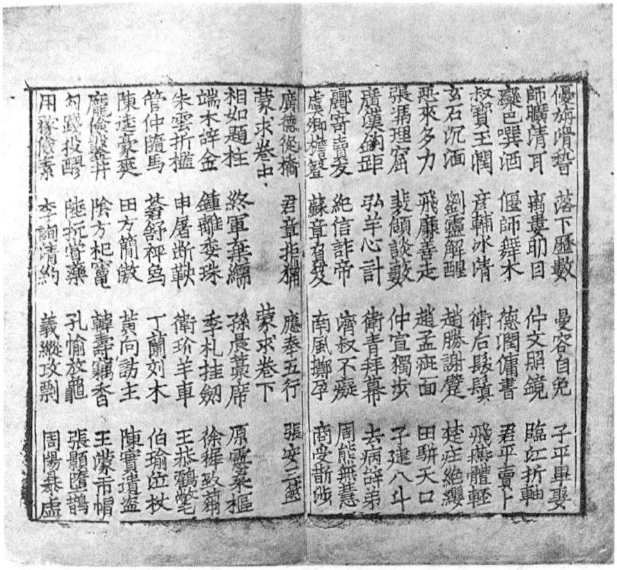

图 2-5　《蒙求》，辽刻本，山西应县木塔管理处藏

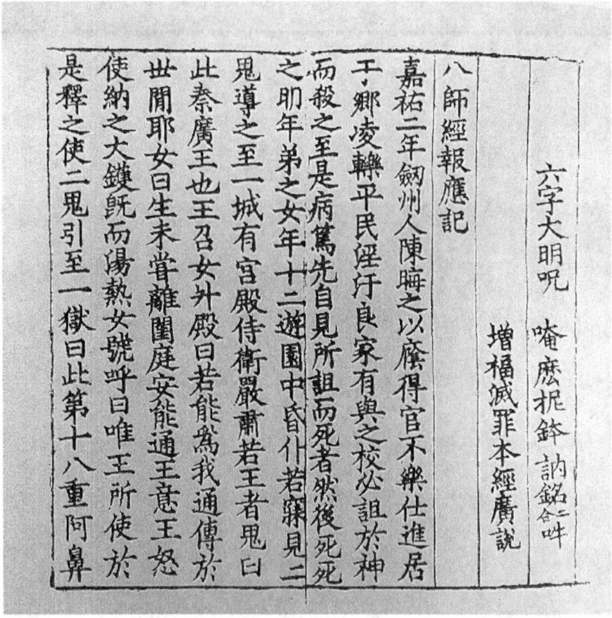

六字大明呪　唵麽抳鉢訥銘二合吽

增福滅罪本經廣説

八師經報應記

嘉祐二年劒州人陳晦之以縻得官不樂仕進居
于鄉凌轢平民侵圩良家有與之校必詛於神
而殺之至是病篤先自見所詛而死者然後死死
之明年弟之女年十二遊園中昏仆若寐見二
鬼導之至一城有宫殿侍衛嚴肅若王者鬼曰
此秦廣王也王召女升殿曰若能爲我通傳於
世間耶女曰生未嘗離閨庭安能通王意王怒
使納之大鑊既而湯熱女號呼曰唯王所使於
是釋之使二鬼引至一獄曰此第十八重阿鼻

图 2-6　《八师经报应记》，山西应县木塔管理处藏

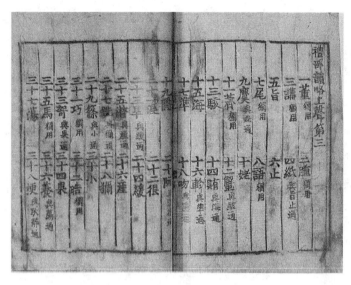

图 2-7 《礼部韵略》，北宋刻本，据北京匡时 2013 年秋
《北宋刻本〈礼部韵略〉专场》图录，实物今藏南京图书馆

（二）装帧与版式

在应县辽代刻佛经中，装帧形式多数都是卷轴装，也有蝴蝶装，还有少数原先是卷轴装，后来被改为册页装。但在宋朝以后很流行的经折装佛经，在辽代却一件都没有发现。

辽刻本的版式也很有自己的特点。在卷轴装的佛经中，既有上下单边的版式，如图 2-6《八师经报应记》；也有上下双边的，如辽刻《大方广佛花严经》八十卷；还有以前从没有见过的花边的，如《妙法莲华经》八卷上下边栏是用两条单线围成的宽阔花栏，中间点缀金刚杵及莲花祥云等纹饰。燕京檀州街显忠坊门南冯家刻的《妙法莲华经》八卷另外一种《妙法莲华经》都是这种花边，中间点缀金刚杵及摩尼宝珠。这些都是前所未有的。另一种《妙法莲华经》，每卷卷尾文字下都有一个佛像端坐莲台，尾有牌记："燕京雕历日赵守俊并长男少男同雕记。"

在蝴蝶装的佛经中，版式也与宋刻本有明显不同。版心没有鱼尾，而中间用方框标卷名页码，如《妙法莲华经》。《佛名集》一卷版心只有叶码，没有鱼尾。

燕京书坊主人的创新性一点也不比宋代南方差。这本《燕台大悯忠寺常住院内新雕诸杂赞一策》（图2-8），半叶十行，行二十四字，四周双边，线黑口，大小题上用花鱼尾做装饰，这些南宋末年建阳书坊常采用的装饰元素，早在两百多年前的辽代就出现了，不能不说是一种奇迹。丰润天宫寺的《梵本诸经咒》版式与此完全相同。还有好几种细黑口的蝴蝶装，如丰润的《诸佛菩萨名集》。

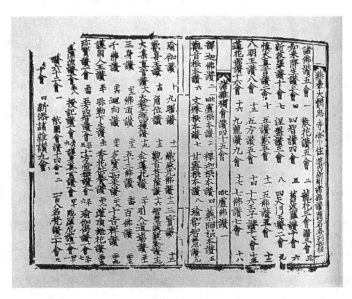

图2-8 　《燕台大悯忠寺常住院内新雕诸杂赞一策》，
辽燕台大悯忠寺刻

（三） 避讳

辽太宗耶律德光（天显 927—938，会同 938—946），讳"光"字；穆宗耶律璟（应历 951—968），初名璟，后改明，讳"明"字；景宗耶律贤（保宁 969—979，乾亨 979—982），讳"贤"字；兴宗耶律宗真（景福 1031—1032，重熙 1032—1055），讳"真"字，兼避"镇""慎"。其避讳方法如宋刻本那样，缺末笔。

如图 2-5《蒙求》第二行"离娄明目"中"明"字避讳，图 2-6 也避"明"字讳。图 2-9 第 7 行避"光"字讳。唐山丰润出土的《金刚般若波罗蜜经》中"真""贤"皆避（图 2-10）。

不过，辽刻本的避讳并不是很严格，有避有不避。如图 2-6《八师经报应记》第一行的"明"字不避，至第七行，"明"字缺末两笔。只要"光""明""贤""真"有避讳，就可以证明是辽刻本。

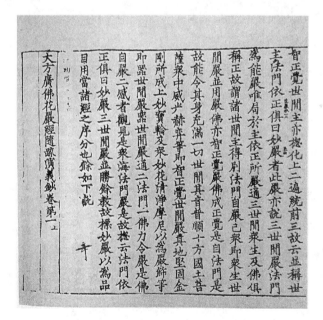

图 2-9 《大方广佛花严经随疏演义钞》，辽刻本，
1974 年出土于应县木塔，"光"字缺末笔

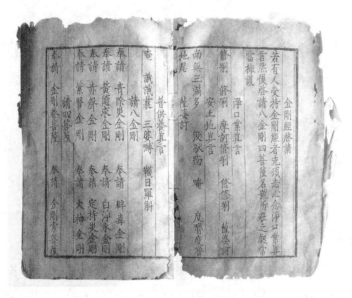

图 2-10 《金刚般若波罗蜜经》，辽刻本

辽刻本中也有些讳字不是缺末笔，而是改字。如前引燕京檀州街显忠坊冯家《妙法莲华经》后的题记"经版主前家令判官银青崇禄大夫……"，即避耶律德光讳，改"光"字为"崇"。[①]

三、 金代见存刻本

辽代被金灭之后，北京、平水都成为金代统治区域，刻书的传统一直沿袭下来，辽刻本在很大程度上影响了金代刻书。

宋佚名《靖康要录》卷一五提到金人攻破开封以后，"得明堂之九鼎，观之不取，只索三馆（掌修史藏书校书之史馆、弘文馆、集贤馆）文籍图书、国子监版"，把北宋的国家藏书和书版通通运到中

---

① 参见陈垣：《史讳举例》第七十九，中华书局 2004 年版。

都（今北京），并在宋人刻书的基础上又进行补刻。

宋亡后，平阳（今山西临汾）取代汴京成为北方的文化中心，金代的刻书中心在平阳府。因当地有条河流叫平水，所以这里的刻本被称作平水本或平阳本。这里盛产麻纸，质地坚韧，私人开设的书坊很多。宋室南迁时，有很多人逃到杭州继续刻书，还有更多无法南逃的人留在北方或就近迁居到平阳刻书，因此，金代的刻书也很繁荣。为适应大众生活需要，这里刻了许多实用类书籍如《新刊黄帝内经素问》、诸宫调唱本如《刘知远诸宫调》等。平阳书坊还刻了民间过年用的年画和招贴画。俄国考古学家曾在甘肃张掖古塔内发现平阳徐氏刻印的关羽像、平阳姬氏刻印的《四美图》，画幅巨大，画面生动细致。

金刻本里最著名、规模最大的，是信女崔法珍断臂募刻的《大藏经》，也就是《赵城金藏》。《赵城金藏》是据北宋《开宝藏》与一部分北宋官刻藏经为蓝本翻刻而成的。开雕于金皇统九年（1149），至大定十三年（1173）前后才告完成，前后近三十年时间，主要集中在解州（今山西运城）天宁寺刻成。全藏六千九百八十卷，因藏于山西赵城县（今洪洞县）广胜寺，故称《赵城金藏》。今国家图书馆存四千八百一十三卷，国内故宫博物院、南京博物院、北京大学图书馆及日本也有部分残卷。在国家珍贵古籍调查中，还发现广胜寺收藏之外的这套金藏零本。1959年在西藏萨迦寺发现两种元代重修过的这套金藏《大方便佛报恩经》《菩萨本行经》零本三卷。卷首佛像画"护法神王"，没有"赵城县广胜寺"字样，可知《赵城金藏》是广胜寺在佛经卷前另外加了一段印有"赵城县广胜寺"字样的佛像扉画。在《赵城金藏》中许多经卷前面的扉画都是白色的，未入潢，与入潢的正文部分有明显的色差，也可知扉画是另加的（图2-11）。经文每版二十三行，行十四字，粘成长卷。卷首钤有"赵城广胜寺造"木记，卷末钤"赵城县祖代经旨庞待诏自造"。

在山西省曲沃县东凝广福院的大佛腹中，还发现了金皇统八年（1148）刻的《妙法莲华经岩前记》，有施版人姓名及"晨戊辰岁中秋月毕手"题记。上海图书馆收藏一部金绛州曲沃县裴长官庄吉贽吉用兄弟雕印的《妙法莲华经》，字体近于辽刻风格。

除《赵城金藏》之外，今天国内保留下来的金刻本也就是十几种，大多数都藏于国家图书馆。

四、 金刻本的特点

第一，字体。金人刻书，开始多模仿宋刻：有模仿建阳刻本的，就带一些颜体字的特点，如《监本补完地理新书》；有模仿浙江本

图2-11　《赵城金藏》卷首都有佛教版画，日本京都大学藏

的，就会带上欧体的特点，如《壬辰重改证吕太尉经进庄子全解》。书写与雕版都没有宋人那么整齐美观规范，略嫌朴拙。浙本与建本都对金刻本产生了影响。后来模仿多了，金代后期逐渐形成了在欧体基础上加入颜体的成分，是一种欧颜混合体，既有颜体的筋骨，又有欧体的匀称。但金刻本颜欧混合与宋刻不同，宋刻笔画起落精工整饬，间架结构严密，犹如美女精心装扮，而金刻（包括后来的蒙古刻本）却较稚拙自然，不那么优美，但字形挺拔硬朗，遒劲有力。

第二，版式。宋浙本的白口，单鱼尾，左右双边，建阳本的四周双边、双鱼尾的版式都有，这主要取决于金刻所受的影响。金刻本比起宋刻本来，行字较密，没有宋刻本甚至也没有辽刻本那么疏朗大气。

第三，纸张。同宋浙本，多用白麻纸，皮纸较少，更不用竹纸。

第四，金人不避讳。虽然在当时社会中犯帝讳的人名、地名需改名，但在刻书上并不严格要求避讳。

金刻本大多是从宋浙刻本翻刻的，如《壬辰重改证吕太尉经进庄子全解》（图 2-12）款式、字体都与浙刻的一致。壬辰为金世宗大定十二年（1172），即宋孝宗乾道八年。有些从建本翻刻的，如金明昌三年（1192）张谦刻《重校正地理新书》（图 2-13）就是建本的字体版式，连避讳字都照宋本原样不改。这两种很容易使人误定为宋本。

金刻起初翻刻得比较差，如《新编诏诰章表机要》（金郭明如撰，图 2-14），花鱼尾的纹饰明显是学建阳的，标题大字颜体也学建阳风格。但刻工笨拙，字显得歪歪扭扭。标题直接跨两行，质朴古拙。另一本《观音偈邙山偈》（图 2-15）也是这样，可能都是较

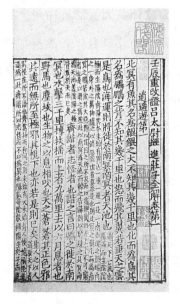

图 2-12 《壬辰重改证吕太尉经
进庄子全解》十卷

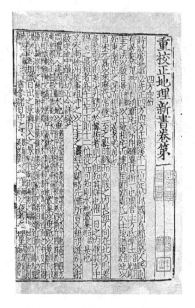

图 2-13 《重校正地理新书》
十五卷，金刻本

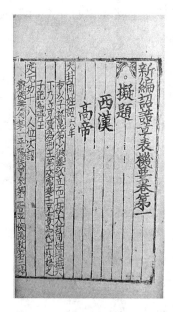

图 2-14 《新编诏诰章表机要》，金刻本

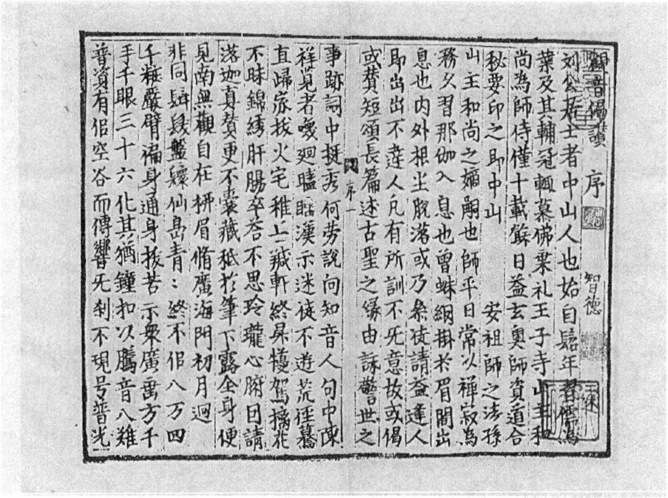

图 2-15 《观音偈邠山偈》，金刻本

早的金刻本。

在翻刻过程中，大概到金代中后期，逐渐形成金刻本的字体风格，就是我们前面说的颜欧混合体。如金刻本《新雕云斋广录》、《重编补添分门字苑撮要》、《萧闲老人明秀集注》（图 2-16）、《新修絫音引证群籍玉篇》（金邢準撰，图 2-17）、《崇庆新雕改并五音集韵》、《南丰曾子固先生文集》（图 2-18）、《黄帝内经素问》（图 2-19）等，都形成了金刻的面貌。其中《崇庆新雕改并五音集韵》为金人韩道昭根据守温三十六字母各分四等排比汉字，以《广韵》《集韵》为主改并而成的汉字韵书，在崇庆元年（1212）编成，由浼川（今河北宁晋）书坊荆珍开雕。蔡松年《萧闲老人明秀集注》也是荆氏书坊所刻。荆氏盖河北浼川人，在平水从事刻书者，代表了金代后期的字体特点。

在金刻中，还有一些很特殊的刻本，如光绪三十三年（1907）在甘肃张掖黑水城（今属内蒙古额济纳旗）出土的《刘知远诸宫

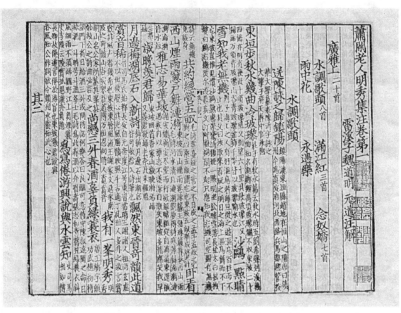

图 2-16　《萧闲老人明秀集注》，金刻本

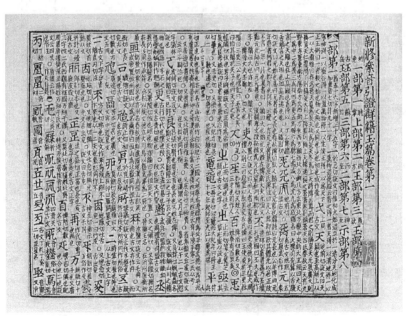

图 2-17　《新修絫音引证群籍玉篇》，金刻本

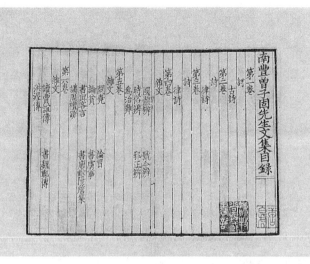

图 2-18 《南丰曾子固先生文集》，金刻本，国家图书馆藏

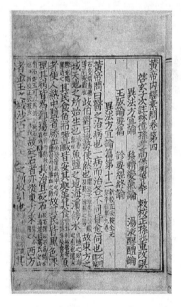

图 2-19 《黄帝内经素问》，金刻本

调》，是南戏《白兔记》的前身，后由苏联移赠我国。同时还有平阳姬氏刊刻的《四美图》、平阳徐氏刊刻的《关羽像》。《刘知远诸宫调》（图2-20）是一个版框只有10.5厘米高的巾箱本，却是我国最早的戏曲刻本，从字体看也是颜欧混合体，字体与版式朴拙，应当是金代中前期刻印的。

《隋朝窈窕呈倾国之芳容》（图2-21），也称《四美图》，是金代山西平水地区刻印的作品。其内容是描绘我国历史上班昭、王昭君、赵飞燕、绿珠等四位有名的美人，画幅较大，人物安排错落有致，线条繁复细密，刀工精细流畅，是我国版画史上的杰作。在清末被沙俄人科兹洛夫大佐掠夺走，今藏于俄罗斯。

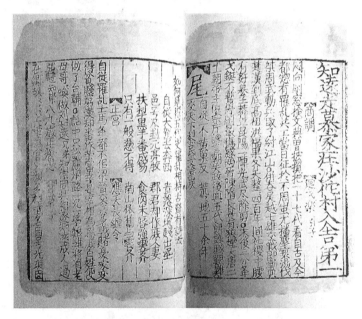

图2-20　《刘知远诸宫调》，今存五卷，国家图书馆藏

图 2-21　《隋朝窈窕呈倾国之芳容》，金平阳姬家刻

五、 金刻本的鉴定

因金刻本过于稀见，对于它的鉴定就非常困难，前人常常把它与宋元刻本混淆。金代前期仿照宋浙本刻书，虽然版式、纸张都相近，但字写得相对差一些，不是那么整齐，刀工也比较生硬，而且行格显得比较拥挤，不像宋刻本那么疏朗好看。模仿建本的也是这样，纸张较白净，与建阳的麻沙纸绝不类。《新雕注疏珞琭子三命消息赋》三卷（图 2-22）、《新雕李燕阴阳三命》二卷合在一起，曾经黄丕烈收藏，黄丕烈就把它定为宋刻本，并写了题跋。

台北"故宫博物院"收藏的金刻本《本草集方》，是清宫旧藏，也题作宋刻本。

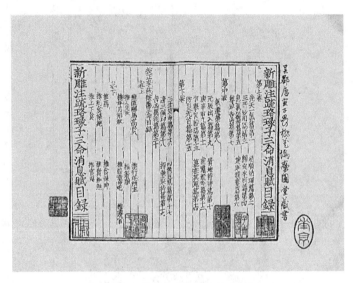

图 2-22　《新雕注疏珞球子三命消息赋》，金刻本

国家图书馆藏《栖霞长春子丘神仙磻溪集》（图 2-23）三卷，金丘处机撰，是一部典型的金刻本。字体和刀工的稚拙就与宋元刻

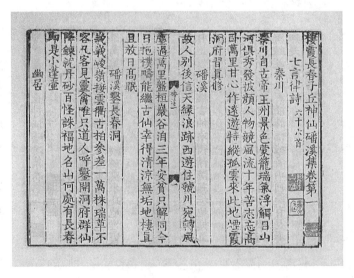

图 2-23　《栖霞长春子丘神仙磻溪集》，金刻本

本不类，也不像金末元初时字体的成熟，傅增湘跋说："《磻溪集》，长春真人丘处机撰，金刊本。半页九行，每行十七字，白口，左右双栏，版心记'磻溪'一二等字，前有大定丙午五月中条山玉峰老人胡光谦序。序文行书，半页七行，字仿颜平原，体格端严，镌工亦古劲。语涉金廷，皆提行空格。诗中所记岁月，在大安己巳，刻梓当在大安之初矣。"傅增湘把此本与明正统道藏本《磻溪集》做了仔细的比勘，发现这个本子的许多内容，如一些诗的序及自注，到了正统道藏都被删改芟落，以致失去原貌。从收藏印章上亦可看出明清以来此书的递藏情况。

当然，前人鉴定为金刻本的，有些也靠不住。有一本《新刊补注铜人腧穴针灸经》（图 2-24），卷三有序，署大定丙午平水闲邪瞆叟述，书轩陈氏刊本，藏于中国台湾。过去一直被当作金大定年间刻本。此书系杨守敬日本访书所得，有杨守敬收藏印章。森立之《经籍访古志》解题云：

每半板十行行二十字（按：二十字似为二十一字之误），此本首有夏竦序及王惟一署名，然其所谓补注者不云成于何人，无仰伏等图，第三卷避忌人神图后，有针灸避忌太一之图序，云时大定丙午岁平水闲邪瞆叟述，序后有"书轩陈氏印行"六字（夹注云：序半板六行十二字行书），序中称：仆诚非沽名者，以年齿衰朽，恐身殁之后，圣人之法湮没于世，因编此图，发明钦旨，命工镌石，传其不朽。可知是瞆叟本刻之于石，而陈氏取附是书，以并板行也。今检其版式，似元初物，然中间或有补刻，且讹谬甚多，非校以他本，则不能读焉。

图 2-24　《新刊补注铜人腧穴针灸经》，旧题金刊，实为元初刻

就是有见于字体是很纯熟的宋元间建阳刻本风格，元大德间建阳有桂轩陈氏（刻有《重刊杜工部草堂诗笺》，字体极相近），或许其同族所刻欤？而绝非大定时仿刻所能达到。而且，平水刻本都用麻纸或皮纸，纸张坚韧光洁，而此书是南方的竹纸，颜色深黄，纸张粗糙而脆，类似于麻沙纸，亦可证明不是平水当时刻印。

又如台湾藏《新雕云斋广录》（今藏台北"故宫博物院"）八卷后集一卷，宋李献民撰，前有"政和辛卯"李献民自序。该书左右双栏，版心白口，单鱼尾，避宋讳如玄、敬、擎、惊、殷、贞等字缺末笔，钦高二宗讳字未见。潘祖荫《滂喜斋藏书记》定为北宋政和年间原刻。但观其字体、刀法及纸张，都是金代平水刻书风格，故近代版本学家多鉴定为金刻本。之所以避宋讳，盖据宋本翻刻，沿其旧也。

综上，金刻本是受宋刻本影响的北方刻书系统，体现了北方的文化与精神。整体上看，书法水平不如南宋流畅整齐、优美规范，刀工也不如南宋特别是浙本、建本的整齐娴熟，但有着北方文化的质朴刚健、遒劲有力，也是金刻的价值所在。北方的刻书从辽、金到元，一脉相承，自有其无可替代的价值。

第三章

元刻本及其鉴定

北方的蒙古政权建立以后，挥兵南下，对金发动战争，联合南宋攻金，于1234年灭金。之后，蒙古兵主力用于西征，给了南宋苟延残喘的时间。忽必烈于1276年攻入临安，1279年南宋灭亡。蒙古统治者接受耶律楚材的建议，以汉人文化统治汉人，不改汉制，笼络人心，提倡儒学，继续科举取士，所以元代刻书事业几乎没受影响。

一、 元代的刻书中心

元代的刻书，地域性特色仍然非常鲜明。不同地区的刻书，有各自不同的特色，构成了元刻本的全貌。所以讲元刻本的鉴定，仍以地域来讲比较科学。

入元后，原来宋代的刻书最主要区域浙江仍继续存在，且仍是江南刻书业最发达的地区，仍以官刻为主。福建地区建阳书坊也仍然存在，而且刻书业比宋代还更加兴盛。四川眉山这个蜀刻的中心，因在宋元战争中遭到彻底破坏，不复存在。北方的平阳也没有受到多少影响，继续刻书，仍是北方最有代表性的刻书业中心。在几个区域中，福建刻书数量最多，影响最广，三分天下有其二，一点都不夸张。

关于元代的刻本，有好几本谈古籍鉴定的书常用"黑口赵字元刻本"作为口诀，如李致忠先生《古书版本鉴定》以"黑口、赵体、无讳、多简"八字作为口诀，是非常不全面的。元代黑口固然很多，但元代初年浙刻本还是有不少白口。用"赵体字"来概括整个元刻，更是误人不浅。元代刻书最多、影响最广的是建阳，但建阳刻书就明显不是赵体，平水的刻书也明显不是赵体，怎么能以赵体字概括全元刻本呢？鉴定版本时最初眼力培养是字体、版式，同时再佐以序跋、著录、避讳、纸张等因素，才能得出较准确的结论。

二、元刻与宋刻的区别

虽然宋版和元版并称，"宋刻元椠"都是中国古书的珍宝。但宋元刻本之间，还是有明显差别的。概括地说，有以下几个方面。

第一，宋刻大多是工整的楷书，不管欧体、颜体还是柳体，写得都很认真，起笔结体，严谨不苟；元刻较草，江浙一带流行的赵体字、福建建阳流行的颜体字，大多数都略带行书的笔意，甚至就是行书或行草，起笔落笔都不像宋刻本那样整齐。宋刻像舞台上的美女，精心装扮，一丝不苟；元刻像生活中的美女天生丽质，不事装扮，素面朝天，依然动人。

第二，宋刻本字体因工整厚重显得硬朗有力，元刻本字则显得较软。赵体字比起颜、欧、柳体，就显得流畅、秀气有余，但缺乏阳刚之气；建阳刻书的颜体也不如宋建本厚重刚劲，显得松软拘谨许多。宋刻元刻，一眼就能看出两者风格差异。

第三，宋刻点墨如漆，字大行疏，给人非常赏心悦目的观感；元初刻本尚近宋本，中后期以后刻本行间距较密，字也变小，没有宋刻本大气美观。

第四，宋刻大多数是白口单边，南宋末年建阳一带的书有细黑口，黑口极细，看起来清爽整洁。元刻多是黑口双边，双鱼尾甚至三鱼尾，开始是细黑口，有的到后来黑口越来越粗，几乎都变成大黑口，看起来黑乎乎的，不够美观，不像宋刻本干净雅洁。

第五，宋刻文字非常规范，元刻多简化字或俗体字。元代由于官方的语言文字较原始，常有一些口语白话的成分夹杂在里边，书写的文字也多用俗体、简体、破体，特别是坊刻本更明显。

第六，宋刻有较严格的避讳，尤其是官刻本和家刻本，避讳较严，即使是建阳的坊刻本，也没有绝对不避讳的。而元刻本则普遍无避讳。

图3-1、3-2是宋建刻与元建刻同一本书的对比，宋本刚劲有

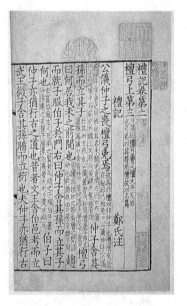

图3-1　《礼记》，宋建安余仁仲
万卷堂刊本

图3-2　《礼记集说》，
元建安郑明德宅刊本

力，元本字较柔弱，版面也有很明显的不同。

图 3-3、3-4 是宋浙本、元浙本《乐府诗集》的对照。宋浙本的欧体字与元浙本的赵体字也迥异其趣。宋刻比元刻看起来更爽心悦目一些。

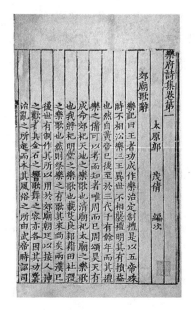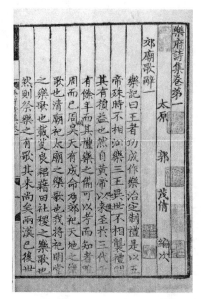

图 3-3 《乐府诗集》，宋浙刻本　　图 3-4 《乐府诗集》，元集庆路儒学刻本

三、 元代三个刻书区域各自的特点

（一） 元浙本的特点

元代虽然在大都设立兴文署，平阳设立经籍所，两者都是负责刻书的机构，但所刻书很少见，官方刻书大多仍然下到江浙等处行中书省刻。如元初的《大德重校圣济总录》《大元一统志》均由江浙行省所刻。江浙等处行中书省及下属各路刻了大量的官方书籍。

兴文署刻书仅知的就是元初治元胡克家校勘的《音注资治通鉴》《资治通鉴释文辩误》，及至大二年（1309）刻印过郑樵的《通志》二百卷。

行省以下各路儒学，在元代刻书相当活跃。最有影响的，如江浙等处行省江东建康道肃政廉访司所属的九路儒学分刻的"十七史"，实际上刻成的只有"十史"。现在尚存的有《汉书》《后汉书》《三国志》《隋书》《南史》《北史》等十种。大德九年（1305）太平路（今安徽当涂）儒学刻《汉书》，宁国路（今安徽宁国）儒学刻《后汉书》，池州路（今安徽贵池）儒学刻《三国志》，饶州路（今江西鄱阳）儒学刻《隋书》，建康路（今江苏南京）儒学刻《唐书》，信州路（今江西上饶）儒学刻《北史》。此外，泰定元年（1324）杭州路儒学刻《五服图解》，至元六年（1269）庆元路儒学刻《诗地理考》《诗考》《践阼篇集解》《通鉴答问》，至正十四年（1354）嘉兴路儒学刻《大戴礼记》，大德七年（1303）宁国路儒学刻《校正刘向说苑》，扬州路儒学刻《石田先生集》，绍兴路儒学刻《越绝书》《吴越春秋》，等等。

元代灭宋以后，把宋代的国子监改为西湖书院，宋代国子监所刻的版片都集中在西湖书院，继续刻书。泰定元年（1324）西湖书院刻马端临《文献通考》，后至元二年（1336）刻苏天爵《国朝文类》，又刻岳珂《金陀粹编》及《续编》。根据泰定元年所立"西湖书院重整书目记"碑，当时有经史子集四部 121 种书版。元代理学发达，科举兴盛，在全国有大量的书院，这些书院往往由学者任山长，在讲学读书之外，也刻大量的书。延祐间如圆沙书院刻《山堂肆考》、《大广益会玉篇》、《新笺决科古今源流至论》，宗文书院刻《五代史记》、《经史证类本草大观》，铅山广信书院刻《稼轩长短句》等，庐陵武溪书院刻《新编古今事文类聚》，梅溪书院刻《校正千金翼方》、《类编标注文公先生经济文衡》（前集、后集、续集）、《皇元风雅》等书。书院属于教学与研究的机构，志于学问，不求营利，刻书质量最高。顾炎武说："宋元刻书皆在书院，山长主之，通儒订之，学者则互相易而传布之。故书院之刻书有三善焉：山长无事则勤于校雠，一也；不惜费而工精，二也；不贮官而易印行，三也。"[①] 书院刻书代表了元代官刻本的最高水平。

元代浙江刻本有如下特点：

第一，字体。宋浙本流行的字体是欧体，元代以后最流行的字体是赵孟頫的赵体字。从宋入元，刻书字体在慢慢过渡转变。人德四年（1300）吴文贵杭州刻本《宣和画谱》还是很明显的欧体。与此同时的《大德重校圣济总录》（图3-5）、《大元一统志》都是体兼欧赵，也就是以赵孟頫的行楷写欧体字，流畅有余，工整不足。比起宋浙本来，元初的欧体字要显得清秀流畅。后来宰相脱脱纂修的《辽史》《金史》《宋史》三史，已明显全是赵体字。

第二，版式。起初是白口，渐渐向建本靠拢，出现了细黑口。黑鱼尾或单或双。上鱼尾上方有的有字数，书名卷次在上鱼尾下方，这些特点与宋浙本一致。

第三，纸张。与宋浙本相近，多用皮纸，纸张较白，但是帘纹变窄，有一指宽。

一般江浙一带的刻本，都是赵孟頫的赵体字。赵体字的特点是接近于行书的楷体，我们或者可以叫作行楷。

至正初，辽、宋、金三史修成，即令刊刻。至正五年（1345），

---

① 顾炎武：《日知录》卷十八。

图 3-5 《大德重校圣济总录》

图 3-6 赵孟頫书《妙严寺碑》

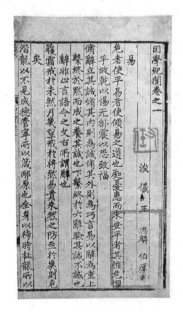

图 3-7 《困学纪闻》，泰定
二年（1325）庆元路儒学刊本

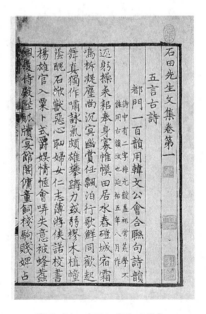

图 3-8 《石田先生文集》，
元后至元五年（1339）扬州路儒学刻本

江浙等处行中书省刻《金史》，次年又刻《宋史》，都是完全用赵体字写刻。版式是细黑口，四周双边，双鱼尾。三史官版在明初就亡佚，故此书元版极少。

元代浙江一带还有一些其他重要刊本：至正七年（1347）平江府（今江苏苏州）释念常募刻《佛祖历代通载》（图 3-9），黑口，左右双边，为赵体行书。天历二年（1329）平江路儒学刻《玉灵聚义》《战国策》，白口，左右双边。至正十四年（1354）嘉兴路儒学刻《大戴礼记注》，细黑口，左右双边。同年又刻《汲冢周书注》。至正十五年（1355）刻《诗外传》。大德十年（1306）绍兴路儒学刻《吴越春秋音注》，白口，左右双边。元延祐间淳安人邵桂子纂《邵氏世谱》，为传世最早的家谱刻本。后至元五年（1339）杭州路刻《农桑辑要》，三山郡庠大德间刻郑樵《通志》，至正二十三年（1363）吴郡庠刻《通鉴总类》，集庆路儒学溧水州学刻《至正金陵新志》，字体皆大致相近。

浙刻本流行的区域最主要的是今天的浙江、江苏、安徽和江西的东北部地区，基本都流行赵体字。如安徽休宁商山义塾刊《春秋左氏传补注》、《春秋属辞》（图 3-11），江西铅山广信书院刻《稼轩长短句》（图 3-12）等，基本都是赵体风格。

当然，也偶有个别的例外。有一个"相台岳氏"家刻，校刻群经，即所谓的"相台五经"，刻有《九经三传沿革例》，署名相台岳珂。其刻书字体是方正的欧体字，目录后有篆书的"相台岳氏刻梓荆溪家塾"牌记，前人一直误以为是岳飞孙子岳珂的家刻本。后经张政烺等先生考证，得出结论：相台岳氏是元初江苏宜兴（别称荆溪）的岳氏后裔所刻，与岳珂无涉。所刻《九经三传沿革例》是据廖莹中世綵堂本覆刻，所以仍保留了宋浙本的欧体风格。赵万里、

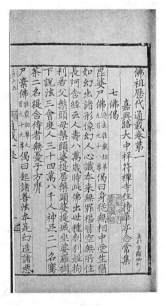

图 3-9 《佛祖历代通载》，
平江府刊本

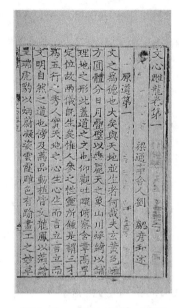

图 3-10 《文心雕龙》，至正
十五年（1355）嘉兴路儒学刊本

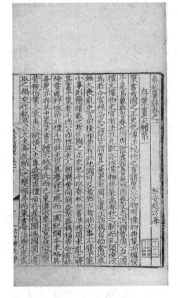

图 3-11 《春秋属辞》，至正
十四年（1354）休宁商山义塾刊本

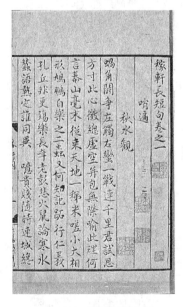

图 3-12 《稼轩长短句》，
江西铅山广信书院刊本

李致忠先生在此基础上进一步考证认为相台岳氏为宋代流寓南方的岳飞九世孙岳浚。因为是元代早期，所以还保留着原来的欧体传统。

另外，元初至元六年（1269）杭州路余杭县白云宗的南山大普宁寺开雕的《普宁藏》（图3-13），仍沿用宋代的欧体字，与浙江宋代寺庙刻书传统《碛砂藏》《思溪藏》的欧体字一脉相承，可以算作例外的情况。

（二）建阳刻书的特点

元代建阳的书坊刻书非常兴盛，现存的元建本数量要远远多于浙江刻本。无论是刻书的种类还是字体版式，元代建阳仍然继承宋建本的传统，如仍然继承宋代刻书种类繁多、内容丰富、重实用通俗的传统，并在传统的基础上又有许多创新。

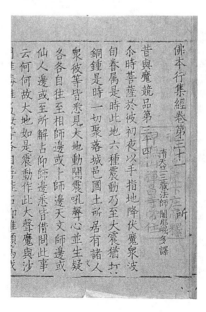

图3-13　《普宁藏》，元刻本

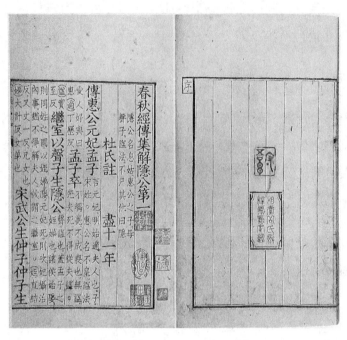

图 3-14　《春秋经传集解》及书尾牌记，元相台岳氏荆溪家塾刻本

元建本的特点：

第一，刻书字体。元代建阳刻书仍用颜体字，但不如宋建本的颜体字工整、挺拔、厚重，已经变为略带行书笔意的行楷，特别是横画的起笔，往往带有上下连写的痕迹，像个"小尾巴"一样明显。笔画的横细竖粗区别也不如宋建本明显。跟宋刻的颜体字比，要显得拘谨松软内敛，缺乏力度。常常有人把浙刻赵体与建刻颜体混为一谈，甚至有些讲版本的书也颜赵分不清，甚至指"颜"为"赵"，其实二者差别还是很明显的。赵体字流畅优美洒脱，元建本的字却拘谨内敛，缺乏洒脱之致。

第二，版式。绝大多数都是黑口，有很多为大黑口，所以普遍没有刻工姓名。鱼尾多双鱼尾甚至三鱼尾，还出现许多花鱼尾。左

图3-15　《大广益会玉篇》封面，至正十六年（1356）翠岩精舍刊本

右双边或四周双边。建阳书坊还常用花鱼尾图案作为书内分节标目的装饰，给人花哨醒目的感觉。

第三，牌记。元建本的牌记使用更加普遍，而且花式比宋建本更多，如钟形、鼎形等。宋代的牌记一般只有刻书地点、刻书人及堂号，元建本的牌记比宋代牌记多了刻书年月一项，对于我们确定版本时代，非常有帮助。

第四，元代建阳刻书出现封面，就是书衣之后的内封面。有了最早的封面设计，如陈氏余庆堂、建安虞氏、翠岩精舍、双桂书堂、西园精舍等都有封面设计。早期的封面以"门"为喻，都是书名大字居中，竖排两行，似门之两扇；刻书堂号在最上面横排，类似匾额；两侧有内容提要或广告语，似楹联。建安虞氏《全相平话五种》的封面还有人物图画，在匾额与书名之间，似门楣木雕。同时，牌记仍然保留，多在目录后，明代以后全部移到卷尾。

第五，纸张还是用麻沙纸，发黄而粗糙，纸面常留有麦秸或草芥细筋杂质，仍是质地不佳的混料竹纸。与浙江、平阳相比，纸质与颜色是最不好的。

第六，所刻的书多是实用类或通俗文学读物，有较大的市场。如音注、纂图、详节等士子考试用书籍，日常生活实用类书籍及小说、词曲等通俗文学读物。与宋代不同，元代建阳的通俗文学类书籍往往是两截本，上图下文，以建安虞氏《全相平话五种》为代表，开了明代建阳小说的先河。建阳还翻刻了许多太医院、惠民局的医书，很有实用价值，流布很广。

建阳书坊非常多，著名者有：建阳刘锦文（字叔简）日新堂，刻书众多，有朱熹《诗集传》《四书辑释大成》《增修互注礼部韵略》，至正十六年（1356）刻《新增说文韵府群玉》《春秋胡氏传纂疏》《汉唐事笺对策机要》，至正间刊《朱子成书》（牌记是赵体字）、《伯生诗集续编》（此书为行草写刻，字体有些例外）。至正间又有高氏日新堂刊《太平惠民和剂局方》。陈氏余庆堂刊《续资治通鉴后集》（花边牌记），皇庆元年（1312）刊《宋季三朝政要》。崇化余志安勤有堂皇庆间刊《集千家注分类杜工部诗》，致和元年（1328）刊《三辅黄图》（图 3-16），至正时刊《唐律疏议》《分类补注李太白诗》等，天历二年（1329）刻《四书通》《大学》，又刻《刑统赋》《仪礼附仪礼图旁通》。又有余氏静庵刊《琼琯白玉蟾集》《列女传》。建安虞平斋务本堂，是宋代就有的书坊，宋代刻有《增刊校正王状元集注分类东坡先生诗》《东坡纪年录》等，元代以后刻有《赵子昂诗集》，元后至正六年（1346）刻《周易程朱传义音训》，与刻《全相平话五种》的"建安虞氏"或是一家。

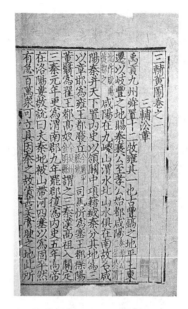

图 3-16　《三辅黄图》，建安余氏勤有堂刊本

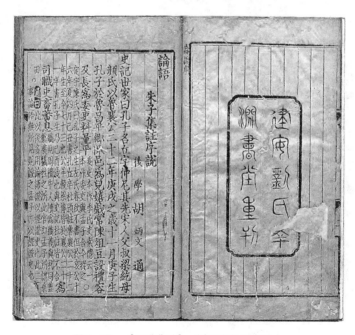

图 3-17　《四书集注》，刘氏南涧书堂刊本

叶氏广勤书堂后来得到勤有堂的书版，改掉原有牌记，加刻广勤堂（或"广勤书堂"）牌记，元天历三年（1330）刻《新刊王氏脉经》。至治元年（1321）建安虞信亨宅刊《楚辞》，建安虞氏刊《全相平话五种》（图3-18）。至正时西园精舍刊《新编纂图增类群书类要事林广记》前集、续集、后集各十三卷，插图也采用随文灵活插图，图往往占整个版面，版画线条更精致细腻，为建阳版画开了一片新天地。

　　刘君佐翠岩精舍起于元祐初期，泰定四年（1327）刊《诗集传》，后至正十四年（1354）刊《注陆宣公奏议》，后至正十六年（1356）刊《新刊足注明本广韵》，天历元年（1328）刊《新刊河间刘守真伤寒论方》。又有刘应康翠岩精舍刻《集韵》，当是一家宗嗣。建安朱氏与耕堂刊《续通鉴》，建安陈氏留耕堂刊《太平惠民

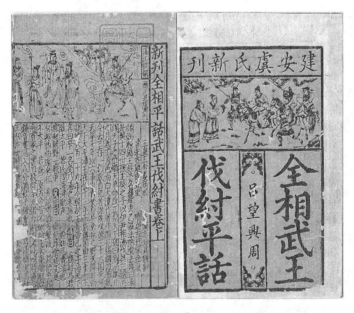

图3-18　《全相平话五种》之一，建安虞氏刊本

和剂局方》。建安詹氏进德书堂刊《大广益会玉篇》，詹光祖月崖书堂至元刊《黄氏补千家注纪年杜工部诗史》。建安郑氏宗文书堂刊《太平惠民和剂局方》，至顺元年（1330）刊《静修先生文集》，后至正七年（1347）建安书林刘锦文刻《诗经疑问》。建安吴氏友于堂刊《潜室陈先生木钟集》，泰定元年（1324）刊《新编事文类聚翰墨全书》，建安傅子安刊《楚辞集注》。碧山精舍刊元代志怪小说《湖海新闻夷坚续志》及《前集》，不署刻书人与地点，从刻书的字体版式看，应当也在建安一带。

延祐二年（1315）建阳后山报恩万寿堂刻的一套《毗卢大藏经》，属经折装，字体也是这种颜体字。

建阳的官刻本，大致也受书坊刻书的影响，字体相似，如至正间建宁路官医提领陈志刻《世效得医方》《孙真人养生书》，字体版式全同坊刻。唯福州路儒学后至正七年刊《礼书》一百五十卷、《乐书》二百卷，字体稍异，略近于赵体，是特例。

建本影响的范围更大，湖南、湖北、广东、江西、安徽西部等都受其风格影响。江西大部分地区刻书都近于建阳本，如庐陵、赣州几乎看不出什么差别。南昌地区豫章书院刻书也是如此。湖北江陵中兴路资福寺所刻无闻和尚注解的《金刚经》是朱墨两色刷印本，字体也同建阳完全一致。

湖南茶陵陈仁子古迂刻《增补六臣注文选》《古迂陈氏家藏梦溪笔谈》《叶石林诗话》等，字体版式与宋建本相近。陈仁子，字同俌，号古迂，宋咸淳十年（1274）漕试第一名，宋亡不仕。他一生大部分时间生活在宋代，所以他的刻书字体更近于宋建本也是可以理解的。他刻的《尹文子》二卷，张金吾《爱日精舍藏书志》即著录为宋刻本。

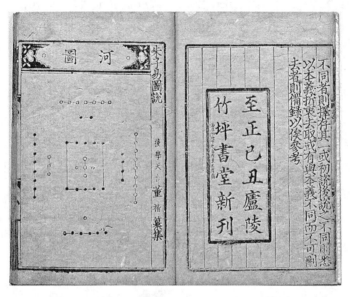

图 3-19　《周易程朱先生传义附录》，至正九年（1349）庐陵竹坪书堂刊本

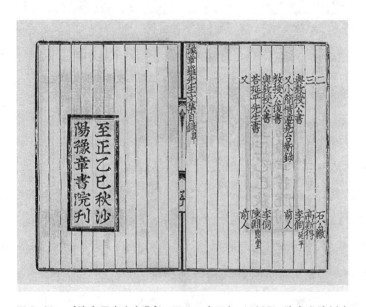

图 3-20　《豫章罗先生文集》，至正二十五年（1365）豫章书院刻本

（三）平水刻书的特点

北方的刻书业中心仍在平阳，所刻的书就叫元平水本或平阳本。在蒙古灭金之后、元朝成立之前的四十多年间，也有不少刻书，非金非元，一般称作蒙古时期刻书。有的著作把这一时期归入金刻本后面，其实金已灭亡，明显于义不合。蒙古统治时期是元代的前身，应属元代刻书。金末宋德方弟子秦志安根据其师长春真人丘处机遗志，于元太宗九年（1237）倡刻道藏，在平阳玄都观设局，用了七年多时间刻成七千多卷道藏，称为《玄都宝藏》。定宗时平阳永乐镇纯阳万寿宫建成，经版即贮于宫内。后因为僧人告发，云其中收录明教经典，被元朝政府销毁。今仅存《云笈七签》一书和《太清风露经》（图3-21）残卷。

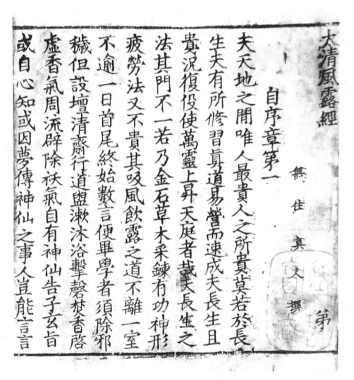

图3-21　《太清风露经》残卷

经过金代的发展，平阳刻工的雕版水平有了很大的进步，刻写更加精细成熟。金元之际，晦明轩主人张存惠，字魏卿，堂号晦明轩，刻印有唐慎微《重修政和经史证类备用本草》（图 3-22），卷首有螭首龟座形牌记，记"泰和甲子下己酉冬日南至"。"泰和甲子下己酉"意为从泰和往下数至己酉年，与"甲子年"无关。此书当刻于蒙古定宗四年，即 1249 年。目录后有"平阳府张宅印"琴形牌记和"晦明轩"钟形牌记。张氏刻书甚多，今知尚有《增节标目音注精议资治通鉴》（图 3-23）、《丹渊集》、《滏水文集》等书。晦明轩的刻书字体最典型，颜体的丰满圆润，欧体的方正整齐，融合得非常好。细黑口、四周双边、花鱼尾都是受建阳的影响，可以代表平阳刻书的上乘。蒙古中统二年（1261）段子成刻《史记集解索隐》。此外尚有《尚书注疏》（图 3-24），蒙古时期平水刻本，其中地理图题平水刘敏仲编，其刻工张一、何川、邓恩、吉一、杨三等又刻《重修政和经史证类备用本草》，可知亦是蒙古刻本（见《中国版刻图录》）。

蒙古乃马真后元年（1242）刻的《孔氏祖庭广记》（图 3-25）十二卷是金代编成的孔子世家谱，是蒙古时期的官刻本。有刻书题记："大蒙古国领中书省耶律楚材奏准皇帝圣旨，于南京特取袭封孔元措令赴阙里奉祀，来时不能挈负《祖庭广记》印板，今谨增补校正重开以广其传……"笔画细劲近浙刻，但更遒劲有力。

平水曹氏进德斋元大德三年（1299）刊《尔雅》郭璞注，黑口，左右双边，首有方形牌记。至大三年（1310）刻元好问《中州集》（图 3-26），白口，四周双边，后有牌记："至大庚戌良月平水进德斋刊。"平阳府梁宅刻《论语注疏》，亦是坊刻本，有"平阳府梁宅刊"牌记。除上述外，尚有平水高昂霄尊贤堂皇庆二年（1313）

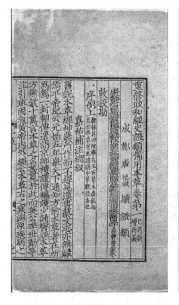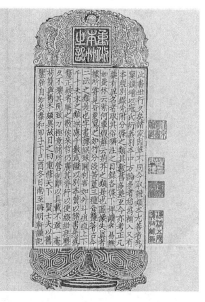

图 3-22 《重修政和经史证类备用本草》首尾牌记，张存惠晦明轩刊本

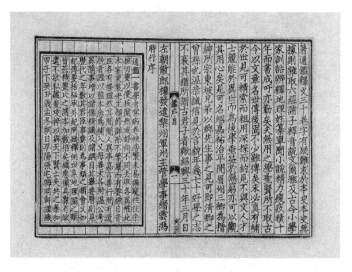

图 3-23 《增节标目音注精议资治通鉴》卷首牌记，张氏晦明轩刻本

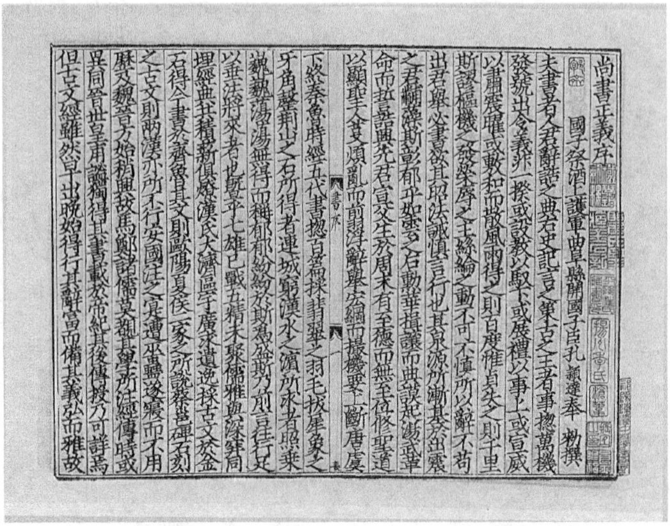

图 3-24　《尚书注疏》，无书堂号的蒙古刻本

图 3-25　《孔氏祖庭广记》，蒙古乃马真后元年（1242）刻本

刻《河汾诸老诗集》。

平阳刻书的特点：

第一，元代平阳刻书，字体上承金代传统，颜欧混合的成分更浓，字形更挺拔，笔力遒劲，与元浙本的优美流畅、建本的松软圆活有明显不同，体现出北方刻书遒劲有力的风格。

第二，平阳刻书仍然流露出模仿翻刻浙本、建本的痕迹，有些刻书字体明显翻刻杭州或建阳的，但比起浙本、建本，笔画生硬得多，如仿浙本的《孔氏祖庭广记》《中州乙集》，仿建本的元至大三年（1310）曹氏进德斋刻《新刊韵略》、蒙古中统三年（1262）刻《太医张子和先生儒门事亲》等医书。虽然这也取决于写工刻工的水平，但依然体现了北方刻书字体刚劲的特色。

第三，版式上，多细黑口，双黑鱼尾，四周双边。

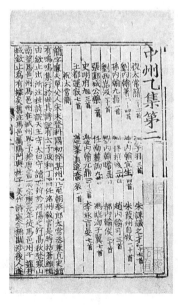 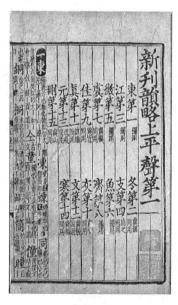

图 3-26　《中州集》，平水　　　　图 3-27　《新刊韵略》，大德十年
　曹氏进德斋刻本　　　　　　　（1306）平水王氏中和轩刊本

第四，平阳刻书大多数仍然是坊刻，官刻较少。有的坊刻有牌记，说明是平阳的书坊所刻。

第五，纸张洁白硬朗，同元浙本多用皮纸，没有竹纸，这与建阳本截然不同。

元代在平水设的经籍所，似乎并没有任何官刻本流传下来。在大都所设的兴文署，也只有文献记载中的兴文署刊《资治通鉴》一种，而且原书也没有流传下来。在这三个刻书区域，平水刻本是最少的。

四、 元刻本的鉴定实例

从以上所讲三个地区的刻书特点来看，每个地区都有自己明显的风格特色。一般来说，可以根据这些风格特色，来断定刻书的时代及区域。如有一套元刊《杂剧三十种》，刻书的字体是典型的建阳风格，其中《李太白贬夜郎》(图3-28)、《尉迟恭三夺槊》、《风月紫云亭》、《关大王单刀会》等七种都冠以"古杭新刊""古杭新刊的本"字样，赵万里先生主编《中国版刻图录》著录为杭州坊刻本。黄永年先生从刻书字体判断，认为这是建阳本，其重要证据就是，这套书中另有四种杂剧冠以"大都新编""大都新刊"的字样，难道它又是北京坊刻本吗？其实所谓的"大都新编""古杭新刊"都只是自诩其本出自大都、古杭等京师或故都，是古杭、大都"的本"，这就如同"京本""监本""金陵原本"一样，是建阳书坊用于招徕读者的手段。[①]

难道杭州就没有小说戏曲等通俗的文学书吗？有！张家瓦子所

---

① 参见黄永年：《古籍版本学》，江苏教育出版社2005年版。

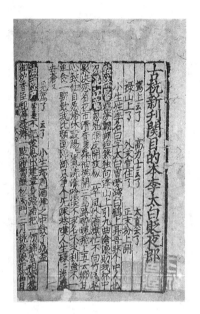

图 3-28 　《李太白贬夜郎》，元刊本

刻的《大唐三藏取经诗话》就有明确的刻书地点与堂号。但《大唐三藏取经诗话》字体也是近于南宋末的欧体，还有一种《新雕大唐三藏法师取经记》（图 3-29）近于元代赵体，都是杭州刻书风格，与建阳本字体有很大差别。

　　历史上建阳或杭州的刻书家并不限于在本地经营，像宋代钱塘王叔边到建阳刻书售书一样，肯定建阳也有许多书商到杭州经营乃至到更多地方刻书售书。明代以后这种情况更普遍，碰到这种情况，以刻书风格确定刻书地域，比较准确科学。

　　山东省博物馆藏一套元刊本《四书章句集注》（1970 年明鲁荒王朱檀墓出土，图 3-30），字体是典型的建阳刻书字体，但前面的牌记"至正壬寅武林沈氏尚德堂刊"几个大字却是赵体行楷。以此来看，似乎杭州也有颜体刻书，其实不然。细观此书，牌记页边框明显高于正文边框许多，纸色亦有不同，很显然牌记是后加的。大

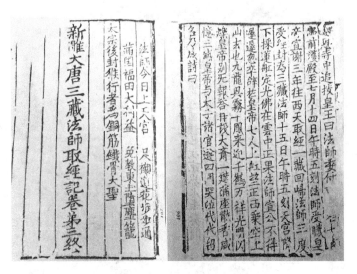

图 3-29　《新雕大唐三藏法师取经记》，罗振玉影印日藏

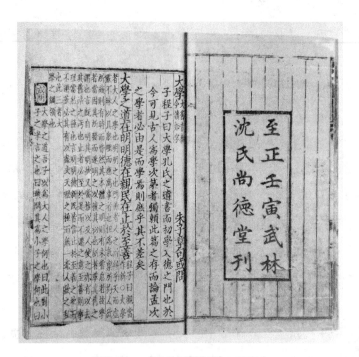

图 3-30　《四书章句集注》，元刊本

概是建阳版片易主，归于武林沈氏，重印时临时加了一个牌记。应当说写工写字写什么体都是很容易的事，并不是说杭州写工就不会写建阳颜体。只是每个区域刻书约定俗成，形成了这个区域的共同特征，很少有例外的情况。刻版易主更换牌记的例子倒是很多，余氏勤有堂刻版在元代归于叶日增广勤堂，就被换了"广勤堂新刊"牌记。叶日增儿子叶景逵，又换为"三峰书舍"牌记。

元刻本的造假，虽然不如宋刻本多，但也很常见。一般是用明前期的本子冒充元刻本。这在清代就有很多了。清代内府天禄琳琅后期所藏的 62 种元版书，在民国时编订《故宫善本书目》时审定为假的就有 43 种，其中 42 种是把明前期刻本误当作元刻本，1 种是把朝鲜覆刻本误定为元刻本。[①] 明代前期（成化、弘治以前）的本子多是大黑口，赵体字，明初建本仍是颜体字，都与元本相近，很容易冒充作伪。在鉴定时也往往把明前期本错当作元本。

如《书林清话》卷四：《孙记》所载元本《唐诗始音辑注》等，目后有"广勤堂"鼎式印、"建安叶氏鼎新绣梓"长木印，实系明代之书。因为它是受明初高棅《唐诗品汇》分类品评影响下才产生的，用的品评词语都出自高棅，不可能是元代刻印的。清初钱谦益绛云楼所称宋版《万宝诗山》，也系明初叶景逵所刻。钱谦益之后归于陆心源皕宋楼。此书前有"□□□□□（按：此缺五字）雍作噩重九日蒲阳余性初"序云："书林三峰叶景逵氏，掇拾类聚，绣梓以传于世，目之曰《万宝诗山》。"《陆续跋》以为宋麻沙本，谓序"著雍"在戊，"作噩"在酉，戊酉不相值，非戊戌即己酉之讹。陆心源的皕宋楼书后归于日本岩崎氏，即今日本之静嘉堂，岛田翰作

---

① 张允亮：《故宫善本书目》"天禄琳琅现存书目"，故宫博物院排印本，民国二十三年（1934）铅印。

《皕宋楼藏书源流考》驳之，谓序所缺失的五字为"宣德四年屠"五字，"雍作疆"当是"维作疆"之偶然笔误，此书实系明代宣德四年（1429）所刻，钱谦益、陆心源两大藏书家也不免为书估所愚。

建阳刘氏日新堂和高氏日新堂刻书，字体都非常一致。另有一日新堂，不著姓氏与地方，刻有《揭曼硕诗集》三卷，黑口，半叶十行，行十九字，在目录下有一行"至元庚辰季春日新堂印行"，字体却与上两家完全不同，而近于赵体，明显非建阳所刊。后有傅增湘跋语，亦云"字体婉秀，有赵松雪意"，未敢遽断为建阳日新堂。日新堂是建阳宋代以来刻书的老书坊，刻工纯熟，刻书都有牌记占两三行，亦有醒目的较粗的边框；而此书牌记倒是浙江书棚本的传统，亦可证明其非建阳所刻。

因明初字体与元末相近误断为元刊的例子很多。华东师范大学图书馆藏《联新事备诗学大成》（图3-31）三十卷，国家图书馆出

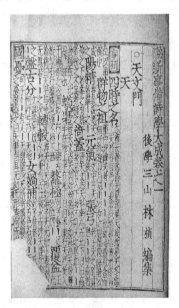

图3-31 《联新事备诗学大成》

版的《第一批国家珍贵古籍名录图录》著录为元刻本，列入中华再造善本"金元编"，依据的是袁寒云的题跋，以及南京图书馆所藏同样的版本著录。但从刻书字体看，此书与南京图书馆丁丙八千卷楼藏本完全一样，都是明代前期翠岩精舍的重刻本，字体呆板，横平竖直，已有明显的向硬体过渡的痕迹。日本国立公文书馆内阁文库藏日本南北朝时覆刻翠岩精舍至正十四年（1354）的本子，经过对比，华东师大藏本除了字体与元刻明显不同外，牌记与序言全都没有了。大概是书估作伪抽掉序言与牌记冒充元本。因另有专文考证，见附录一，此处不再赘述。

第四章
明刻本及其鉴定（上）

明代近三百年时间里，社会环境宽松，文化发达，刻书种类繁多，刻书数量比宋辽金元几代刻书总和都多。明代的刻书地区遍布全国，几乎各省府州都有刻书，如果要分中心区域的话，南京、北京、苏州、徽州、杭州、建阳等都有很多刻书。很明显，已经不能像宋元时代那样分几个中心区域来讲了。

但明代时间跨度长，刻书风气与字体版式屡变，形成了几个明显不同的时期。如从洪武到孝宗弘治时期，多沿袭元代的风格，我们称之为明前期刻本或明初本；正德、嘉靖、隆庆三个朝代一变而为方正整齐的硬体风格，我们称之为明中期刻本或嘉靖本；万历以后形成了以硬体为主的刻书风格，我们称之为明末刻本或万历本。

一、 明代刻本概述

（一） 明刻本的种类

明代的刻书要比宋元时代更加繁荣，种类繁多，官刻、家刻与坊刻三大类别明代都有，而且出现了与前代不同的许多现象。

1. 明代官刻书首推国子监。明代成立之初，将元代西湖书院藏宋元旧版与江南其他地方的许多雕版，都集中到南京国子监保存。南京国子监把宋元旧版重新加以修补，出版了大量的三朝递修的监本书。永乐迁都北京后又设北京国子监，因此明代有南北二监。南监刻书最多，北监多据南监本重刻，主要都是经史正统书籍，如十三经、二十一史之类。但南北二监刻书数量尚不及内府多，也没有内府刻本考究。

2. 内府刻书。内府是朝廷刻书机构。自永乐迁都北京以后，内府刻书专由宦官机构司礼监掌其事，故称司礼监本，司礼监下设经厂，故又称为经厂本。司礼监本开本大，印刷精美，白绵厚纸，字墨如漆，惜由阉人主其事，历来不受重视。所刻书多是御制义集、四书五经、性理大全、历代君鉴、历代臣鉴、朝廷政令、会典等书，也刻了一些供太监读的识字启蒙的通俗读物。其中有价值的是刻过当时社会上流行的《三国志通俗演义》，"皆乐看爱买者也"①。

3. 中央六部各官署也刻书印书，南京礼部、兵部，北京礼部、兵部、都察院、太医院、钦天监等，也刻书印书，这类本子叫部院本。如礼部每科会试都要刻《登科录》，地方官府刻书更是非常盛行，南北二京、各省与府州县都有刻书。北京都察院甚至还刻《三国志演义》《水浒传奇》等通俗小说。

4. 明代分封的宗室藩王也刻书，所刻之书叫藩府本。明代分封的藩王很多，藩王有优厚的经济条件，但只允许食禄，不准干预政治，藩王只能闭户读书。明代的藩王多富藏书画，又有雄厚的经济条件，可以随自己的兴趣藏书与刻书，所以藩王中颇出现一些热爱读书刻书的人，藩府刻了许多很有价值的书。今所知者略举

① 刘若愚：《酌中志》卷十八"内版经书志略"。

如下。

宁藩刻书最多，仅明周弘祖《古今书刻》记录的就有55种。如明初刊《病机气宜保命集》，建文四年（1402）刻《汉唐秘史》，正统间刻《重编白玉蟾文集》《续集》。

蜀藩刻书四十余种，洪武时刻《自警编》《说苑》，成化十五年（1479）刻《静修先生文集》。嘉靖二十年（1541）刻《逊志斋集》《栾城集》。

代府天顺间刻《谭子化书》六卷。

崇府成化十二年（1476）刻《贞观政要》，嘉靖间刻《孝肃包公奏议》。

肃府成化间刻《刘因静修先生集》。

唐府成化间刻张伯颜本《文选》，成化十二年刻《直说通略》。

吉府正德间刻贾谊《新书》，刻正统本《四书》，万历间刻《楚辞集注》，又刻诸子书多种。

晋府宝贤堂又称志道堂、虚益堂，亦称养德书院，嘉靖间重刻元张伯颜本《文选》，刻《宋文鉴》《唐文粹》《初学记》《元文类》等大部头书籍。

益府嘉靖间刻张九韶《理学类编》，万历初元刻《大广益会玉篇》，崇祯间刻陈敬《香谱》及有关茶书多种。

秦府嘉靖间刻黄善夫本《史记》，刻《天原发微》、蔡沈《至书》。隆庆间刻《千金宝要》。

周藩洪武时刻《新刊袖珍方大全》，嘉靖间刻《诚斋录》《诚斋新录》《牡丹百咏》《梅花百咏》《玉堂春百咏》《西湖百咏》等。

徽藩崇德书院嘉靖间刻会通馆《锦绣万花谷》《礼仪定式》《词林摘艳》《风宣玄品》。

沈藩嘉靖时刻宋张景《医说》《焦氏易林》。

鲁府敏学书院，又称承训书院，嘉靖时刻《诚斋易传》《抱朴子内篇》《外篇》。

赵府居敬堂，又名味经堂，嘉靖时刻《资治通鉴纲目》《法藏碎金录》《补注释黄帝内经素问》。

辽国宝训堂刻《昭明太子文集》。

德藩最乐轩刻《前汉书》。

潞藩崇祯时刻《述古书法纂》。

藩府本刻书是明代一种独特的类别，它兼有官刻与家刻的双重特点，似乎更近于官刻。

5. 明代还有一种官吏之间互相赠送的书，即所谓的书帕本。叶德辉《书林清话》卷七有云："明时官吏奉使出差，回京必刻一书，以一书一帕相馈赠，世即谓之书帕本。语详顾炎武《日知录》。……按：明时官出俸钱刻书，本缘宋漕司郡斋好事之习。然校勘不善，讹谬滋多，至今藏书家，均视当时书帕本比之经厂坊肆，名低价贱，殆有过之。"但今天真正能确定为书帕本的却很少，宋元以来许多官刻本都有署主持其事者，明代官刻本几乎都有本官署名，很少有署某官捐俸刻印字样。有的研究者把有职署名的官刻本都作为书帕本，怕失之过宽，按照这种算法，宋元也有不少书帕本了。国家图书馆所藏明弘治十六年（1503）赵伦刻梅山逸叟编《不自秘方》一卷，前有浮签题跋曰"《不自秘方》一卷，明南舒梅山逸叟传，弘治刻本"，前有秦民悦序，后题"弘治拾陆年仲秋八月吉日登仕郎、主庐江县簿、原武赵伦捐俸锓梓以广其传云。潜川庠生徐山书"。这类明确标明捐俸所刻的小部头、小开本的书大概可算是书帕本吧。

（二） 明代刻书的区域

明代南京成为全国的政治文化中心，取代杭州成为刻书中心。明初内府刻书和洪武、永乐南藏，都在南京刻印。永乐以后迁都北京，北京又成为第二个刻书中心，但南京由于历史上的文化积淀，江南文化学术的发达，其中心地位依然不可动摇，尤其是各类官刻的中心。南京刻书官刻、家刻、坊刻都很多，特别是明万历以后，南京坊刻书呈现出非常繁荣的局面。为适应市民阶层的需求，出现了各种小说戏曲刻本，超出了向以刻小说戏曲等通俗文学著称的建阳地区。天启崇祯，南京书坊胡正言和吴发祥以及从吴兴迁来的闵齐伋在南京开始了饾版、拱花的木版套印，印出了《十竹斋书画谱》《十竹斋笺谱》《萝轩变古笺谱》《六幻西厢》等木版彩色套印书籍，把中国的木版套印版画推向历史高峰。

明代初期建阳仍是全国刻书发达地区，刻书总类与数量不亚于宋元。但明代中期以后由于城市商品经济的繁荣、资本主义的萌芽，东南地区涌现出许多经济繁荣、发达的城市，除了原先的刻书中心杭州外，南京、苏州、湖州、徽州、无锡等城市刻书都很兴盛，书坊集中，这些城市经济都比建阳发达，书坊主人资本雄厚，刊刻书数量多而且精。在这些发达城市中，常州府无锡的华氏、安氏等家从刻书发展到铜活字印书，湖州的凌氏、闵氏致力于套版印刷，万历末年开始了朱墨两色套印，再发展到三色、四色套印，纸色洁白，墨色彩斑斓夺目，翻开了印刷史新的一页。徽州刻字工匠汪氏、黄氏、仇氏世代传其业，徽州版画刻印达到前所未有的精美程度。徽州刻工走天下，在南京、苏州、杭州、北京从事刻书，建阳书坊在群星燿璨的晚明时代逐渐暗淡无光。

明代刻书已经普及化，即使是经济并不发达的西北、西南、东北地区，也都有刻书。

（三）明代刻书的新变化

1. 明代出现了官场统一的字体——馆阁体，又叫台阁体，是软体系统中的一种，它是全社会通行的字体，在明代（也包括清代）刻书中占据最重要的分量。馆阁体是随着明代科举考试出现的正式公文使用的统一字体。明代科举考的八股文，也是新出现的一种文体，融经义、古文、诗、赋于一体，发挥经义类于古文，但两比对仗又要讲求平仄声律，类于赋，同时破承起讲八比又与律诗起承转合一致，所以于经义古文诗赋，吸取众长，"文备众体"。而馆阁体也是在科举考试书写字体上的"书备众体"：吸收了欧体的峭劲风骨，颜体的圆润丰腴，柳体的间架严密，赵体的流畅自然，融欧颜柳赵各自的优点，但又不是欧颜柳赵任何一体。这是朝廷规定的标准规范字体，称为楷体（图 4-1、4-2）。明清以后所称的楷书都指这种字体。所有人写得都一样，好处是整饬标准，如《永乐大典》《四库全书》体量再大，前后如出一手，还能杜绝科举考试中的作弊，使朝廷诏诰奏表整齐划一。缺点是很难有自己的风格。馆阁体经过从明到清的发展变化，到清乾隆时发展到最规范匀称，也就形成现代印刷业中的楷体字。它原是科举考试中为防关节作弊而定的，又推而广之于整个朝廷官场的正规公文场合，遂称之为台阁体，为与明代杨荣、杨溥、杨士奇"三杨"的台阁体文章区别，习惯上又称为馆阁体。

2. 明代刻书有了软体与硬体两种不同字体系统的刻书，嘉靖以后出现了横平竖直、点画齐整的硬体字，也就是我们今天印刷中的

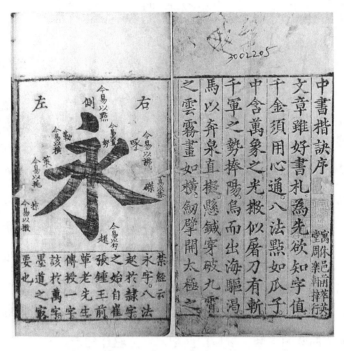

图4-1　《中书楷诀》，明姜立纲编，明代馆阁体楷书范本

图4-2　馆阁体书家姜立纲书法

宋体字。随手书写的字，即使是宋代方正的欧体，也不可能像用尺子量出来的那么笔直，但刻书工人的刻字刀不同，一刀下去横竖整齐如尺。所以古籍鉴定习惯上把随手书写的叫软体，把刀工突出的方正整齐笔直的叫硬体，或叫匠体。嘉靖以后的刻书随着宋体字的出现就分为硬体、软体两个字体系统。

在软体系统里又分为从元浙本演变而来的赵体系统，从元建本而来的颜体系统，明代新出现的馆阁体系统，以及其他风格的手写系统。硬体系统又可分为嘉靖软硬兼有的方正字，万历的长方宋体、方正宋体，天启崇祯的扁宋体等各自不同的小系统。

3. 明代刻书没有避讳。朱元璋做了皇帝后，虽屡兴文字狱，但对皇帝名字却看得很开，不认为犯皇帝御名为大不敬。可能他的名字太常见了，避不胜避，所以并没有规定避讳，后来相沿成习。只是到明代最后天启、崇祯时，才有避这两个皇帝讳，不过也很宽，不避的颇多，可以忽略不计。

4. 古籍装帧形式由蝴蝶装变为线装。宋元至明初古籍除了佛经的卷轴和经折装外，一般都是蝴蝶装，也就是书版的版心朝里对折，摊开来看到的是一叶完整的版面，鱼尾书口夹在中间。蝴蝶装的缺点是两叶古籍之间是背白，需要粘起来，中间版心狭小，粘接也不很牢固。明中期正德嘉靖年间，线装形式普及，也就是把书版的版心朝外对折，原来的版心就成了书口，一叶书版背面对折成为两个半叶，这样既看不到背白，又便于用线装订，不需要用糨糊粘接，也比纸捻装订更为牢固，大大提高了书籍的耐用程度。所以明中期以后才有了"线装书"的概念。我们今天看到的宋元版古籍很少有蝴蝶装的，都是经后人改装过了。

二、 明前期的刻书系统

明代洪武、建文、永乐、洪熙、宣德、正统、景泰、天顺、成化、弘治十朝137年时间，刻书大抵沿袭元代遗风，为前期。

虽然明代刻书遍布全国、种类繁多，看起来纷繁复杂，但如果以刻书字体来划分的话，就能够化繁为简，梳理出明代刻本的脉络及其发展规律。

刻书风格的转变不像朝代更换那么迅速，它是一个渐变的过程。明初的刻书，起初仍然沿袭元末的风格，元代赵体字与颜体字的两种刻书仍然都有很大的市场。在沿袭中渐渐与元代风格拉开了距离，体现了明代刻书的风格。

（一） 赵体系统

元代江浙一带的刻书都流行赵体字，特别是官刻本。明初一仍其旧。洪武三年（1370）明官修《元史》（图4-3）就是赵体写刻的。洪武五年（1372）在南京刊刻的《大藏经》也是用赵体写刻的。洪武十年（1377）郑济刻《宋学士文粹》，由宋濂门人郑济与弟郑洎及同门刘刚、林静、楼琏、方孝孺缮写，赵体字尤为娟秀。另一种明初刻本《宋学士文集》，白口，上书口标字数，白皮纸，也是元浙本的一贯风格。洪武十六年（1383）内府刻《回回历法》，黑口，左右双边，版式风格与《元史》同样疏朗大气。洪武十七年（1384）傅若川刻《傅与砺文集》，黑口，左右双边。洪武二十二年（1389）内府刻《华夷译语》，黑口，四周双边。洪武三十一年（1398）蔡伯庸苏州刻《高季迪赋姑苏杂咏》，黑口，四周双边，无界栏。浙江处州府刊本《诚意伯刘先生文集翊运集》，大黑口。这

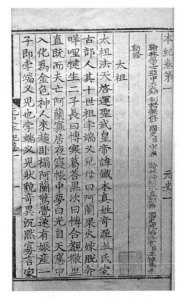

图 4-3 《元史》，洪武官修本　　图 4-4 《金刚经集注》，永乐内府刻本

些都是赵体字，因为元代以来写工刻工都习惯了用赵体，所以积习难改，在明初几十年间仍然有它的市场。但浙本赵体字也慢慢在发生变化。因为朝廷公文正规场合推行馆阁体楷书，凡是读书应举的文人都要习用楷体，所以由赵体入馆阁体就成为一种趋势。永乐年间的书法家沈度、沈燦是明初馆阁体书法大家，书风中都带有浓厚的赵体韵味，明初馆阁体刻书《贞观政要》，直到天顺五年（1461）刻的《大明一统志》还能看出一些赵体的痕迹。后来馆阁体成为明代写刻主流，赵体就式微了。当然永乐以后也偶有写工用赵体，如永乐十五年（1417）韩彝刻《卫生宝鉴》、宣德十年（1435）南京周思得刻《上清灵宝济度真经》，仍然沿用赵体字。

（二）颜体系统

1. 近于元代风格的颜体字

除了江浙，全国许多地方刻书受建阳的影响，惯用元代建阳刻书的颜体，也就是元代建阳通行的带"小尾巴"的颜体。建阳在明初仍是全国刻书重镇，元代著名书坊如刘氏日新堂、叶氏广勤堂、虞氏务本堂、刘氏翠岩精舍、郑氏宗文堂、杨氏清江书堂，还有新兴起的书坊如刘氏慎独（书）斋、熊氏种德堂等，刻书丝毫不让宋元。洪武元年（1368）会文堂刻《集千家注批点杜工部诗集》、《文集》（图4-5），明初建阳刻元张翥《蜕庵诗》，无堂号刻《增广注释音辨唐柳先生集》，纯乎元代建阳风格。洪武六年（1373）陈氏书堂刻《新刊河间刘守真伤寒直格》，洪武二十八年（1395）与耕书堂刻《楚国文宪公雪楼程先生文集》，弘治间叶氏广勤堂刻印《针灸资生经》仍是很好的颜体。正统十三年（1448）善敬堂刻《增广注释音辨唐柳先生集》，景泰五年（1454）刘氏翠岩精舍刊《五伦书》，天顺二年（1458）黄氏仁和堂刻《四书集注大全》，天顺六年（1462）叶氏南山书堂刻《新增说文韵府群玉》，弘治四年（1491）罗氏竹坪书堂刻《周易传义大全》，弘治十一年（1498）詹氏西清书堂刻《增修附注资治通鉴节要》，弘治十四年（1501）刘氏日新堂刻《资治通鉴纲目发明》，都是自然流畅的颜体字。以上可以看作比较标准的颜体风格。

建阳颜体系统刻书流行区域最广，辐射到北方许多地区。1966年上海嘉定县（今上海市嘉定区）明代宣氏家族墓中发现了明代成化年间北京永顺书堂刻的一套说唱词话，包括《花关索出身传》、《石郎驸马传》、《包待制出身传》、《包龙图公案断歪乌盆传》、《包

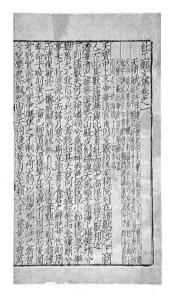

图 4-5　《集千家注批点杜工部文集》，会文堂刻本

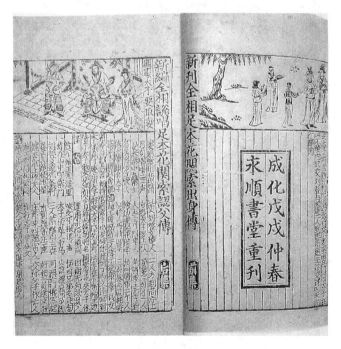

图 4-6　北京永顺书堂所刻说唱词话之一

龙图断案曹国舅公案传》、《张文贵传》、《包龙图断白虎精传》、《师官受妻刘都赛上元十五夜看灯传》（下卷又题《包龙图断赵皇亲孙文仪公案传》)、《莺哥孝义传》、《开宗义富贵孝义传》、《薛仁贵跨海征辽故事》、《刘知远还乡白兔记》（传奇）等，字体版式明显是建阳风格，与建安虞氏《全相平话五种》非常近似，书名都带有"新刊（编)""全相"，上图下文，也吸收了金陵刊本整页插图的特点，可以肯定是受建阳影响，或许是建阳书商在北京刻书销售①。这种例子应当还有不少，成化间太原善敬堂刻《论语集注大全》也是一样，如果不看牌记还以为是建阳刻的书。

2. 匠体化的颜体字

明初建阳刻书的趋势是越来越匠体化，元代自然随意的手写字逐渐变为笔画平整呆板的匠体字，失去了元代的自然生动之致。例如，宣德三年（1428）书林刘文寿刻《新编纂注资治通鉴外纪增义》，宣德六年（1431）建阳清江书堂刻《广韵》，景泰元年（1450）魏氏仁实书堂刻元王幼学《资治通鉴纲目集览》、叶氏广勤书堂刻《唐诗始音辑注》（图 4-7）、叶景达又刻《诗经疏义》，弘治五年（1492）詹氏进德书堂刻《大广益会玉篇》有"三峰精舍弘治壬子孟夏之吉詹氏进德书堂重刊"牌记（图 4-9）。从明初到正德嘉靖，刻书的一个大趋势是由软体过渡到硬体，这种过渡不是一朝一夕就改过来的，而是有一个演变过程，由元代自然的手写颜体，到笔画平整呆板的颜体，再到完全工匠化的硬体字。

---

① 有人从字体上直接断定这批说唱词话就是建阳刻本，见刘理保《上海出土明永顺堂刻本为建阳刻本考辨》（《东方收藏》2012 年第 6 期），可能有些武断，牌记上的"北京"无法解释。

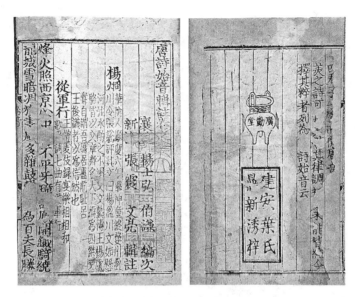

图 4-7　《唐诗始音辑注》，明初建阳叶氏广勤堂刻本

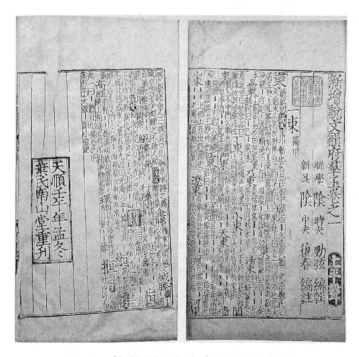

图 4-8　《新增说文韵府群玉》，叶氏南山堂刻本

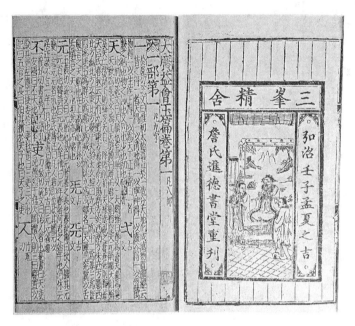

图 4-9 《大广益会玉篇》，詹氏进德书堂刻本

3. 受馆阁体影响趋于俗体

但建阳刻书到了明代也不可避免地受到明代官方推行馆阁体楷书的影响，逐渐在演化变异，也就是颜体的成分在逐渐减少，馆阁体成分在逐渐增加。弘治九年（1496）余氏双桂书堂也刻过《周易传义大全》（图 4-10），间架结构已看出馆阁体的样子。弘治十八年（1505）刘氏慎独斋刻《大明一统志》（图 4-11），还有郑氏宗文书堂刻《新刊周易纂言集注》等，虽然横画的起笔还带有建阳本常见的"小尾巴"，但间架结构已不再像颜体，而趋同于馆阁体了。刘氏慎独斋刻书字体最典型，它刻的许多书都是如此，如所刻《璧水群英待问会元选要》（图 4-12）、马端临《文献通考》，以及建阳刘氏安正书堂刻《新刊金文靖公北征录附杨文敏公后北征记》，就几乎看不出颜体的成分了。

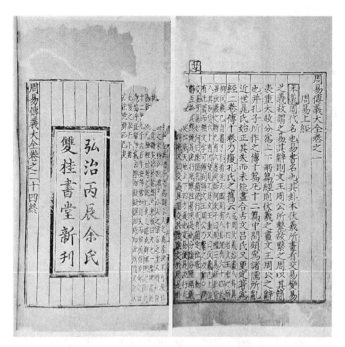

图 4-10 《周易传义大全》，余氏双桂书堂刻本

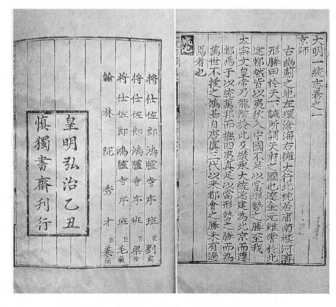

图 4-11 《大明一统志》，刘氏慎独书斋刻本

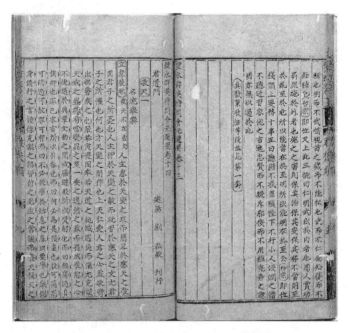

图4-12　《璧水群英待问会元选要》，慎独斋刊本

这一类字体在元代根本没有，是明代以后受馆阁体影响才出现的，这是辨别明建阳本的另一个重要依据。我们拿同一本做一个比较。元至大三年（1310）建安余氏勤有书堂刻《分类补注李太白诗》，到了明正德十五年（1520）安正书堂重刻此书时，字体已经发生很大变化，完全没有颜体的成分了（图4-13、4-14）。

（三）馆阁体系统

洪武、永乐时大学士沈度、沈粲都是创立时代馆阁体的高手，他们的馆阁体楷书都是从赵体入手而为馆阁体的，还多少带一点赵体的痕迹。其实明建文二年（1400）内府刻本《皇明典礼》（图4-16）就是很规范整齐的馆阁体了。永乐以后，馆阁体更加舒展方正，已经非常流行了。永乐四年（1406）内府刊《高皇后传》非常厚重

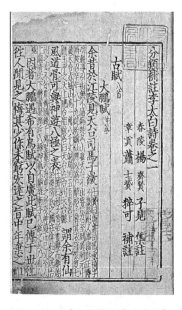

图 4-13 《分类补注李太白诗》，
元至大三年（1310）余氏勤有书堂刻本

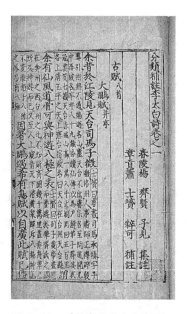

图 4-14 《分类补注李太白诗》，
明正德十五年（1520）安正书堂刻本

图 4-15 沈度的馆阁体书法

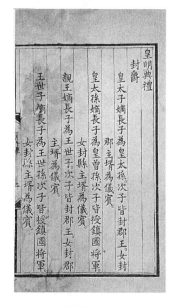

图 4-16 《皇明典礼》，内府刻本

大气。著名的《永乐大典》（图4-17）用的就是整齐划一的馆阁体。明代内府刻书在有明一代完全用馆阁体写刻，即使硬体通行的嘉靖、万历时代也从不改变字体版式。馆阁体在永乐以后就定型了。天顺、成化时姜立纲就以写馆阁体名世，姜立纲编写的馆阁体写法成了当时的教科书。迁都北京以后的内府刻本都由司礼监负责刊刻，有固定的版式。开本宏大，大黑口，字大如钱，点墨如漆，用洁白厚重的白棉纸刷印，成为司礼监本的固定特点，如洪武十八年（1385）内府刻朱元璋《御制大诰》（图4-18）、景泰七年（1456）北京内府刻《寰宇通志》等等。

正因为这是官场通用的书体，明代官刻本也多用此体。正统十二年（1447）阎敬刻《事物纪原集类》，成化十一年（1475）江沂刻岳珂《桯史》，成化十五年（1479）徽州府退思堂刻《春秋胡氏

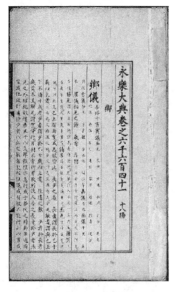

图4-17　《永乐大典》，
嘉靖录副本，馆阁体字抄写

图4-18　《御制大诰》，
内府刻本

图 4-19　《历代君鉴》，景泰四年（1453）内府刻本

传》，成化二十二年（1486）保定府汪坚刻《武经直解》，成化二十三年（1487）唐藩刻《文选》，弘治七年（1494）昆山严春刻《中吴纪闻》，弘治十四年（1501）江阴涂桢刻桓宽《盐铁论》（图4-20）等等，都是馆阁体写刻。

受官刻的影响，社会上用馆阁体的很多，许多家刻或坊刻也仿效起来，如永乐十七年（1419）苏州北寺僧人福贤用这种书体写刻了《大方广佛花严经》八十一卷，北京金台岳家弘治十一年（1498）刊《奇妙全相注释西厢记》上图下文，等等。

在馆阁体通行的大环境下，建阳有的书坊就改颜体为馆阁体了。熊宗立种德堂在成化弘治年间已经完全是馆阁体刻书了。种德堂成化间刊《类编历法通书大全》（图4-22）、刘氏日新书堂成化十六年（1480）刻《增修笺注妙选群英草堂诗余》（图4-23）也是馆阁体。当然，这并不是他们的全部刻书，两个书坊还有些书一直到嘉靖之

图 4-20 《盐铁论》，涂桢刻本

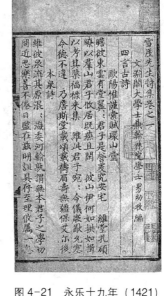

图 4-21 永乐十九年（1421）
金幼孜家刻本馆阁体

图 4-22 《类编历法通书大全》，
熊宗立刊本

图 4-23 《增修笺注妙选群英
草堂诗余》，刘氏日新书堂刻本

后仍使用建阳原来的刻书字体，只不过这几种书却是馆阁体，说明建阳书坊的写工既擅长写建阳风格字体，又能写馆阁体或硬体字。

由于写工与刻工水平有高低，同样是馆阁体，写出来却差别很大，有的很标准规范，清新悦目，有的却比较笨拙生硬，缺乏美感。笔者把所见到的分为以下五类。

1. 标准型：以内府司礼监刻本为代表。

2. 偏生硬型：如弘治时刻丘浚《琼台类稿》（图4-24）。

3. 偏柔软型：如正统十二年（1447）阎敬刻《事物纪原集类》、成化二十三年（1487）唐藩朱芝址刻《文选》（图4-25）。

4. 纤细型：成化三年（1467）紫阳书院刻《瀛奎律髓》、弘治七年（1494）昆山严春刻《中吴纪闻》（图4-26）、弘治十四年

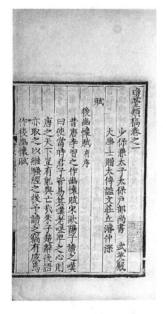

图4-24　《琼台类稿》，
丘浚刻本

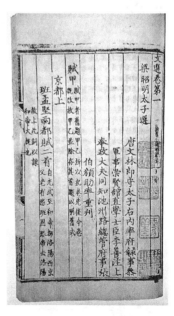

图4-25　《文选》，
唐藩刻本

（1501）冯允中刻《晞发集》都属于这一类型。

5.偏潦草型：弘治五年（1492）许清刻《方洲张先生文集》（图4-27）、弘治十二年（1499）释如卺刻《镡津文集》，都是以馆阁体写行书。

（四）其他字体系统

以上三种字体是明初最有代表性的刻书字体，当然还有各种因刻书人审美趣味或写工书法水平而呈现的不同面貌，但可以肯定地说，都不是当时的主流。但不管什么字体，似乎都不可避免地受到馆阁体的影响，而没有自己的风格与鲜明的面貌。建阳的刻书在明初近百年时间里受馆阁体影响，已经没有多少颜体成分了。如慎独斋的刻书就很难看出颜体的影子，但又不是像司礼监本那样纯正的

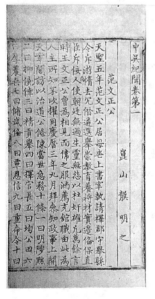

图4-26 《中吴纪闻》，
严春刻本

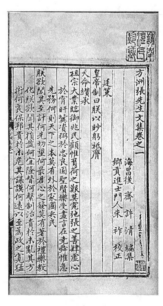

图4-27 《方洲张先生文集》，
许清刻本

馆阁体，我们只有称之为受馆阁体影响的俗体字较合适。等而下之，还有写得更差的。

明代前期刻书到成化、弘治之际变得相当草率，宋代的工楷、元代的行楷，到了明代就成随意的行书而不守楷法。如婺源知州叶天爵刊行的《豫章黄先生简尺》，景泰六年（1455）韩雍、陈价刻《文山先生文集》（图4-28）既失去明初赵体颜体的特点，馆阁体也缺乏整饬规范，多行书甚至草书写刻，书写没有风格，印刷也不够精，完全缺乏刻书的美感，上不如元刻与洪武、永乐有自己的风格，下不及嘉靖整齐美观。刻书也与那个时代文坛萎弱卑冗的局面一样，进入到一种低谷。（图4-28、4-29、4-30、4-31）"前七子"的复古主义运动也正是在这个时候出现的。李梦阳、何景明有感于当时文坛上八股文的千篇一律，台阁体、理气诗陈陈相因，迂腐庸俗，

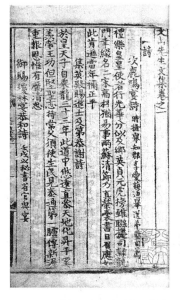

图4-28 《文山先生文集》，韩雍、
陈价刻本

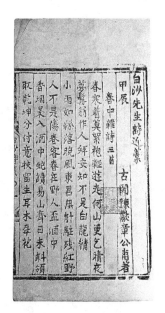

图4-29 《白沙先生诗近稿》，
弘治九年（1496）吴廷举刻本

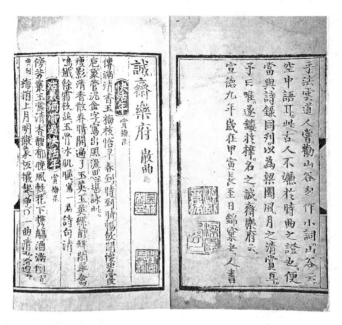

图 4-30 　《诚斋乐府》，宣德九年（1434）朱有燉自刻本

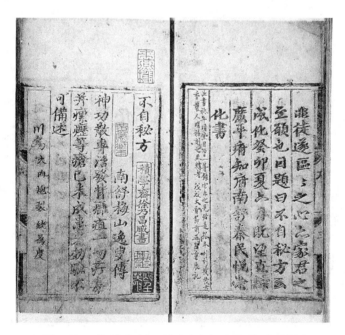

图 4-31 　《不自秘方》，弘治十六年（1503）赵伦刻本

提出"文必秦汉，诗必盛唐"，大力提倡复古，向古人学习，学习秦汉文章、盛唐诗歌，刻意模仿古人。在这种环境下，弘治以来明人汇刻了《唐百家诗》（朱警辑刻）、《唐十二家诗》（张逊业辑刻）、《唐诗二十六家》（黄贯曾辑刻）、《广十二家唐诗》（蒋孝辑刻）等选本，刻书也刻意学习宋人。宋刻本至明代已经很稀见珍贵，只能翻刻以满足需要，而这种翻刻本，受到复古风气的左右，从形式上也追求尽量复古，于是仿宋浙本的诗文集仿刻翻刻大量涌现，刻书风气也由此一变，正德、嘉靖时的刻书顿改旧观，后来就出现了面貌一新的嘉靖本。

三、 明前期刻书的特点

综上所述，字体是鉴定版本最重要的依据，掌握了各种字体的特征及其标准字体与变化类型，再参考序跋、牌记及版式特点，就基本上可以断定版刻的时代。

1. 明初江浙地区刻本特点

赵体主要于明初洪武时在江浙安徽地区流行，书口绝大多数都是大黑口，印书多用皮纸，但纸张灰暗，不像嘉靖以后纸张洁白，也有许多地方包括南京，用竹纸较普遍。明初由于社会的凋敝，纸张质量不佳，造纸漂白技术不够发达，除了内府刻本外，一般皮纸都较灰暗，竹纸像茶色一样发黄粗糙。

2. 建阳刻本特点

首先，建阳刻本多数横画起笔仍用带"小尾巴"的颜体字，或者变得笔画更加平整呆板，变得匠体化。其次，书口几乎全都是大黑口。再次，建阳书坊刻书在正文首页书名大题下并列的原作者、注释者、校订者等后列"建阳（或建安）书林氏某堂刊行（或梓行）"字样。目录后或全书卷尾有自己的牌记，明代建阳本的牌记非常普遍，牌记的形状大多数仿照佛经卷尾的龙牌，但龙牌头上是荷叶形状的图案，俗称荷叶盖。牌记一般都放在全书卷尾，作为全书结束的标志，也有一些是带图画的牌记，如永乐十四年（1416）西园堂刊《新刊刘向先生列女传》就是图形牌记，置于尾。最后，纸张多为竹纸，颜色为黄褐色，表面粗糙，往往可见草茎或麦秸细丝。

3. 明内府本特点

明代内府刻本，永乐以后由宦官司礼监负责。司礼监下设经厂：有汉经厂、番经厂、道经厂，分别刻汉文经史书、佛经、道经等，所以司礼监本又称经厂本。其所刻书是明代最大气美观的，虽然是太监掌管，学术价值不是那么高，但是很有文物价值，是文物性善本。它的特点主要为：第一，书法优美，全是标准匀称的馆阁体，皆朝廷工书文士所写，而且整个明朝近三百年字体不改。第二，版式四周双边，版框粗大，大黑口，也是自始至终不改。第三，开本宏大，版框之高大，仅次于《永乐大典》，天高地广，在明代无其他书可比。第四，字大如钱，点墨如漆，印刷特别精良。第五，纸张为洁白厚硬的白棉纸，纤维特别好，数百年都不会变脆折断。第六，司礼监刻本的装潢，往往是蓝色格调的，书衣签条大多数都是蓝色的。第七，它与明代其他官刻都不同，没有牌记，也没有写工刻工，卷首往往钤有"广运之宝"大印。

司礼监除了刻御制诗文集外，也刻了经史等科举用书、日常实用医药之书。也有一些小说、佛经宝卷等通俗文学作品，还是有其文献价值的。

四、 明前期本的鉴定

　　明初本由于去宋元不远，相当接近于元刻，所以在鉴定上就有个风险——往往会把明初本当成元刻甚至宋刻本。而一些书贾也利用这一特点，故意抽去牌记或剜改牌记，以图冒充宋元本。藏书家往往会因此误判，错把明初本当成宋元本，这方面的例子不胜枚举。前文讲元刻本鉴定时曾举过数例，现在我们从字体上分析一下误判的原因。

　　清代内府天禄琳琅藏宋元刻本中有不少是明前期本。1934 年故宫博物院在整理编定《故宫善本书目》时审定清代天禄琳琅藏书时，就发现"宋元赝者太半"①。此书第一部分《天禄琳琅现存书目》对清宫旧藏重新审订，其中以明前期建阳刘氏慎独斋刻本为宋元版的就有好几种：如清《天禄琳琅书目后编》四"宋版史部"《史记索隐》（末有伪造宋嘉祐二年［1057］识语），《后编》八《春秋经传集解》为慎独斋覆刻宋阮氏巾箱本，《后编》九"元版史部"《资治通鉴纲目》、《十七史详节》，《后编》十一"元版集部"《瀛奎律髓》等，都是误把慎独斋本当作元版了。其他明前期本有《后编》五"宋版子部"《朱子语类》实系成化间刻本，《自警编》实系洪武二十七年（1394）蜀藩覆宋本，《后编》八"元版经部"《周礼集说》实为成化间刻本，《后编》九"元版史部"《东坡奏议》实为成化间刻《东坡七集》零本，《后编》十"元版子部"《素问病机气宜

---

① 参见《故宫善本书目》张允亮序，民国二十三年（1934）故宫博物院排印本。

保命集》实系明初宁王朱权刻本,《后编》十一"元版集部"《南丰类稿》实系成化六年（1470）杨参刻本,《竹洲文集》为弘治间刻本,《古文苑》为成化十八年（1482）建阳刻本。明初覆宋覆元刻本鉴定起来可能难度较大一些,但是像慎独斋的字体已经不纯是建本原貌,而是带有明显馆阁体痕迹的字体了,看上去很俗,松软无力,一点没有宋元欧颜赵体的神韵,拿慎独斋本与标准元刻本对照即可发现。

故宫博物院编的这本《天禄琳琅现存书目》也偶有失检的。有内府藏书玺印而未编入书目的宋元版书,有《联新事备诗学大成》（此本今存台北"故宫博物院"）,标为"元皇庆间建安双桂书堂刊本",误。这是明代翠岩精舍的刊本,剜改翠岩精舍牌记,添上"皇宋咸淳辛亥新安双桂书堂新刊",剜改的痕迹十分明显。但本书编者林桢是元代人,书目的编者可能鉴于此而改定为元本,其实从上述"匠体化的颜体字"一节就可以看出这是明初匠体化的字,绝非元代刻本。《元刻本及其鉴定》一章中已略为辨析,可以参考。

有的书中虽有名家收藏印章甚至鉴定题跋,但也不一定靠得住。我们看看康有为收藏并鉴定过的两本书吧。

一是《诗经疏义》二十卷（图4-32,见《第五批国家珍贵古籍名录图录》）,元末朱公迁撰,门人王逢辑,何英增释,明书林三峰叶添德景达刻。后面三人皆为入明后人物,刻书必在明代。叶添德为广勤堂叶日增后人,杨荣曾为其写过《三峰书舍赋》,序开头就说"建阳书林叶添德景达氏云云"（见杨荣《文敏集》卷八）,刻书在宣德至正统年间（见叶德辉《书林清话》）,即使从宣德算起,入明已近六十年,康有为跋语定之为元版（图4-33）,明显是误判。

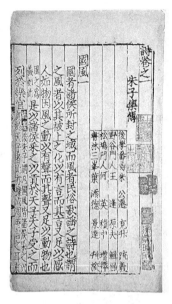

图 4-32 《诗经疏义》，三峰叶氏刻本

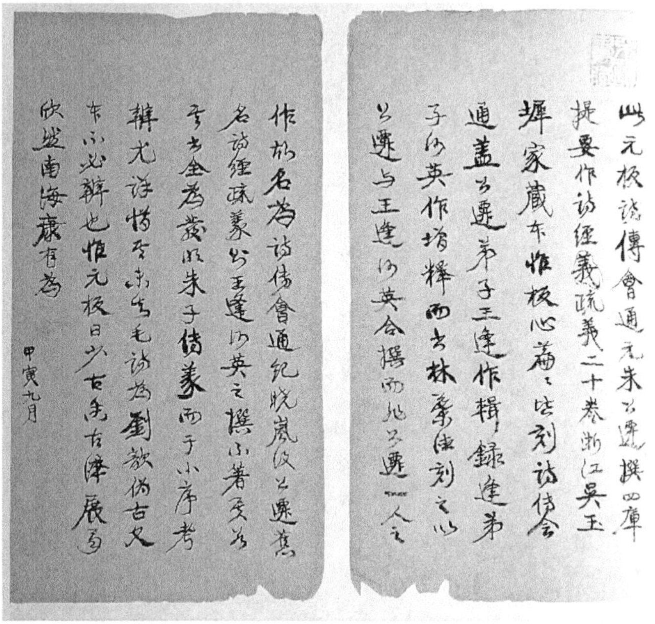

图 4-33 康有为跋文

另一本为宋李幼武辑《宋朝道学名臣言行录外集》十七卷，为明代张鳌山刻本（图4-34，亦见《第五批国家珍贵古籍名录图录》），其字体已近于正嘉间的硬体了。康有为跋语却云："宋本《宋道学名臣言行录》，此本为沈布政子培所爱重，谓为宣宗成皇帝读本，有皇次子印章，盖为皇子在书房修学时也，至可宝矣。有谓为元翻者。诸大贤之嘉言懿行，先帝之手泽，吾子孙永宝之。"（图4-35）把明刻当宋刻本，援引清宣宗和沈曾植为此书增价，而无证据，结论不免过于武断。清代以前的学者，看宋刻本，要么靠自己或朋友的收藏，要么看影刻或影抄，没有高清扫描图片可对照，故往往把明初的本子当宋元本，或把嘉靖的覆刻本当宋元本，也不奇怪。

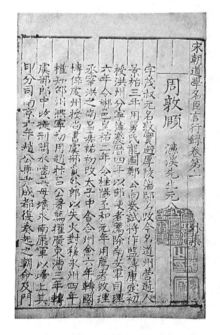

图4-34 《宋朝道学名臣言行录外集》

图4-35 康有为跋语

经常有误把明初本当作元刻本著录的，如山东省图书馆就误将明正统年间书林王宗玉刻本《朱文公校昌黎先生集》著录为元至正刘氏日新堂刻本①。刘氏日新堂本今天还有，两书在字体上还是有明显差别的，两书一对照，自然就清楚了。

---

① 参见山东省图书馆编：《山东省图书馆馆藏珍品图录》，齐鲁书社 2009 年版。

第五章

明刻本及其鉴定（中）

一、　正德嘉靖年间翻刻宋版书之风

在"前七子""后七子""唐宋派"的复古运动中，翻刻宋版书成为一项重要活动。因为文人学子对明前期刻书的草率日久生厌，转而学习宋代整齐美观的浙刻本。唐宋诗文集在宋代刻的最多最精的就是浙刻本，尤其是杭州坊刻"书棚本"。宋代人就认为当时的刻书浙刻本最好，其次为蜀刻本，建阳本最次。明代人也大体持此看法。陆深《金台纪闻》云："叶石林时，印书以杭州为上，蜀本次之，福建最下。"胡应麟《少室山房笔丛》"经籍会通四"云："余所见当今刻本，苏常为上，金陵次之，杭又次之，近湖刻、歙刻骤精，遂与苏常争价"，"其精吴为最"。浙刻本的区域，就在今江浙地区。而江浙地区在明代又是当时经济最发达、文人最多的地区，特别是苏州、常州地区，像后七子中的王世贞，唐宋派的唐顺之、归有光等，都是苏常一带的人，所以该地区翻刻唐宋诗文之风也最盛。苏州刻书历史悠久，在宋代就是浙刻本的一个重镇。如北宋末年苏州公使库刻《吴郡图经续记》，乾道二年（1166）吴郡郡斋刻吕本中《东莱先生诗集》，乾道六年（1170）平江府学刻《韦苏州集》，还刻有著名的佛教大藏经《碛砂藏》等。明代苏常地区文化更为发达，像刻书出名的陆元大、黄省曾、袁表等都有诗文集，更不要说王鏊、王锡爵这样的朝廷高官显贵了。

嘉靖时翻刻宋本书，一种是覆刻，完全照宋本原样刻，如王延喆覆刻宋建本黄善夫刻本《史记》，几乎可以乱真。另一种是仿刻，仿照宋本格式字体，但不会与原书一笔一画都一模一样，这种仿刻的数量要远远大于覆刻。宋浙本中的书棚本，大多是当时流行的唐宋人的诗文集，欧体字方正清秀优美，向来是收藏家的最爱，所以仿刻的最多。

明代的苏州更加繁荣，许多达官显贵又有雄厚的经济实力，如名臣、文学家王鏊，沈周、文徵明、唐寅、仇英等吴门画家，还有众多有较强经济实力的文人，如陆元大、黄省曾、袁表、袁褧、郭云鹏及王鏊之子王延喆等，形成了文人家刻之风，出现了明代最精美漂亮的嘉靖刻本，文人家刻在明代中期空前繁荣。正德元年（1506）王鏊纂修《姑苏志》（图5-1）可能是今天能看到的最早的嘉靖体字刻书了。弘治年间有一家碧云馆，用木活字印书，排印过《鹖冠子》（四库底本，现藏国家图书馆），字体就与此非常类似，在下书口刻有"弘治年"三字。正德三年（1508）苏州吴奭刻其父吴宽《匏翁家藏集》，字体也很方正整齐。书商兼诗人陆元大于正德十四年（1519）刻《陆士衡文集》《陆士龙文集》《李翰林集》，十六年（1521）刻《花间集》《唐五家诗》。正德七年（1512）黄省曾刻《唐刘叉诗》《楚辞章句》《山海经》《水经注》《申鉴》。正德十二年（1517）王鏊刻唐孙樵《孙可之文集》《大唐六典》《春秋词命》。同年，何景旸刻《汉魏诗集》。正德十五年（1520）吴郡皇甫录刻魏张揖《博雅》十卷，字体软硬体兼具，写刻已经非常优美了。正德十五年袁表刻《唐皮日休文薮》十卷，嘉靖间袁褧嘉趣堂仿宋

图 5-1 《姑苏志》，正德元年（1506）刻本，大连图书馆藏

刻本刻《世说新语》《大戴礼记》《六家文选》，皆明家刻本之上品。

常州府江阴人徐充正德十一年（1516）刻其师张敔《律吕新书解》，正德十五年（1520）刻《江阴县志》，书品宽大，字大逾钱，比内府刻本字还大，为明代方志中仅见。江阴朱承爵朱氏文房正德十六年（1521）刻杜牧《樊川诗集》，又刻《庾开府诗集》《浣花集》。常州府无锡县安国桂坡馆翻刻宋绍兴本《初学记》，嘉靖二年（1523）刻《颜鲁公集》。秦汴绣石书堂刻《锦绣万花谷》前集、后集、续集。顾起经奇字斋刻《类笺唐王右丞诗文集》。顾可久洞易书院嘉靖三十八年（1559）刻《唐王右丞诗集》。

苏常刻本文人家刻多，官刻本也有不少，如苏州官刻本胡缵宗刻《艺文类聚》、闻人诠刻《旧唐书》也是这种风格。

前人论正嘉间刻书风气的转变，多认为首先从苏州开始并很快风行全国，这话不错，但地理范围似乎应当再广一些，在苏常周围甚至江浙地区，几乎都同时出现这种刻书字体，很难断定只有苏州一府是这样。如常州府无锡人邹翎（字时用）校刻《道乡先生邹忠公文集》四十卷（图5-2），刊于正德七年（1512），比陆元大、黄省曾刻书还早，就是这种方正的硬体了。正德十三年（1518）宋廷佐刻于浙江杭州的《武林旧事》，嘉靖元年（1522）衢州知府林有年刻林俊《见素诗集》，嘉靖二十六年（1547）刊于扬州的《马端肃公奏议》（图5-3），硬体都已经很漂亮规范了，说明浙江地区这种新字体的出现也不晚。又如嘉靖四年（1525）金坛县学刊刻的《诸史汇编大全》，与苏州同时而字体如出一辙，与苏常地区没多少差别。

这种精致的写刻本，比起一般的刻本来要费工甚巨。袁褧嘉趣堂刻《六家文选》六十卷，起于嘉靖十三年（1534），至二十八年

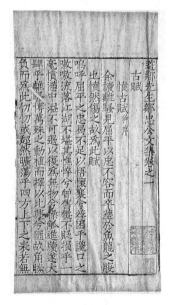

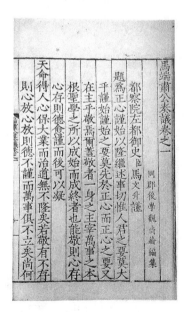

图5-2 《道乡先生邹忠公文集》，邹翎刻本

图5-3 《马端肃公奏议》十六卷，葛洞邗江书馆刻本

（1549）始竣工，前后花费十六年时间。王鏊之子王延喆，家境非常优越，刻《史记》尚花费近三年时间，清王士禛《香祖笔记》一个月刻成的记载不可信。

二、宋体字的出现

明代中期是刻书从软体写刻向规范化硬体写刻过渡的阶段。中国印刷业的宋体字到明末汲古阁时才得以定型。这一阶段是宋体字形成的时期，从软体字逐渐变为横竖笔直、点画整齐、字形方正的硬体。它的特点是由软到硬，软硬兼备，手写之美与刀工之美融在一起。

苏常文人刊刻宋版之风，仿照宋浙本的欧体字而逐渐工匠化、规范化，形成整齐划一的字体。叶德辉《书林清话》卷二云："残宋刻本《图画见闻志》六卷所云'字画方板，南宋书棚本如许丁卯、罗昭谏唐人诸集，字画方板皆如是'是也。则南宋时已开今日宋体之风。"又说："前明中叶以后，于是专有写匡廓宋字之人，相沿至今，各图简易。""盖宋刻，一种整齐方板，故流为明体之肤廓。"

嘉靖的宋体字并非完全一样、一成不变，从正德到隆庆，也在不断变化发展。它的发展轨迹可以细分为以下三个阶段。

1. 软体成分多，硬体成分少

硬体字是从软体变化而来的，从原来手写的自然，发展为转折与捺笔棱角分明，如正德十一年（1516）徐充刻《律吕新书解》，苏州金李泽远堂刊刻《国语》，正德十五年（1520）集瑞斋刻朱承爵辑《放翁律诗钞》，嘉靖四年（1525）许宗鲁宜静书堂刻韦昭注

《国语》，嘉靖七年（1528）龚雷刻《鲍氏国策》，嘉靖十九年（1540）余镗刻胡世宁《少保胡端敏公奏议》，嘉靖二十一年（1542）刻《三才通考》，嘉靖二十五年（1546）刻夏言《桂洲奏议》，嘉靖二十八年（1549）周国南川上草堂刻周用《周恭肃公集》，嘉靖三十五年（1556）樊献科、于德昌刻《太师诚意伯刘文成公集》（图5-4），等等。

2. 软硬体兼而有之

既有手写的自然美观生动，又有手写所没有的整齐划一，软硬兼备，这是嘉靖刻书最有价值的地方。如闻人诠刻《唐书》，字体笔画均匀，字形方正整齐，非常规范好看。黄姬水刻《两汉纪》，吴县董氏茭门别墅刻《元氏长庆集》，吴忠光龙池草堂刻《白氏长庆

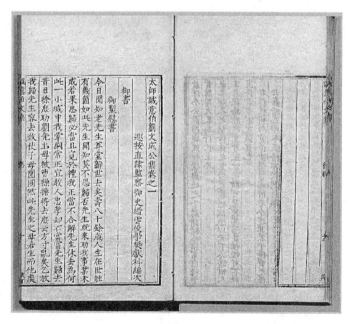

图5-4　《太师诚意伯刘文成公集》，樊献科、于德昌刻本

集》，嘉靖三十五年（1556）王懋明刻《岩居稿》（图 5-5），都很精善。

3. 硬体成分多而软体成分少

如嘉靖二十六年（1547）顺裕堂刻洪鼒《莲谷先生读易索隐》，嘉靖二十九年至三十年（1550—1551）袁褧嘉趣堂编自刻《金声玉振集》（图 5-6），几乎看不出软体的成分。薛应旂编嘉靖四十五年（1566）自刻本《宋元通鉴》（图 5-7），笔画细长，开了万历字体的先声。嘉靖三十三年（1554）黄鲁曾《方脉举要》，字体方正平直。隆庆五年（1571）豫章夫容馆刻《楚辞章句》，字体非常规范整齐。周时泰刻李廷机、叶向高《新刻校正古本历史大方通鉴》，是很好的硬体，几乎看不到手写的成分。到吴郡沈氏繁露堂刻《浮湘

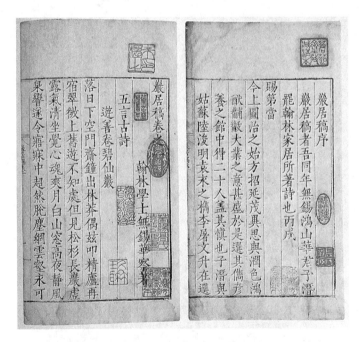

图 5-5　《岩居稿》八卷，王懋明刻本，重庆图书馆藏

图 5-6 《金声玉振集》，
袁褧刻本

图 5-7 《宋元通鉴》，
薛应旂刻本

子》，颇类万历方体字。

这种字体因模仿宋刻本而出现，所以称"宋体"。因其规范整齐便于工匠奏刀刻版，在社会上得到广泛响应，刻书纷纷采用这种新字体，宋体渐渐成为主流。原来的藩府刻书许多也都改为硬体，如赵府味经堂全是这种字体，如刻宋严粲《诗缉》，辽藩朱宠瀼梅南书屋刻李杲《东垣十书》，等等。

宋体字在嘉靖末年，经隆庆到万历初，有两个发展方向：一是保留了手写字的笔锋，有硬体的整齐，又保留欧体清秀瘦劲的成分，笔画细长，即后来印刷字体中的"仿宋体"。这种字体在嘉靖末至隆庆年间特别多，如嘉靖二十六年（1547）何良俊刻《重刻说苑新序》，嘉靖四十一年（1562）唐正之刻《唐荆川先生编左氏始末》，隆庆元年（1567）胡维新刻宋李昉辑《文苑英华》（图5-8），隆庆二年（1568）董汉策刻徐师曾《今文周易演义》，隆庆三年（1569）曹灼刻周恭《医说续编》。提督浙江学副使屠羲英校刊《乡校礼辑》，仿宋体字而略细长，是隆庆前后最典型的刻书风貌。

二是完全去掉手写体的成分，变为纯粹的硬体，横细竖粗，横线末端有明显的小三角。这种字体万历以后很流行，成为固定不变的字体。万历以后，宋体字就定型了，完全没有了手写的韵味，虽然做到了标准化，但艺术的美感反而不如嘉靖本。

嘉靖本的出现，使明代的刻书风貌焕然一新，给人一种以前不曾有过的全新的视觉感受，那就是规范整齐、赏心悦目，第一次使雕版刻印书体与手写书体拉开了距离。以前所有的书都是软体写刻，刻得再好，也与手写的感觉差别不大，况且手写的笔锋经过刀工雕刻也会失去不少生动之致。

图 5-8　《文苑英华》，胡维新刻本，青海省图书馆藏

嘉靖本写工的难度与要求比一般软体字要高，不单要写得漂亮，而且要写得整齐划一、标准规范。宋元以前的刻书中一般只有刻工，不标写工，因为写易刻难；而到嘉靖时许多书都标写工，而且标在刻工之前，说明对写工相当重视。如通津草堂刊《论衡》卷末有"周慈写，陆奎刊"六字，叶氏菉竹堂《云仙杂记》云："倩友俞质夫写而刻之。质夫名允文，工书。"隆庆刻《文献通考》有"吴应龙写，杨鉴刊"，奇字斋刻《类笺王右丞诗集》也是吴应龙书，吉澄在福建刻朱熹《四书章句或问》也有吴应龙的名字。提督浙江学副使屠羲英校刊《乡校礼辑》首页标"仁和县吏叶维贤写"。吉澄刻《春秋四传》下书口标"龚十廉书"。范钦天一阁刻《司马温公稽古录》首页下书口标"范正祥书"。隆庆三年（1569）薛应旂重辑刻本《考亭渊源录》下书口标"江阴缪渊写"。嘉靖官刻本《南畿志》下书口标"陆呈写"。嘉靖三十四年（1555）陈珊刻本《欧阳文忠公全集》标"况用写"。嘉靖马应龙孙开校刻本《毛诗》首页书口标："古吴钱世杰写、陈元刻。"正德十四年（1519）黄省曾文始堂刻《申鉴》，写工周潮等等，不一而足。

　　标准化是社会发展的必然要求。作为一种主要产业，刻书也要追求标准化。宋代的浙江官刻本要求的欧体字，明清时代官刻中规范的馆阁体，都是这种标准化要求的呈现。正嘉时代的刻书字体逐渐走向标准化，到明末汲古阁时，宋体字已经完全定型，直到今天其仍是印刷业上最重要的字体。今天手写得再漂亮整齐，都比不上印刷出来的。嘉靖本的宋体可以说是印刷史上标准化过程中的里程碑。自有雕版印刷以来，第一次出现这么整齐美观的字体，这就是嘉靖本赢得收藏家特别喜爱的一个重要原因。嘉靖本以其规范美观给人耳目一新的感觉，一扫明初特别是成化、弘治年间俗体驳杂草率的局面，成为明代刻书中最美观大方的代表。近代藏书家中，吴梅有"百嘉室"，邓邦述有"百靖斋"，以藏嘉靖本相夸耀，可见其价值。

硬体字出现后很快在全国各地流行，可以说无远弗届。巡按福建监察御史吉澄刻印过经史书籍多种，都有牌记，字体皆是通行的嘉靖宋体，而不再用福建当地流行的软体写刻。嘉靖间广东崇正堂刻的一套经书，也都是用硬体写刻，很快就风靡全国。

三、 嘉靖本的特点与价值

嘉靖本的字体与版式都是从宋浙本（尤其是书棚本）演变而来的，欧体，左右双边，白口，单鱼尾，都来自浙本。字体与浙本的欧体相比，没有浙本的自然，而更显得板正，原来欧体字的方正瘦硬、笔画匀称，经明人翻刻就变为了硬体，开创了后世印刷工业上所称的"印刷体"字。

明嘉靖本字体的特点是"软硬兼有"。因为它是从宋浙本的欧体字发展而来的，当然还带有一些宋浙本的软体成分；但它又把欧体字自然的笔画发展成为刀工整齐笔直的笔画，又具有硬体的特点，软硬所占的成分从早期的手写成分居多，到嘉靖中期软硬兼备，再到隆庆万历时软体渐趋消失成为纯粹的硬体字，可以看出其变化发展的轨迹。

嘉靖本字体，根据不同刻书的表现，可以分为以下六种类型。

1. 标准型

从欧体字的笔画均匀、方正瘦硬变化而来的硬体，字画整齐匀称。比较有代表性的有正德十五年（1520）苏州袁表刻《唐皮日休文薮》（图5-9），嘉靖十年（1531）锡山安国桂坡馆刻《初学记》，嘉靖十四年（1535）苏献可通津草堂刻《诗外传》（图5-10），嘉靖二十六年（1547）严宽刻田汝成《西湖游览志》，嘉靖二十九年（1550）何氏清森阁刻何良俊《何氏语林》、范惟元刻范仲淹《范文正集》，嘉靖三十一年（1552）勾吴书院刻王慎中《王遵岩家居集》，嘉靖四十三年（1564）甄津刻《念庵罗先生集》。嘉靖三十七年（1558）商洛梁汝魁刻《欧阳南野先生文集》，虽刻于陕西，但与江南并无差别。

2. 纤细型

有一类刻书，笔画较纤细，横竖匀称，看起来很清爽悦目，如

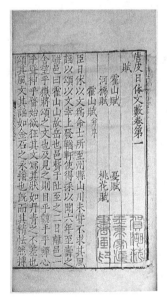

图5-9　《唐皮日休文薮》，
正德十五年（1520）袁表刻本

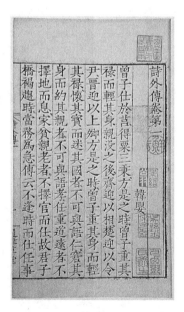

图5-10　《诗外传》，嘉靖十四年
（1535）苏献可通津草堂刻本

常州知府应槚刻程朱所著《周易传义》，嘉靖三年（1524）徐焴刻姚铉《重校正唐文粹》，嘉靖十二年（1533）侯秩刻《广文选》，嘉靖十八年（1539）闻人诠刻《唐书》（图 5-11），嘉靖二十七年（1548）张谦刻释觉徵《劝忍百箴考注》，嘉靖三十一年（1552）黄省曾刻《高士传》。

3. 横细竖粗型

笔画较粗，或横细竖粗，给人厚重有力之感，如嘉靖八年（1529）辽藩朱宠瀼梅南书屋刻李杲《东垣十书》，嘉靖十四年（1535）袁褧嘉趣堂刻《世说新语》（图 5-12），嘉靖二十二年（1543）章檗刻《汲冢周书》，嘉靖二十八年（1549）无锡安如石刻《南丰曾先生文粹》，孙沐万玉堂刻扬雄《太玄经》，嘉靖三十四年（1555）程煦刻《晞发集》，嘉靖四十三年（1564）刻王铮《大学衍义通略》。

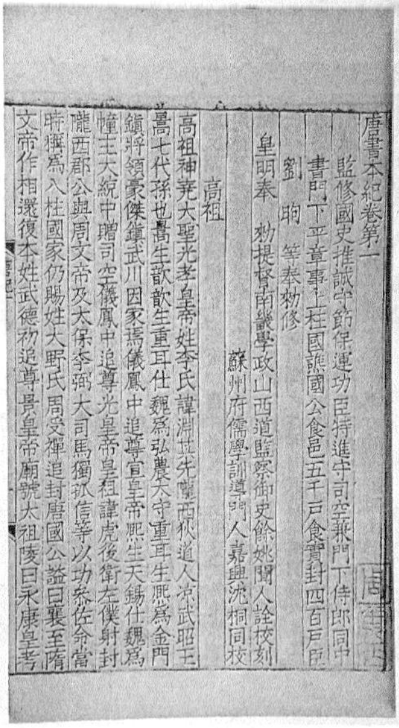
唐書本紀卷第一
監修國史推誠守節保運功臣特進守司空兼門下侍郎同中
書門下平章事上柱國譙國公食邑五千戶食實封四百戶臣
劉昫等奉勑修
皇明奉勑提督南畿學政山西道監察御史餘姚聞人詮校刻
蘇州府儒學訓導門人嘉興沈桐同校
高祖
高祖神堯大聖光孝皇帝姓李氏諱淵其先隴西狄道人涼武昭王
暠七代孫也暠生歆歆生重耳仕魏爲弘農太守重耳生熙爲金門
鎮將領豪傑鎮武川因家焉儀鳳中追尊宣皇帝熙生天錫仕魏爲
幢主大統中贈司空儀鳳中追尊光皇帝皇祖諱虎後魏左僕射封
隴西郡公與周文帝及太保李弼大司馬獨孤信等以功叅佐命當
時稱爲八柱國家仍賜姓大野氏周受禪追封唐國公謚曰襄至隋
文帝作相還復本姓武德初追尊景皇帝廟號太祖陵曰永康皇考

图 5-11　《唐书》，闻人诠刻本

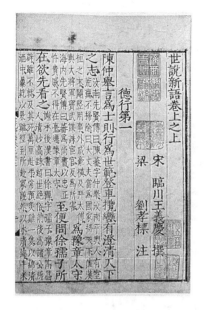 

图 5-12 《世说新语》，嘉靖
十四年（1535）袁褧嘉趣堂刻本

图 5-13 《诗缉》，嘉靖间
赵府味经堂刊本

4. 方正型

南宋浙本特别是其中的官刻本，如两浙东路茶盐司本多方方正正，进而演化为嘉靖本的方正型字，笔画较拘谨，转折处皆方。这类的代表有嘉靖十六年（1537）游居敬刻韩愈《韩文》，嘉靖三十五年（1556）莫如士刻柳宗元《柳文》（图 5-14），隆庆六年（1572）郑应龄刻商辂《商文毅公集》。

5. 生硬型

这类书保留较多手写的点画，如折与钩，但转折与钩处刀工刻痕过于明显，显得生硬，没有手写的自然。正德十六年（1521）刻夏寅《政监》，嘉靖十一年（1532）李经刻宋程大昌《雍录》，嘉靖十二年（1533）刻吕颙《百泉书院志》、刻王九思《渼陂集》、辽藩

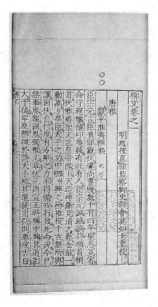

图 5-14 《柳文》，莫如士刻本

刻《小学史断》，嘉靖胡琏刻《许白云先生文集》，嘉靖间刻《两镇三关通志》（图 5-15），都可以看出由软体到这类硬体过渡的痕迹。嘉靖三十五年（1556）樊献科、于德昌刻《太师诚意伯刘文成公集》，在转折处顿笔明显，刀工整齐，棱角分明，就形成了跟手写不同的"生硬的"硬体。

6. 杂糅型

本来手写的颜体或馆阁体，在刀工下变得笔画方正，转折处棱角分明，难免带着原来的颜体或馆阁体的某些成分，如嘉靖二十四年（1545）宗文堂郑希善刻《春秋左传》就是如此。嘉靖四年（1525）刻《柴墟文集》（图 5-16）、同年许宗鲁宜静书堂刻《国语》都可以看出颜体的成分。余氏敬贤堂刻《医经大旨》，可以看出带建阳特色的硬体字样子。嘉靖三年（1524）江都郝梁刻《张文潜文集》，嘉靖二十一年（1542）尹耕疗鹤亭刻《诚斋先生易传》（图 5-17），

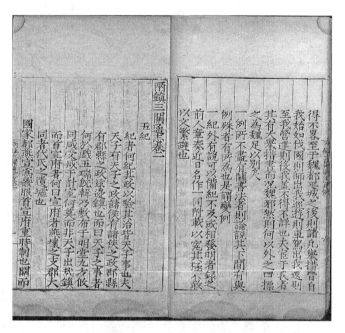

图 5-15 《两镇三关通志》，嘉靖间刻本，国家图书馆藏

图 5-16 《柴墟文集》，
山东大学藏

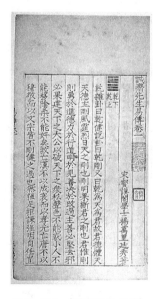

图 5-17 《诚斋先生易传》，
尹耕疗鹤亭刻本，西北大学藏

同年秦汴刻《三才通考》，字体明显是馆阁体匠体化而来的。

正德、嘉靖时刻书，版式几乎都是白口，左右双边，单鱼尾居多。明前期的大黑口，到明中期随着仿宋刻本出现，绝大多数都变成了白口。明人仿宋翻刻，连版式甚至书中的宋讳，都照着刻了下来。

在白口的基础上，嘉靖时也有一些版式的创新，如藩府中的赵府味经堂、鲁藩承训书院、德藩最乐轩，文人中崔诜崔氏家塾，无锡顾起经奇字斋、朱睦㮮聚乐堂、洪楩清平山堂都喜欢在上书口标堂号。嘉靖刻本的书口除了黑鱼尾外，还出现了许多白鱼尾，即用细线勾出鱼尾形状而不是墨块。白鱼尾在明初以前从未看到过，而嘉靖时却成为一时的风气。如嘉靖三十一年（1552）顾存仁养吾堂刻《选诗补注》，苏献可通津草堂刻《韩诗外传》，吴勉学刻《六臣注文选》，袁褧刻《六家文选》，游居敬、莫如士刻两家《韩柳文》，温新自刻《大谷诗集》，东吴书屋刻薛应旂《方山先生文录》，童汉臣刻张涞《穷居集》，冯惟讷刻其兄《陂门山人集》，孙宗刻《洞庭集》，杨士开刻《玉台新咏》，乔承慈刻《风雅广遗》，任庆云刻《艺赞》，陈敬学德星堂刻《万首唐人绝句》，韩诗刻高棅《唐诗正声》，无锡县学刻张之象刻《唐雅》，汪一元刻《文心雕龙》，黄鲁曾刻《两汉博文》，张氏猗兰堂刻《盐铁论》，郭云鹏刻《曹子建集》《欧阳先生文粹》等都是白鱼尾，且大多数都是单鱼尾。此类刻本不胜枚举，这也算是个明显的时代特色。元代至明初时的黑鱼尾、大黑口使版面书口黑黑的一片，影响美观，到嘉靖时一下子变得特别白净，加上纸张也多是洁白的皮纸，与明初本明显不同，这也是受宋浙本多用皮纸的影响而来的。明代的皮纸比宋代皮纸要厚一些，硬度与柔韧性也强。

明皇甫录刻魏张揖《博雅》有黄丕烈跋："书本之善者，不必定以宋元刻为可贵也。即如《博雅》，惟《敏求记》载有缮录本为最古矣。但藏诸故家，一时传布未广。昔贤读书，亦讲善本。陈少章先生曾有手注《绛云楼书目》，在陈云涛舍人家，张秋塘录副，因得寓目。少章云：'《博雅》，皇甫本佳。'则明刻之可贵，不亚宋元，推此种为最，后人勿轻视之。复翁。"（国家图书馆藏本黄跋）黄氏之论明刻，颇中肯也。

四、 明中期的其他软体写刻本

（一） 建阳刻本

明中期建阳书坊刻书仍然很兴盛，但书坊刻书随意改换形式，或改为袖珍版，校勘不精，不仅贻误初学，士子在场屋亦因讹误被黜。因此朝廷规定：所有书坊只准按照督学颁发的官本经书翻刻，不许改刻、另刻。各书坊刻好的书要呈缴由提学道或知县委选师生覆校，确定无讹误方允发售。书尾要标明刻匠户姓名，及对书中校出讹误改正以备查考。故这一段时间书坊所刻经书后都附上了这个告示性的牌记。

建阳的官刻书有些已经转入主流字体刻书了，如建宁府知府曲梁杨一鹗刻《周易程朱传义》二十四卷，即是很规范的嘉靖软硬兼有的字体。

正德嘉靖时期，刻书字体由软到硬，是一个全国性的趋势，建阳的书坊仍延续着宋元传统，不完全被宋体同化，这是难能可贵的。但建阳不能不受大环境的影响，在软体写刻上仍明显透露出来自宋体与馆阁体的影响。

建阳在明中期最有名的两家书坊——刘洪的慎独斋和刘宗器的安正堂刻书最多，影响也最大。

安正堂主要出现在明中期。正德六年（1511）刻《新刊京本详增补注东莱先生左氏博议》，十二年（1517）刻《类聚古今韵府群玉续编》四十卷，正德十三年（1518）刻《新刊校正批点大字欧阳精论》，仍保留明初风格。正德十四年（1519）刻《集千家注批点杜工部诗集》，正德十六年（1521）刻《象山先生集》二十八卷，嘉靖二年（1523）刻朱公迁《诗经疏义会通》，黑口，左右双边。嘉靖三年（1524）重刻《宋濂学士文集》，嘉靖五年（1526）刻《增刊校正王状元集诸家注分类东坡先生诗》三十卷，又刻陈傅良《止斋集》，嘉靖九年（1530）刻《韩文正宗》《礼记集说大全》《新刊京本礼记纂言》，嘉靖十一年（1532）刻宋刘达可《璧水群英待问会元选要》，嘉靖十五年（1536）刻胡广《周易传义大全》，嘉靖二十八年（1549）刻《四明先生续资治通鉴节要》，点画更渐趋于硬体。安正堂的刻书字体，依然像明初本那样，在颜体字中加入了馆阁体的写法，比起元刻字体要俗很多。

慎独斋正德二年（1507）刻《皇明政要》，正德八年（1513）刻《群书集事渊海》四十七卷，正德十三年（1518）刻吕祖谦《十七史详节》，又刻《大宋文鉴》，建阳知县孙佐正德六年（1511）刻《唐文鉴》，陆相正德九年（1514）刻汉贾谊《新书》十卷，字体类慎独斋，保留了建阳的特殊字体，但书口却随时代变化变大黑口为白口。慎独斋也有硬体刻书的，其工整不输于苏常地区。如慎独斋正德十四年（1519）刻李东阳《历代通鉴纂要》，书后有牌记："正德己卯夏慎独斋新刊。"嘉靖十二年（1533）刻《空同先生文集》，在软体与硬体之间，反而不如《历代通鉴纂要》美观。

书林杨氏清江书堂正德六年（1511）刻《新增补相剪灯新话大全》《新增全相湖海新奇剪灯余话大全》纯然元代风格。嘉靖十年（1531）刻商辂《续编资治宋元纲目大全》、《新刊紫阳朱子纲目大全》（图5-18），嘉靖十五年（1536）刊《新刊资治通鉴汉唐纲目经史品藻》，虽仍保留颜体的一些痕迹，但受馆阁体影响太大，字体越来越俗。与之相近似的有正德三年（1508）陈氏存德堂刻《陈氏小儿病源方论》诸医书。

郑氏宗文堂字体与慎独斋一样，嘉靖元年（1522）刻《新刊周易纂言集注》（图5-19），同年又刻《重刊仪礼考注》（均署宗文书堂），黑口，是颜体与馆阁体的混合。嘉靖六年（1527）宗文堂刻《古今韵会举要》，黑口，保留元代刻本陈案的牌记，后加一行"皇

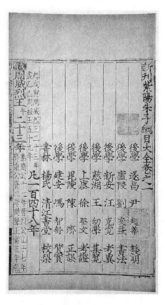

图5-18　《新刊紫阳朱子纲目大全》，杨氏清江书堂刻本

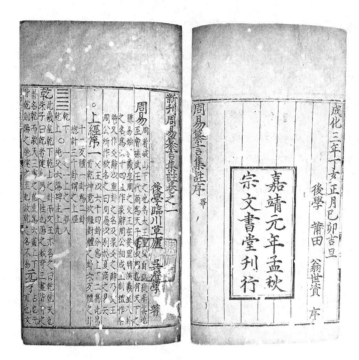

图 5-19　《新刊周易纂言集注》，郑氏宗文书堂刻本

明嘉靖丁亥之冬书林郑氏重刊"。嘉靖十三年（1534）又刻《类聚音韵》。嘉靖二十四年（1545）郑希善刻《春秋左传》，字体仍与前一样是软体，但后面的牌记却为硬体（图5-20），两相对照便可看出软体是如何转化为硬体的。

　　宋元老书坊刘氏日新堂仍然存在，刻书较以前大为减少，如正德元年（1506）刻《新刊欧阳文忠公集》，嘉靖四年（1525）刻《类聚古今韵府续编》，字体也颇类似于安正堂、慎独斋。隆庆三年（1569）刻《春秋集解大全》，嘉靖十年（1531）三槐堂刻《新刊性理白文辑略要语》，颜体字，大黑口，花鱼尾，仍非常好地保留了元末明初建阳特色。

　　嘉靖十一年（1532）建宁府刻本《礼记集说》《春秋四传》，仍

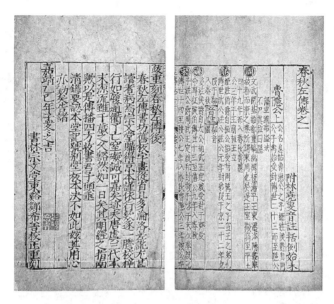

图 5-20　《春秋左传》，宗文堂郑希善刻本，浙江省图书馆藏

然保留了明初颜体、黑口的传统。

　　建阳以外的其他地方当然也有不趋时尚的软体写刻本，最有名的要数嘉靖中期李元阳刻的《十三经注疏》与《通典》了。

　　有的书坊如建阳杨氏归仁斋杨员刻《新刊古本大字合并纲鉴大成外纪》①，嘉靖三十八年（1559）刻《大明一统志》，詹氏就正斋嘉靖三十一年（1552）刻廖道南《殿阁词林记》（图5-21），余氏自新斋嘉靖三十一年刻《新刊宪台厘正性理大全》，基本上是硬体了。但建阳的硬体，仍然与苏常地区不同，笔画没有那么整齐，仍然显得生硬笨拙一些。

---

　　① 《第二批国家珍贵古籍名录图录》著录此书"杨员寿梓"误为"杨员寿刻"。"寿梓"即刻版之意。

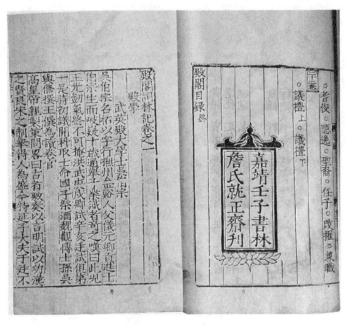

图5-21　《殿阁词林记》，詹氏就正斋刻本，山东省图书馆藏

（二）馆阁体写刻

软体写刻用得最多的还是馆阁体。司礼监刻本一直用这种字体而与明初没有什么变化，可以略而不讲。

甘肃省图书馆藏明嘉靖元年（1522）刻《三国志通俗演义》（图5-22）颇似司礼监刻本。此书框高 24.2 厘米，宽 16.1 厘米，开本之大，非一般小说刻本可比。其字体又是极为流畅优美的馆阁体字，书口版式皆合于司礼监本的形式。明刘若愚《酌中志》所列经厂刻书亦有此书，故极有可能是内府刻本。

到了嘉靖以后，用馆阁体写刻的书，书口都由大黑口变为白口，这是一大明显的变化。嘉靖六年（1527）刻南京国子监祭酒蔡清《四书蒙引》，是特别标准的官刻本馆阁体，变内府书的黑口为白口。

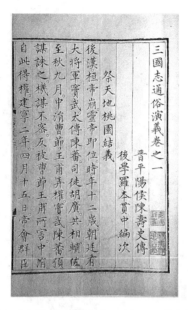

图 5-22 　《三国志通俗演义》，明代三国故事最早刻本

南康府学刻郑廷鹄《白鹿洞志》（图 5-23）写得尤其好。嘉靖十四年（1535）浙江布政司刻《大乐律吕元声》（图 5-24），是写得特别硬朗的软体字，可知写工是软体、硬体随时都可以改变的。隆庆六年（1572）徐祚锡刻《孔子家语》，受硬体影响，馆阁体写得较硬。嘉靖五年（1526）韩廷伟刻《韩忠定公墓志铭》，四周单边，白口，嘉靖三十年（1551）徽藩刻《词林摘艳》版式同此。嘉靖二十年（1541）蜀藩朱让栩刻苏辙《栾城集》，三十一年（1552）史际刻湛若水《甘泉献纳编》，四十四年（1565）高思诚刻高岱《鸿猷录》，虽然是馆阁体，但改了以前内府刻本的大黑口和四周双边，变为白口与单鱼尾。相同的还有隆庆四年（1570）谷中虚刻《食物本草》。嘉靖十四年（1535）刻《师山先生文集》，四周单边，白口，白鱼尾。嘉靖二十五年（1546）刻《重刊订正秋虫谱》，馆阁

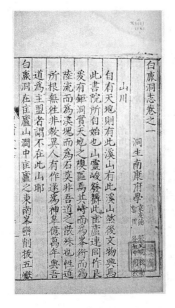

图 5-23 《白鹿洞志》，
嘉靖南康府学刻本

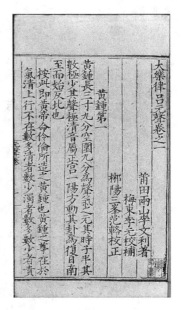

图 5-24 《大乐律吕元声》，
嘉靖十四年（1535）浙江布政司刻

体字，四周双边，白口，无鱼尾。隆庆六年（1572）谢廷杰刻王守仁《王文成公全书》，四周双边，白口，单鱼尾。正德十六年（1521）王成章刻《太师王端毅公奏议》，左右双边，白口，单黑鱼尾。嘉靖二十九年（1550）张时彻刻《张文定公文选》，四周双边，白口，线鱼尾。嘉靖五年（1526）王榛刻《文潞公文集》介于馆阁体与宋体之间，再往前发展一步就成为嘉靖宋体了。

明代的馆阁体写刻本，以司礼监刻书成就最高，写得最好。《永乐大典》的字也是很标准的馆阁体，留待后面讲。其他官刻本字虽然不那么工整，但有一点是共同的，就是馆阁体字普遍舒展大气，笔画硬朗有力，其中方体成分稍多一些。字如其人，与明代东林复社士人一样有骨力，从风骨上要远超清人。

五、 嘉靖本的鉴定

明中期是字体由软到硬的过渡期，鉴定时就会比较复杂。有人喜欢新出现的美观整齐的硬体字，但也有人怀念以前的字体，所以刻书实际上也是根据自己的审美趣味而确定的。有许多刻书家并不固守一隅，往往根据不同的需要选择不同的写刻字体，如范钦天一阁及建阳的几大书坊都根据自己的需要选择不同的字体刻书。

（一）嘉靖覆刻宋本鉴定

嘉靖时所谓的仿宋、覆宋刻本，是照宋版书原样翻刻，文字格式都照原样翻刻，但并不意味着每个字笔画都与原书一模一样，把嘉靖覆刻宋本与宋版原书作比较就可以发现二者还是有明显不同的。除了少数刻本是照原书影摹下来刻的，如秦藩嘉靖十三年（1534）刻《史记集解索隐正义》、汪谅金台书院《集千家注分类杜工部诗》之外，大多数书都是仿宋刻本。

仿宋或覆宋刻本，当然要照宋版的字体、版式刻，在一定程度上体现了宋本的原貌，但不可避免地在写样与刻工上都会与原来有所差别，而体现出不同时代、不同地区、不同写刻工人的特点。何况嘉靖时代正处于硬体流行的时代，字体上的差异尤为明显。如正德十六年（1521）陆元大刻《花间集》，是据宋绍兴十八年（1148）建康郡斋本重刻，遇宋讳缺笔，但如果对照原本，发现差别其实挺大的，不仅字体差别很大，连版式也不完全相同（图5-25、5-26）。书尾有"正德辛巳吴郡陆元大宋本重刊"一行，书估将这一行条记挖去以冒充宋本。清内府《天禄琳琅书目后编》中有宋本《花间

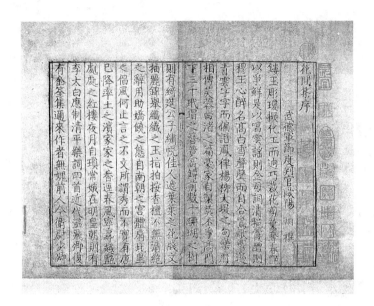

图 5-25　《花间集》，宋绍兴十八年（1148）建康郡斋刻本

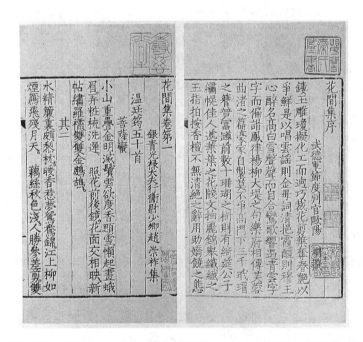

图 5-26　《花间集》，正德十六年（1521）陆元大仿宋刊本，南开大学藏

集》，实即此本。

汪谅金台书院刻《文选注》是翻刻元张伯颜本，字体也与张本有很大不同。书前有"同知池州路总管府事张伯颜重刊"木记一行，有书贾就把最后汪谅刻书题记及出书广告刓去，冒充元本。也有藏书家误信上当，杨绍和《楹隅书录》中所列的元本《文选》即此书。

嘉靖七年（1528）龚雷刻《鲍氏国策》号称影刻，实则与宋版也有很大差别。袁褧嘉趣堂刻《世说新语》据宋淳熙十五年（1188）陆游严州郡斋本重刊，但字体与宋本大不相同，故最后条记云：嘉靖乙未岁吴郡袁氏嘉趣堂重雕。

对于覆刻的书，最好的办法，就是找原书（或影印本）来逐字对照。没有比较，就没有鉴别。现在的科技条件为我们提供了对照比较的便利，这是前人所不具备的。

（二）嘉靖刻本鉴定

像嘉靖本这样整齐规范的字只出现在明代中期，这就成为鉴定的一个依据。天津图书馆藏芝秀堂刊本崔豹《古今注》（图5-27），是袁寒云旧藏，后面有南宋嘉定时丁黼的跋，袁氏与陶湘都定为宋刻本，大出版家张元济先生也认为是宋版，将之影印选入《四部丛刊》，并作了详细的校勘记，肯定它在校勘上的价值。但中国书店一辈子从事版本鉴定的魏隐儒先生却力主其是明正德、嘉靖时刻本。这部书我也藏有一部，两本完全相同。下书口有的书页上有"芝秀堂"三字。缺页补版四叶，字体完全不同，补版均没有"芝秀堂"三字，纸张也是明代典型的白棉纸，似是宋刻明修本。后来经过与宋刻本反复比较，才认识到魏先生的判断正确。魏先生并没有列举

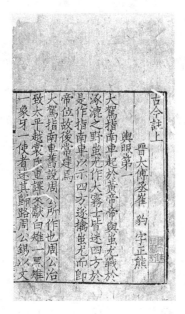

图 5-27　《古今注》，明芝秀堂正德嘉靖间刻本

出什么证据，只是根据自己多年来的经验与眼力做出判断，但这个判断是正确的，因为从版本史上看，这是非常典型的软硬兼备的嘉靖字体，只在嘉靖前后出现，在明初都不可能出现，更不要说出现在宋代了。所以虽然有陶湘、袁寒云、张元济等大家题跋，学术界最终还是认定为明正嘉时代刻本。

国家图书馆所藏明代杨士奇的《东里诗集》（图 5-28），从字体上看是一本非常典型的嘉靖刻本，但在该书最后的附录下，却有一行"天顺五年冬十月男禜编定"。如果单纯看这个题记，极有可能误断为明天顺五年（1461）刻本，但有了版本字体知识，就知道成化弘治以前不可能有这样规范的硬体字，不要说更早的天顺五年了。天顺五年只是其子编定文集的时间，而不是此书刊刻的时间。

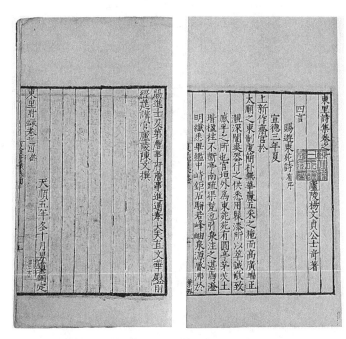

图 5-28　《东里诗集》，嘉靖间刻本

　　再比如湖南师范大学图书馆藏的吴讷《文章辨体》（图 5-29），《第一批国家珍贵古籍名录图录》错误著录为"明天顺八年刘孜等刊本"①。编者只是从书前天顺八年（1464）彭时的序中，提到刘孜等编定付梓，就定为天顺八年刻本。这是比较武断的。序的年代有时并不是该书刊刻的年代，天顺八年只是此书第一次刊刻的时间，以后嘉靖、万历屡有刻印，此书是嘉靖间的重刻本。如果熟悉刻书史，第一眼看上去就会怀疑这个结论。日本国立公文书馆内阁文库藏相同版本的书，就定为嘉靖刻本，理由跟上书一样，天顺时这种宋体字还没有出现。

　　嘉靖本近于宋代刻本，故有书贾希图射利，伪造牌记。北京师

———————

　　①　见《第一批国家珍贵古籍名录图录》第 8 册，编号 02208，国家图书馆出版社 2008 年版。

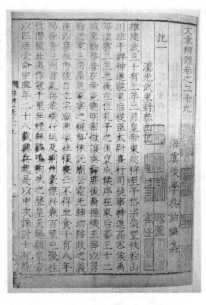

图 5-29 《文章辨体》，嘉靖刻本

范大学图书馆藏明正嘉时刻本《春秋经传集解》，就有后世书商伪造牌记，落款"淳熙柔兆涒滩中夏初吉闽山阮仲猷种德堂刊"（图 5-30）。

嘉靖本由于仿宋或覆宋，字体、版式与宋本相近，加上纸张也是近于宋代的皮纸，故与宋本很像，误把嘉靖本当宋本的不在少数。但其实二者之间的差别还是比较明显的，特别是字体差别，不同的时代，字体的差别是很明显的。

在清代内府天禄琳琅阁收藏的宋元版书，有相当一部分是误把嘉靖本当宋本或元本的。民国二十三年（1934）整理清内府天禄琳琅书目时，发现误把嘉靖本作宋元本的计有：

《天禄琳琅书目后编》，宋版《礼记》是嘉靖间东吴徐氏覆宋《三礼》本。《大戴礼记》是嘉靖十二年（1533）吴郡袁褧覆宋本，杜预《春秋经传集解》是嘉靖间覆宋相台岳氏（按：应为元相台岳

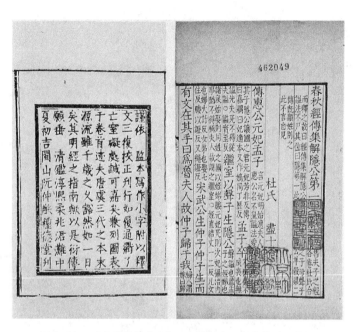

图 5-30　《春秋经传集解》，嘉靖刻本，左为伪造的牌记

氏）本，另有一部有伪造"淳熙三年"木记。宋版史部类中，《史记》三家注本为嘉靖十三年（1534）秦藩覆宋本，目录后有伪造"嘉定六年"木记。《史记索隐》为建阳刘氏慎独斋刻本，末有伪造嘉祐二年（1057）识语。《两汉纪》为嘉靖二十七年（1548）吴郡黄姬水刻本。司马光《稽古录》为范钦天一阁刻本。宋版子部书中，《艺文类聚》为明覆嘉靖陆采本。《初学记》为嘉靖间锡山安国覆宋本。元版史部中《前汉书》《后汉书》都是嘉靖间汪文盛刻本。《资治通鉴考异》为嘉靖二十三年（1544）孔天胤刻《资治通鉴》本，《南唐书》为嘉靖二十九年（1550）顾汝达刻本。

第六章
明刻本及其鉴定（下）

一、 明末刻书的鼎盛

明末是中国历史上一个非常特殊的时期。在王学左派影响下形成了一种思想解放、个性自由、自我张扬的思潮，即我们所称的晚明思潮。由于政治上的腐败，阉党专权，社会黑暗，文人清议之风复兴，出现了东林、复社等清流文人批评政治，处士横议。文学艺术高度繁荣发达，诞生了小说如《金瓶梅》、"三言二拍"，戏曲如徐渭的《四声猿》《女状元》，汤显祖《牡丹亭》，等等。刻书也出现了前所未有的盛况，无论是刻书的种类还是数量，都达到了历史顶峰，万历一朝刻书，比嘉靖以前明代刻书的总和都要多。今天我们所看到的明刻本，主要都是明末刻本。尽管经历了清代康熙、乾隆时的毁禁，现存明末刻书数量仍然非常庞大，具体数量至今也没有一个完整的统计。

万历时期刻书虽多，但刻本质量却不及嘉靖时期。谢肇淛《五杂俎》说："宋时刻本以杭州为上，蜀本其次，福建最下。今杭州不足称矣。金陵、新安、吴兴三地剞劂之精者，不下宋版，楚蜀之刻，皆寻常耳。"又胡应麟《少室山房笔丛》说："余所见当今刻本，苏常为上，金陵次之，杭又次之，近湖刻、歙刻骤精，遂与苏常争价。"两人所说都是万历时刻书之况，金陵即南京，新安与歙都是指徽州，吴兴即今天的湖州，可知在万历时期，南京、徽州、湖州刻书尤为出名。

1. 最有代表性的区域

徽州刻书。安徽徽州包括歙县、休宁、婺源、祁门、黟、绩溪六县。古称新安郡，地处皖南贫瘠山区，农桑条件较差，但徽州人善于经商，邻近南京，得地理之便，明代中期以后徽州进入历史的黄金时代。从盐业到文房用品，只要有利可图便有人经营，所以徽商遍布全国。徽州成为明代商品经济特别发达的地区，徽商这个名称就是这个时候出现的。徽州人能吃苦，善经营，有强烈的工匠精神，刻工刻书精美，工价低廉，遍布东南各地，形成了世代刻书的刻工家族。如歙县仇村（一名虬川）黄氏，自明代中叶起至清代道光间就产生了刻书工匠四百余人。在雕刻技术上，徽商也是精益求精，徽州刻本特别是徽州的版画精致绝伦。书商请当时的绘画名家如陈洪绶、汪耕、丁云鹏等作画稿，刻工精雕细刻，名品如首创套色印刷的《程氏墨苑》，程百二程氏丛刻之《方舆览胜》《云林石谱》，汪廷讷刻《人镜阳秋》（图6-1），汪士珩刻《唐诗画谱》，等等。徽商往往会走四方，为了把生意做得更大，有些书坊主人直接到南京来刻书，如寓居南京的徽州人胡正言、汪廷讷等，把徽州的画工与刻工带到南京，刻印了《十竹斋书画谱》《十竹斋笺谱》，创造了中国刻书史上多色套印的辉煌。徽州书商也会请南京、苏州的文人为他们撰稿、校勘。

湖州刻书。湖州古称吴兴，与徽州一样商品经济发达。湖州湖绸与湖笔驰名海内外，刻书也有悠久的传统。万历时湖州凌、闵二家为刻书世家，既有竞争，又有合作。到万历末年闵齐伋开创了

图6-1 《人镜阳秋》，明万历二十八年（1600）新都汪氏环翠堂刊本

"朱墨套印"的方法，正文墨印，评点朱印，纸张洁白，细腻晶莹，给人赏心悦目的美感。中国朱墨两色印书，元代时就有中兴路资福寺印无闻和尚注《金刚经》，但那是在一个版上分色刷印，而凌、闵二家的套印是不同版的套印，精确到一个字词的圈点旁批，非常精致醒目。闵齐伋《春秋左传·凡例》云："旧刻凡有批评圈点者，俱就原版墨印，艺林厌之。今另刻一版，经传用墨，批评以朱。校雠不啻三五，而钱刀之靡，非所计也。置之帐中，当无不心赏。其初学课业无所批评，则有墨本在。"朱墨套印本刚出，马上又有三色套印本、四色套印本。朱墨蓝黄，各家评点用不同颜色区别，色彩斑斓，成为当时读书人垂涎争购的对象，这也就是胡应麟所谓的"湖刻骎精"。

南京刻书。明代南京由于留都的地位，与北京一样进行乡试、会试，南方城市商品经济又高度繁荣，吸引了东南的读书人。在夫子庙贡院附近的三山街上书坊鳞次栉比，聚集了全国各地的经营者和刻书工匠，如著名的徽州胡正言，湖州凌濛初、闵齐伋，稍晚点的李渔，许多从徽州、杭州、建阳来经商的书商，寓居南京，使得南京的书坊异常繁荣，数量远远超过了官刻与家刻。以戏剧小说等通俗文学为主要特色的南京刻书，花样甚多，争新出奇，独领风骚。

苏州刻书。万历时苏州刻书没有了嘉靖时的美观大气，似乎有所衰落。但天启、崇祯年间，苏州府常熟县毛晋汲古阁崛起，刻书风行全国，是明代刻书数量最多、影响最大的一个书商。汲古阁刻了许多大部头的丛书，经部有《十三经注疏》，史部有整套的"十七史"，子部仅承刻大藏经《径山藏》就有二百余种，集部有《六十种曲》《文选李善注》，还承刻张溥《汉魏六朝百三名家集》，钱谦益《列朝诗集》，丛部有《津逮秘书》，其他小型丛书和单本书就更多了。钱谦益为毛晋写的《隐湖毛君墓志铭》说："故于经史全书勘雠流布，务使学者穷其源流，审其津涉……于是缥囊缃帙，毛氏之书走天下，而知其标准者或鲜矣。"①

2. 万历刻书全面繁荣

以前只有建阳才有的小说、戏曲等通俗文学，在万历时代全国皆有，苏州、杭州、南京、徽州都有众多的小说、戏曲及弹词说唱。最能让人赏心悦目的版画在以前不多，但到万历时代许多书都有版画，甚至那些科举用的小类书都有精美的版画。以前的版画往往是随书中的需要局部插图，建阳本的插图是上图下文。到了万历时代，有整页的版画，甚至连页组成的大幅版画，徽州、南京的书坊还别

---

① 钱谦益：《牧斋有学集》卷三十一，四部丛刊初编本。

出心裁地用分色刷印印出不同色彩的图。徽州墨商程大约滋兰堂刻的《程氏墨苑》与方于鲁的《方氏墨谱》争新出奇，部分版画分多色刷印而成。万历后期，有了饾版，用饾版套印色彩更复杂、更精细，且有色彩浓淡变化过渡的晕染效果。

万历时评点诗文之风盛行，出现了李贽、陈继儒、袁宏道、钟惺、谭元春等批评家，这个时期出的书，不管是经史诸子百家的文章，还是小说、戏曲等通俗文学，都有了批评家的圈点，提示读者理解其中的内容，文章的关键点、警妙处，圈足旁批，有的一书甚至有好几家的评点。套印出现之后，把原文与评点用朱墨两色分开，一目了然。后来又有了三色或四色、五色套印，一家评点用一种颜色表示，更清晰醒目。这些都是以前所没有的。

这一时期刻书更为普及化。万历以后刻书没有嘉靖时那么精致，所用的纸张大多数是竹纸，也没有嘉靖时白棉纸那么洁白细滑。但这一时期刻书更工匠化，成本更低。经济条件好的可以像嘉靖苏州家刻那样精细，经济条件较差的或对书质量要求不高的，可以像每科印墨卷窗稿那样廉价。故各类书都有，质量有高有低。

二、 明末刻书的特点

（一） 字体

我们先说硬体字。万历刻书是继承嘉靖时的。我们前面说过嘉靖的硬体是软硬成分兼有的字体：一种是从宋浙本欧体而来的方正整齐的字体，另一种是在嘉靖后期至隆庆时形成的字体细长类于仿宋体的字。到了万历早期，方正的宋体已明显没有手写成分，变为笔画较粗的方体字（即今之黑体字）。细长的仿宋体字也没有任何手写成分了，而变为较细长的长方体。万历中后期以后，细长型的字体最多。

1. 方体字的类型

万历时最常见的方体字完全是正方形的，间架宽大，笔画饱满。在刻书中有四种体现：

（1）均匀型。横细竖粗的差别不大，阅读起来比较醒目。在万历刻书中最常见。北京国子监所刻十三经（图6-2），常用这种字体，官刻书中最为流行，文人家刻也常用，如新安吴勉学刻《国语》（图6-3）。

（2）厚重型。笔画较粗，而且横也较粗，横竖笔画的粗细差别不明显，如万历二十八年（1600）刻的余孟麟《余学士集》（图6-4）。

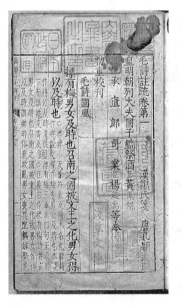

图6-2 《毛诗注疏》，万历十七年（1589）北京国子监刻本

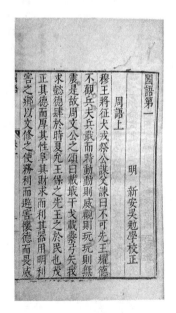

图6-3 《国语》，新安吴勉学刻本

南京国子监所刻经史书籍字体基本都是这样宽博厚重，如万历二十二年（1594）南监刊《宋书》（图6-5）、玄鉴室刻《毛诗郑笺纂疏补协》。这种字笔画一样粗细，是我们今天黑体字的前身。

（3）纤细型。这种字形上承隆庆时笔画细长的仿宋时特点。徽州的刻本，如万历间真如斋校梓陶望龄《歇庵集》，金陵奎璧斋郑思鸣刻《鼎镌诸方家汇编皇明名公文隽》，字体方正中横画略细。万历四十三年（1615）华苹馆刻钱琦《钱子测语》（图6-6），方正中带清秀之气。最纤细的，要数万历初年郑王朱载堉所刻的《乐律全书》。

（4）规范型。汲古阁刻书影响全国，其方正宋体最标准规范，延续至清代，就成了康熙时定型的标准宋体字了，如汲古阁刻《孟襄阳集》（图6-7）。

图6-4　《余学士集》，
淄博市图书馆藏

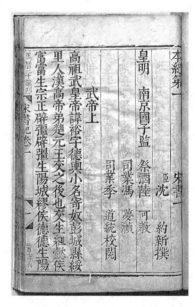

图6-5　《宋书》，南京
国子监刊本

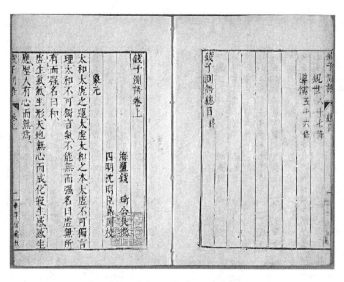

图 6-6　《钱子测语》，华英馆刻本

2. 长方体字

在万历中后期，另一类常见的硬体就是略显细长的字。这种字长宽比例并不大，只是往往都是横较细竖较粗，给人以细长的感觉。如万历二十五年（1597）汪光华玩虎轩刻《琵琶记》，三十九年（1611）刊《春秋胡传翼》，四十二年（1614）钟人杰刊袁宏道评点《徐文长文集》，四十四年（1616）种德堂刻《新刻孝伯曹先生搜辑性理笔乘集要》，四十五年（1617）南京刻汤显祖《牡丹亭还魂记》（图6-8），四十六年（1618）刻王起宗序《东西洋考》、《江湖长翁集》，四十七年（1619）刻顾起元《范氏后汉书批评》（图6-9），四十八年（1620）武林藏珠馆刻《新刊徐文长先生评唐传演义》，万历刻本《登坛必究》，淑躬堂刻黄正位校《新增格古要论》，等等。万历时的长方体字都比较大，行间距紧，往往撑满行格，看起来感觉版面很满。

到天启、崇祯时，长方体字变小，字间距增大，行间距也增大

图 6-7 《孟襄阳集》，
崇祯毛氏汲古阁刊本

图 6-8 《牡丹亭还魂记》，
万历四十五年（1617）刻本

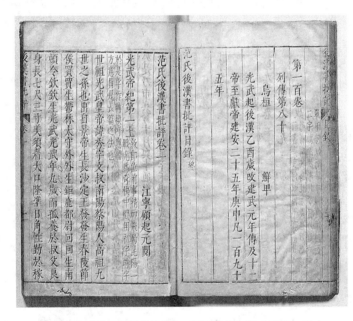

图 6-9 《范氏后汉书批评》，万历四十七年（1619）刻本

了。字小行疏，看起来版面要疏朗美观许多。这是天启、崇祯刻书的一个重要特点。这种书例子很多，如崇祯四年（1631）刻《青楼韵语广集》，李廷谟延阁刻徐渭《四声猿》，崇祯八年（1635）刻郑超宗选评《媚幽阁文娱》（图6-10），字小行疏，清新悦目。胡正言崇祯八年（1635）十竹斋刊叶挺秀《诗谭》（图6-11），天启六年（1626）堂策槛刊明郎奎金编《五雅》，张溥的《历代史论》《汉魏六朝百三家集》，以及湖州凌、闵二家所有的套印本几乎都是这样的。

3. 汲古阁扁宋体

毛晋刻书，初用绿君亭为堂号，采用万历通行的长方体字，后改为方正宋体。后又改为扁体宋字，在宋体中略显颜体的筋骨，使硬体字不显得死板生硬，仿佛有了软体的弹性一样。这种字体在明

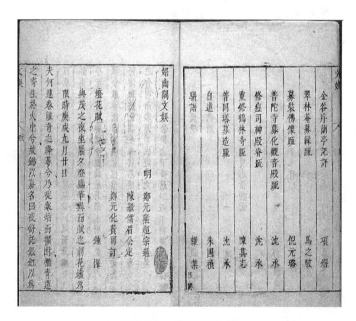

图6-10　《媚幽阁文娱》

图 6-11 　《诗谭》，十竹斋刻本

末至清康熙中期颇为流行。甚至封面上的书名，一般也是这种大字。《六十家词》都是这种字体，如其中李清照《漱玉词》（图 6-12）。如此凡屡变，但由于其刻书多，"毛氏之书走天下"（钱谦益语），影响了天启、崇祯乃至清初几十年的刻书。如东吴永怀堂刻金蟠《春秋左传》、余钰辑评《纯师集》（图 6-13），崇祯时独深居点次《玉茗堂传奇》（图 6-14），都是这种扁体宋字，这种扁体宋字直到康熙中期都还有人使用。

4. 软体字

整齐划一的硬体出现以后，占据了古籍刻书的重要地位，大多数书都走这一方向。但也有一部分书仍采用软体写刻。

（1）馆阁体。馆阁体仍是软体字中的主要书体。明代中期以后，司礼监刻书越来越少了，那种标准典型的馆阁体逐渐被各种官刻本

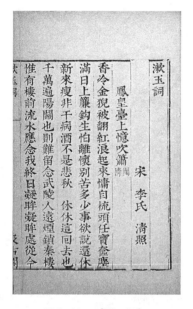

图 6-12　《漱玉词》，
明毛氏汲古阁刻本

图 6-13　《纯师集》，永怀堂刻本

字体所取代，官刻本中有一部分采用软体字的，往往是用这种字体。但到明末，馆阁体在书写风格上也与嘉靖以前有了很大的不同。嘉靖时的馆阁体字显得硬朗，笔画长而舒展，到了明末时，朝着规范流畅、清秀纯熟的方向发展，失去了原先的硬朗遒劲，却比原来更漂亮，逐渐在向清朝的馆阁体字演进。万历十六年（1588）刊魏时亮《大儒学粹》（图 6-15）、不详刊刻时间《新刊宪台考证宋元通鉴》（图 6-16），馆阁体字在舒展流畅中略带一点明代嘉靖以前的馆阁体风貌。

如万历元年（1573）纯白斋刻唐顺之《重刊荆川先生文集》（图 6-17），笔画纤细，间架紧密，写法纯熟，很近于清代的馆阁体了。万历七年（1579）江西布政司刊黄庭坚《山谷老人刀笔》，馆阁体颇佳。万历五年（1577）世经堂刊王世贞《弇州山人四部稿》、

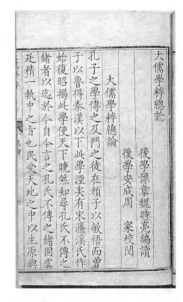

图 6-14 《玉茗堂传奇》，崇祯刊本　　图 6-15 《大儒学粹》，万历刊本

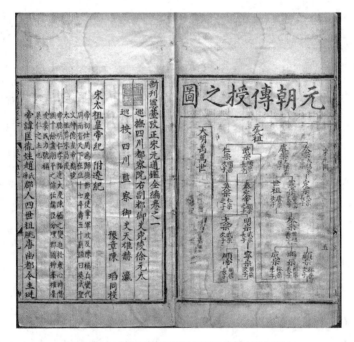

图 6-16 《新刊宪台考证宋元通鉴》，明末刊本

万历十八年（1590）刊陈全之《蓬窗日录》（图6-18），馆阁体较瘦硬秀气，颇与康熙时馆阁体有些神似。还有万历二十年（1592）护国万寿寺刊《金刚证果》，都很接近清代馆阁体风格。

明代后期私刻与坊刻也多用馆阁体，但有的写得精致，有的写得很差，良莠不齐。如万历元年余良木自新斋刊《鼎镌金陵三元合评选战国策》（图6-19）、万历二十六年（1598）书林双峰堂余文台刊《新镌汉丞相诸葛孔明异传奇论注解评林》（图6-20），馆阁体就比较好。而有些书坊，写得松垮，结构疲沓，失去了馆阁体的美感。

（2）墨卷本。明代科举考试发达，每科考试都会印有新科考卷，谓之墨卷。乡试叫乡墨，会试叫会墨，供应考生揣摩模拟。这种墨卷时效性都很强，过了一两年，花样翻新，就完全没有用了。因此，这种墨卷字体随意，不求多美观，能看清就行。而且，因为要对墨卷圈点，中间一般也没有界栏。为降低成本，多用普通的竹纸，不求华丽，只求实用。从万历到清代乾隆间，这种墨卷特别流行，由刻墨卷到刻小说，特别是刻那种纯消遣的小说，看过就随手扔了，没有什么保存价值。但今天看来，这类书就非常稀少了。如明代官僚夸耀的"剿灭"闯王李自成的小说《剿闯小说》，冯梦龙撰《墨憨斋新编绣像醒名花》（图6-21），明末清初的《新镌钟情记》六卷，还有一些"高头讲章"如明陈元亮撰《鉴湖诗说》、万历四十五年（1617）刻明魏浣初《鼎镌仲初魏先生诗经脉》等。这类书一般人看完即扔掉，很少有人收藏，后世也就比较稀见。

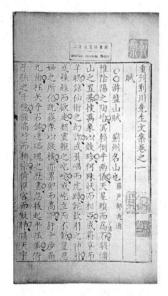

图 6-17 《重刊荆川先生文集》，
纯白斋刻本，山东省图书馆藏

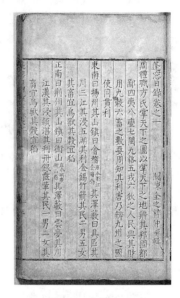

图 6-18 《蓬窗日录》，
万历刊本

图 6-19 《鼎镌金陵三元
合评选战国策》，
自新斋刻本

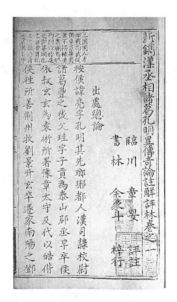

图 6-20 《新镌汉丞相诸葛孔
明异传奇论注解评林》，
双峰堂刻本

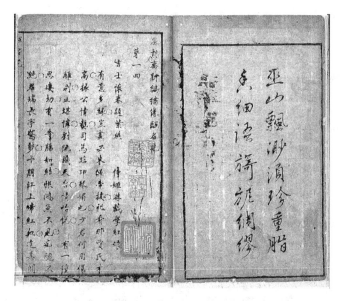

图 6-21　《墨憨斋新编绣像醒名花》，明末墨憨斋刊本

（二）版式与封面的规范化

1. 封面与牌记

万历以后，古籍的装帧普遍采用了线装的装订方式，以前的蝴蝶装基本不再用了。在书衣之下全书的扉页，普遍出现了封面，我们称之为内封面。书籍的封面早在元代建阳书坊就已经出现，但仅仅是我们所看到的几例，不是很普遍。到明末以后，不仅建阳，南京、杭州、徽州、苏州等许多地方都有了内封面。封面的最中间大字作书名，明末以后，书名绝大多数用颜体大字居中竖排，右列顶上格标作者或审订者，左列抵下格标刻书堂号，有时还会标明刻书时间。一些畅销或特别重要的书，在封面上还会加盖版权所有者的堂号或者特殊的标记如肖形印、吉祥图案或其他文字印，作为防伪的标志，谓之"图记"。如胡正言十竹斋刻的《十竹斋书画谱》当时特别畅销，出版之

后就有盗版，假冒的书上公然印着十竹斋的堂号。胡正言很气愤，在顺治十二年（1655）再版时，书前特意加了一页告白，说为了防止盗版，在封面上另盖"麟吐玉书"图记，作为防伪标记。明末许多书封面都有这类图记，如崇祯五年（1632）陈仁锡评《大学衍义》封面（图6-22），不仅有图记，有广告，有时还标明书的定价。

在封面外，宋元以来传统的牌记还有，但多移到了全书的末尾，作为全书结束的标志。黄永年《古籍版本学》说万历内封面出现以后"牌记几乎绝迹"，但就我所看到的，牌记不仅没有"绝迹"，而且比以前任何时候都要多。不仅建阳有，南京也有（图6-23），仍以书坊刻本为最多。

明末有了专门卖书的书店，许多书在封面上会钤盖"×××堂发兑"，"发兑"就是发行的意思，由书肆从刻书者手中批发销售。还有的在书的封面上钤盖"每部纹银××两"，从明末开始书的封面上就有了定价。

图6-22　《大学衍义》，崇祯五年（1632）刻本

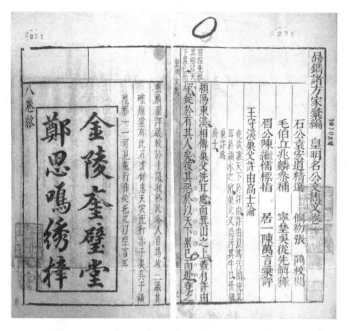

图 6-23 《鼎镌诸方家汇编皇明名公文隽》，泰昌元年（1620）金陵奎璧堂刻本

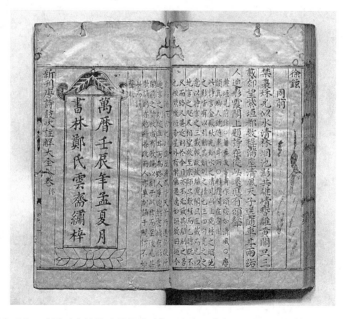

图 6-24 《新刊唐诗鼓吹注解大全》，万历二十年（1592）闽书林郑氏刻本

2. 书口格式

万历刻本的书口，绝大多数是白口，左右双边或四周双边。除了旧版重刻外，极少有黑口的。这是自嘉靖以来形成的格式。上面的白口，一般用来标书名（简称），上鱼尾下标卷数和页码，下书口标堂号（或刻工）。在万历时形成了这样一个不约而同的行业习惯。鱼尾一般两个，也有一个，也有用两条短线的线鱼尾，还有一些人干脆不用鱼尾，如毛晋绿君亭刻书就没有鱼尾，只有边框。万历时印的《径山藏》是第一部方册式的大藏经，版心中间也没有鱼尾。

3. 书题与作者

在正文开始的卷端，万历以后形成了固定格式：正文卷端首行顶上格标书名，与封面及书口不同，卷端书名是全称；次行抵下格标作者，然后依次是注释者、审订者或校阅人、评点者，最后是刊行者（这项也可以不要）。所有的列名一定包括作者籍贯、本名、字号，这样标明体现了对原作者版权的尊重，也显示了刊刻人的谦恭态度。

4. 圈点

评点是中国人读书的一种独特方法，明末是评点的高峰，出现了许多所谓的批评家或评点家。如李贽、陈继儒、陶望龄、袁宏道、钟惺、谭元春等，明末清初还出现了更有名的金圣叹。这些评点家除了点句读，还要圈佳句名言，点明文章的起承转合、作法与布局，常常在旁边密圈细点，旁批小字，文后作尾评。好的评点家如金圣叹能够画龙点睛，引人入胜，庸俗的评点者如陈继儒、钟惺、谭元春，多是教人作八股文章之法。但不管怎么说，满目圈点是这一时期书籍的一大特色，甚至催生了凌、闵二家套印的诞生。

（三） 纸张

明末的刻书不如嘉靖本好看、大气，字体没有嘉靖本的美观，纸张也没有嘉靖本白净有韧性，万历以后大多数印书的纸张是竹纸。用竹造纸的工艺在明末有了很大的进步，漂白技术较以前有了提高，好的竹纸能接近于白棉纸的色泽。一般的竹纸是薄脆发黄的竹纸。当然有两类书例外：一是内府或朝廷官府印书，如南北国子监一部分书用皮纸；另一类是明末兴起的套印本，吴兴凌、闵二家的套印一定用洁白的皮纸，否则就不会显示出色泽鲜艳的效果。

（四） 避讳

明末两位皇帝朱常洛、朱由校时才有避讳的规定，改洛为雒，改校为较。但明末政治腐败，内忧外患重重，也没有很彻底的避讳。

三、 明末刻本的鉴定

万历刻本的鉴定相对还是比较容易的。因为字体的特点很鲜明。不论是方正的宋体字，还是长方体字，都占满行格，笔画又比较粗，墨重字大，显得非常大气。这是万历本的整体风貌。到天启、崇祯后，字变稍小一些，字间距、行间距拉大，看起来疏朗悦目，即可断定是天启、崇祯的版子。

（一） 字体与题跋等材料多方结合互证

万历初前期有些刻书仍然沿袭嘉靖、隆庆的风格，如万历五年（1577）南监刻"十七史"，因为写工刻工从嘉靖到万历一直在刻书，不会因朝代改了，就马上改变自己的风格。同样的道理，明末刻书的字体，如长方宋体、汲古阁的扁宋体，一直沿用到清代康熙以后。字体的特点，可以让我们大致判断版刻的时间，即使不够精确，亦不远矣。如果要准确科学断定，还要依据诸如牌记、题跋、避讳等多种证据互证，才能更准确。

一种书版刻成后，可以保存很长时间，甚至几十年之后重印也有可能。也可能经过修补重印，重印时加了题跋。千万要注意，重印的时间不能当作版刻的年代。如哈佛大学燕京图书馆藏万历十三年（1585）张鹗翼伊蔚堂刊《全唐诗话》（图6-25），但没有万历字的特点，纯然嘉靖本的风格。怎么解释呢？是嘉靖版，还是万历版？

从刻书字体版式上看，肯定是嘉靖的风格。但要下确凿判断，还须有其他证据。通过张鹗翼的序即可看出。张鹗翼为进士出身，中宪大夫，南京都察院右金都御史，巡抚贵州等地提督军务。这篇

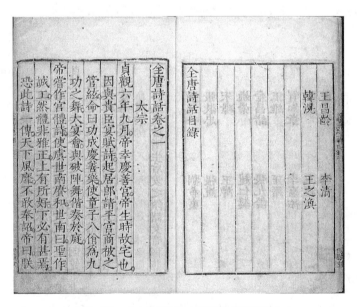

图6-25 《全唐诗话》，张鹗翼伊蔚堂刊本

序作于嘉靖乙卯（即嘉靖三十四年，1555）中秋既望。序中说喜欢尤袤《全唐诗话》说诗约而旨，详而有体，且云："余视纂之留都，稍加校正，因付梓人以公同好云尔。"可知他在嘉靖三十四年即付梓。书后的跋，是其孙张自宪万历十三年（1585）作，曰"兹因岁久，间有残阙，宪不敏也，勉校而更新之"，可知只校正补版而已。故此书的版本，不是万历十三年，而应当是嘉靖三十四年。哈佛图书馆没有细看而误判为万历本了。

（二） 字体版式与书名习惯互相参照

除了字体与版式外，明代特别是明末还有一些可以帮助我们鉴定的要素，就是书名、书坊名的习惯。如书名，每个朝代都有一些特定的习惯。与宋元建阳的"纂图互注""重言重意"一样，明末一些书名中，有"锲""鼎锲""镌""新镌""鼎镌""鼎雕"等词，为宋元明初不用，清代以后也很少见用。"书林"为书坊聚集之地，在刻书堂号前冠以"书林"二字，是明代建阳书坊的习惯，清代除清初偶有外，也极少使用。如果书名有上述冠词，十有八九是明代的坊刻本。如《鼎镌京本全像西游记》（图6-26），明华阳洞天主人编，闽书林杨闽斋刻，毫无疑问是明建阳的坊刻本。

明末刻本还有一个习惯，内封面书名往往用颜体大字，序言或用硬体或行草书写，字都比较大。有些书纸上会留有一条红色或蓝色的墨带，有这些特征的一望便知是明末的，至晚也不会晚于清初。

（三） 建阳与南京坊刻本的区别

明末是建阳刻书最后的辉煌，延续了三代数百年的建阳刻书在明末谢幕了。其原因很多，重要原因之一是，建阳完全被南京所超

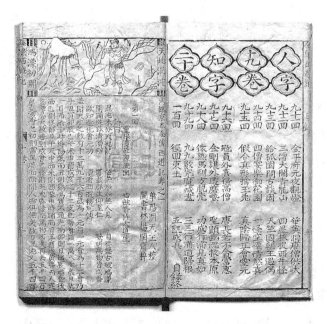

图 6-26　《鼎镌京本全像西游记》，明杨闽斋刊本（封面有图）

越、取代。南京书坊刻书品种多，质量好，又处于文化中心的有利地位，人文荟萃，读者市场庞大，这些都是建阳所不可比拟的。建阳在明代逐渐失去了它的刻书风格与特色，字体从原来最有特色的字体，被硬体或馆阁体同化，失去了自己的面貌，从原来全国刻书中心到了明末"泯然众矣"。同样是书坊，南京的刻书要大气、美观，质量好。建阳最吸引人购买的是其通俗文学作品上图下文，在元代与明初当然无与伦比。到了明末，版画日益精美，南京、徽州的版画精工细作，用整叶纸构成大幅的画面，图画精细，有人物，有背景，有山水楼台，引人入胜（图 6-27），而建阳仍斤斤于上图下文式的粗线条人物勾画，粗犷古朴有余，新颖细腻不足，虽然也努力地向南京、徽州学习，但实力不能与南京、徽州相比，最终失去了市场。

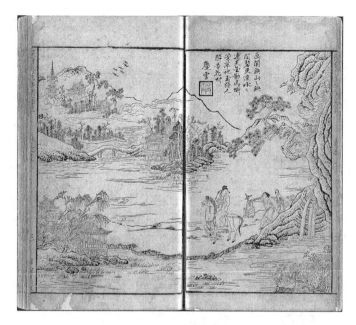

图 6-27　《陈眉公批评西厢记》，万历间徽州刻本

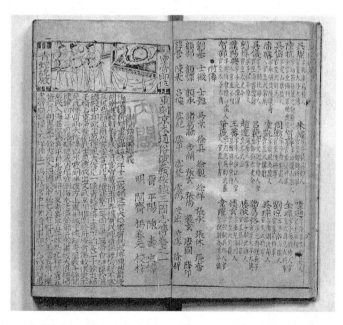

图 6-28　《重刻京本通俗演义按鉴三国志传》，万历三十八年（1610）杨氏闽斋刊

如前所述，建阳书坊在校勘质量上也不高，误人子弟。明末时刻了大量的"历朝捷录"类的书籍，任意删节古书，以迎合士子"束书不观"的风气，这类书在清初被大量毁禁，不准刊刻，所以清代以后，建阳书坊刻书渐趋消亡。

第七章
清刻本及其鉴定

清代虽然离我们近，能看到的刻本数量最多，但清刻本的鉴定却是最难讲的。历代讲版本的书讲到清代就会显得空洞苍白，归纳不出各个时期的特点，也讲不出字体版式的特点，总之，总结不出什么鉴定的规律。因为在清代，各种类别、各种字体、各种版式几乎都有，没有任何规律性可循。

一、清刻本的特点与价值

讲版本的书，讲到清刻本几乎都从略了。《中国版刻图录》著录清代刻本很少。黄永年先生编了《清代版本图录》以弥补前者的不足。清刻本难道价值不高吗？黄裳有《清刻之美》《清代版刻一隅》，说明清刻不比元明差，质量甚至远远过之。

（一）清刻本的复杂性

清代刻书之所以讲得少，是因为清代刻书太复杂，数量太多，很难归纳。它的复杂性大体可以从以下四个方面看：

1. 时代近。因为清代是封建社会最后一个朝代，距离我们时代最近，人们贵古贱今的心理导致了对清刻本的重视程度不够，《中国版刻图录》清代最少，只有几种稀见的活字本，《国家珍贵古籍名录图录》只列了极少数有名家题跋的清刻本，绝大多数都摈而弗录。

2. 种类多。清代刻书要远远多于明代以前任何一个朝代，整个清代社会大体上都是稳定繁荣的，特别是清三代康乾盛世，经济繁荣，文化发达，全国各地各种机构与个人都大量刻书，种类繁多。洋务运动以后，西学东渐，师夷长技以制夷，除了传统经史之外，又有许多西学与实务的书籍出现，可以说是应有尽有。清代究竟刻了多少书，至今尚没有一个完整的统计。

3. 形式杂。清代的刻书承明人之后，可资借鉴的太多。上可以仿宋元，下可以学习正嘉，各种字体，不管是软体还是硬体，也不管什么版式，都可以随手拈来，随意使用。比如书口，清代就极其混乱，既有白口，同时也有细黑口、大黑口，前中后期都是这样。如武英殿刻本本身就有白口有黑口，同一刻书家也会有白口、黑口随意选择的现象，所以像书口鱼尾这样一个在宋元明时代非常重要的依据，在清代古籍鉴定上就没多大作用了。

4. 无规律。正因为清代刻本多而杂，才无规律可循。黄永年先生编过《清代版刻图录》，亦没有厘清清刻的规律。黄裳先生最喜欢"清刻之美"，编有《清代版刻一隅》，也只是举出他所见过的清刻，一书一图，重在欣赏，无法看出清刻的全貌。事实上也没有人敢说看遍了所有的清刻本，看得越多情况会越复杂，越难理清头绪。

（二）清刻本的价值

清刻本虽然时代近，但自有它的价值，一点不比明刻本差，许多刻本质量甚至要远超宋元本。

1. 朴素实用。比起明刻，清刻本不尚奢华，往往用竹纸，开本也比较小，字体也不像明刻本那么大，内府殿本和晚清官书局本因为是纯官方的，比较例外，行间距也较小，无论字墨还是纸张，似乎都远不如嘉靖本大气、漂亮、考究。明代有许多很有观赏价值的书，除了嘉靖本外，如万历之后的徽州、金陵版画，更有套印本色彩绚烂夺目，如程大约《程氏墨苑》、胡正言《十竹斋书画谱》《笺谱》、吴发祥《萝轩变古笺谱》、闵齐伋《六幻西厢》都极漂亮美观。按理说，时代在进步，以清人的雕印水平一定会出现比明代更多更精美的作品，然而除了康熙初年李渔《芥子园画传》之外，后来几乎再没有出现过。这很耐人寻味，不是清人财力与印刷水平有问题，而是清代的观念变化了。清代的文人与学者不像明末那样追求耳目玩好，不追求明末的奢华之风。清初康熙禁止文人结社干政，借文字狱毁禁明末有碍书籍，又在科举的利诱下，社会形成了闭户读书、科举入仕的风气。

2. 实学考据。清初顾炎武、阎若璩时代形成的考据学，到乾嘉时代而大盛，考据学派成为清代最大的学术派别，远超汉唐成为中国古代学术的高峰。清人刻书，小说、戏曲等通俗文学不能与明代争胜，但经史考据之学，明代却难以望其项背。清代最有价值的书，就是经过学者认真训诂、反复校勘的群经子史，几乎历史上所有的名著，都有清人研究过。清人批评明代人常说"束书不观，游谈无根"，确中明人之弊。当然清代也不乏那些"村学究"式的高头讲章，"兔园册子"，没有什么价值。

3. 校勘精审。比起明代人的师心自用、乱改古书，清代人的态度要严谨得多。不仅清代殿本内容质量远高于明司礼监本，清代各地官刻本和官书局本也要高于明代的官刻本。清代学者研究考订之作最有价值，特别是清人刻书的校勘记，需要有广博的学识和训诂考据水平才能做到，清代一些汉学家像戴震、惠栋、钱大昕、段玉裁等训诂考据之作，至今仍无人能够超越。

4. 避讳严格。清代是一个严格避讳的朝代，其避讳比起宋朝还要严格得多。不论是清人自著的作品，还是翻刻前人的作品，都有严格避讳。即使是影刻宋版书，宋讳固然要避，涉及清代帝讳也要严格避讳，敬缺末笔，不因影刻而稍稍松懈。

二、 清代刻本的分期

1. 顺治到康熙中期，受明末影响的清初刻本

清初期顺治至康熙中期。大致以康熙十九年（1680）设立武英殿修书处为界。这一时期，刻书基本上还是沿袭明代末年风格。明末流行的硬体字，如长方体字、汲古阁开创的扁宋与方正宋体，都有很大的市场。内府刻书，清初基本仍是像明代一样由司礼监那班人负责。司礼监到明代后期，已经形同虚设，刻书远不如嘉靖以前那样量多质优，写刻纸张也大不如前。且明末的书籍都普遍改为线装了，而司礼监仍保留着蝴蝶装包背的装订形式。顺治十二年（1655）刻的《资治要览》仍同明经厂本差不多。康熙时内府刻书有了大的发展，康熙十九年（1680）内府设立武英殿修书处负责刻书。明末以来流行的方正的宋体字成为刻书的主流。方正宋体主要是汲古阁的宋体字，而不是万历时横竖等粗的宋体，其在康熙殿本中得到应用并成为清代以后乃至今天的标准宋体字。

2. 康熙后期到嘉庆时期，清刻本的繁盛期

康熙一朝刻书质量很高，但除了内府之外，整个社会上的家刻与坊刻，纸张却比较差一些，不仅不能与正德、嘉靖时比，比起万

历时期也不如。一方面，可能是清初社会尚未从明末的战乱中完全恢复，整个社会经济比较凋敝；另一方面，清初的朴素节俭之风影响当时人们的观念，不像晚明那样重奢华与赏玩，清代人重内容而不过于重形式。

康熙后期至嘉庆是清代刻书最繁盛的时期。康熙时实行的文字狱等政策，包括对明末一些书籍的毁禁，其中当然有一部分涉及满洲历史、触犯清代忌讳的书，但大量的是明末书坊任意割裂古书、删节经史、粗制滥造的坊刻本，如为读书人应试编的许多历朝"捷录"和科举用的小类书，割裂正史，投机取巧。各种世俗流行的小说、戏曲，明末类似《金瓶梅》《醒世言》的很多，清初也有不少，康熙时严厉禁止这类书籍。康熙以后的小说、戏曲就比较正统，很少有明代那样大胆的描写了。也正是在这种社会氛围下，建阳的书坊失去了它的市场，开始走向衰落，至清初后基本消亡，王士祯说："建本不复过岭。"（《居易录》卷十四）清初和康熙间的刻书，封面用颜体大字，序也往往用颜体大字或草书大字，成为这一时期刻书明显的标志。

3. 道光至咸丰的刻书，清刻本的中衰

道光以后，清代进入了多事之秋。自嘉庆后期，各地的白莲教起义和农民起义越来越多，太平天国和捻军给清廷很大的打击。在外又面临着来自西方列强的入侵，社会的性质在发生改变，学习西方、救亡图存的洋务运动成为当时社会的主要思潮。由于这一阶段战争所带来的社会凋敝，除内府与官书局有雄厚的财力之外，整个社会的印书，比起乾嘉之前要大为逊色，像乾嘉那样精美的馆阁体写刻已经极少出现。用方正宋体的占大多数，软体写刻也远不如乾嘉时代。印书纸张多用黄色竹纸，纸墨质量均大不如前。

4. 同治光绪宣统时期，清刻本的复兴

清末以后，随着洋务运动的兴起、改良维新思潮的涌动，西学书籍大量涌入。洋务派主要人物如曾国藩、李鸿章、左宗棠、张之洞在全国各地设立了许多官书局，刻了大量实学的书籍。如江南制造局翻译并刻印、编排了规模庞大的《江南制造局译书汇刻目录》，全是科学技术类书籍。随着西方印刷技术如石印、铅印进入中国，给中国的印书业带来了前所未有的变化。传统的雕版印刷逐渐让位于石印、铅印，新的印刷技术带来印书种类与数量的猛增。晚清的许多书不再采用雕版刷印而采用石印或铅印，仿宋元版的古籍也不再是覆刻或影刻，而采取了新的照相石印制版及珂罗版，出现了真正的影印，细节上与原刻完全一致。同治、光绪、宣统三朝统治时间不长，但刻印书的数量却相当多，特别是石印技术带来了清末大量重印翻印前代古籍之风。

三、 清刻本的主要类别

（一） 内府刻书

武英殿本。清代自从顺治时就有刻书，康熙十九年（1680）始设武英殿造办处，有亲王总领其事，有总裁、提调、总纂、纂修、协修等职官，大多由翰林出身的人主其事，之后的内府刻书又称武英殿本，简称"殿本"。内府集中了许多进士出身的著名学者文人编校，故清代内府刻书质量相当高，远非明代内府司礼监可比。《周易本义》是覆刻宋本，《御纂周易折中》《御纂诗经折中》《御纂性理精义》《钦定书经传说汇纂》《钦定诗经传说汇纂》都是仿宋本的软体刻本。

图 7-1 《千叟宴诗》，乾隆五十年（1785）武英殿刊本

康熙时内府刻《日讲易经解义》《日讲书经解义》《日讲四书解义》《御纂朱子全书》《幸鲁盛典》《御定词谱》《康熙字典》《御批资治通鉴纲目》《佩文韵府》，都是方正的宋体字刻印的。康熙时用铜活字排印的《古今图书集成》一万卷至雍正时方完成，乾隆时方正宋体印书也明显多了起来。

雍正时刻印的《骈字类编》《圣谕广训》《大清会典》《圣祖仁皇帝御制诗》《御制律历渊源》，乾隆时刻印的《御选唐宋诗醇》、《御选唐宋文醇》（图7-2），都是馆阁体。

乾隆时内府刻书最多，达到顶峰，绝大多数都用宋体字。《十三经注疏》之后，乾隆四年（1739）起刻印了二十一史（图7-3），加上《明史》、《旧唐书》和四库馆臣辑本《旧五代史》，合称"二十四史"。十三经、二十四史，每卷后面都有考证，校勘不同版本文字，比较文字异同得失，至今仍是最权威的版本。

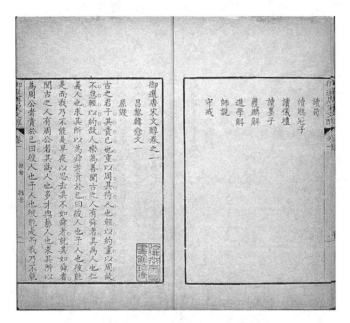

图 7-2　《御选唐宋文醇》，清乾隆三年（1738）武英殿四色套印本

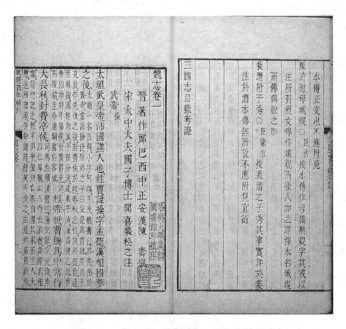

图 7-3　《三国志附考证》，武英殿校刊本

内府这么多大型的丛书雕版，当然还剩许多边角余料，又用边角余料刻了古香斋袖珍本丛书，计有《古香斋袖珍四书五经》《古香斋袖珍史记》《古香斋袖珍通鉴纲目三编》《古香斋袖珍古文渊鉴》《古香斋袖珍朱子全书》《古香斋袖珍渊鉴类函》《古香斋袖珍初学记》《古香斋袖珍施注杜诗》《古香斋袖珍春明梦余录》等等。又用余料制木活字，把四库馆臣从《永乐大典》中辑出的 138 种书，用木活字排印了《钦定武英殿聚珍版丛书》。

嘉庆时武英殿刻《钦定胜朝殉节诸臣录》《高宗圣训》《钦定明鉴》等，远逊康乾，武英殿刻书从此就衰落了。

内府刻书除了皇宫内有刻书之外，还有阁臣在外地接受皇帝之命而刻印的书，如康熙四十四年（1705）曹寅在扬州使院奏请设立扬州诗局，编刻了《全唐诗》。康熙四十六年（1707）内府刻《佩文斋咏物诗选》《历代题画诗类》《历代赋汇》《佩文斋书画谱》《渊鉴类函》《御制全唐诗录》《御选宋金元明诗》，用的都是馆阁体字。曹寅还出资刻了《集韵》《禁扁》等"楝亭藏书十二种"，风格都大致相近。虽刻于扬州，也属于内府刻本，也归入殿版。曹寅去世之后，扬州诗局仍继续刻书，到嘉庆时还刻了规模巨大的《全唐文》。

清代殿本刻书，颁发各省，允许各省照殿本翻刻，并准予人们就近刷印甚至坊间贩卖，民间有愿翻刻的也"听其自便，毋庸禁止"（《高宗实录》卷七十），扩大了殿版书的传播范围，但带来的问题就是内府刊本与翻刻本的混淆，如国子监就据殿版翻刻过许多士子常用的书，如《御纂周易折中》《钦定书经传说汇纂》《钦定诗经传说汇纂》等，各省也有翻刻的，官书局翻刻的更多，读书人几乎人手一编。这些翻刻的本子，看起来字体版式都很相似，但都不是殿版。有许多图书馆或藏书家都把这种翻刻版当作殿本对待。这是殿版鉴定时需要留意的地方。

殿本原刊本一般都用上好的纸张——开化纸或开化榜纸印刷（图7-4、7-5），纸质洁白细腻，但也准许满汉官员备纸刷印。同时为满足一般读书人的需要，用较便宜的太史连纸印刷，供士子购买。像《御批资治通鉴纲目》《康熙字典》《全唐诗》《御选唐宋文醇》等文人需求较大的书都有许多太史连纸印本，纸张轻微发黄，比竹纸质地厚、韧性好。这些虽不是殿版初印，却是很常见的殿版书。各地翻刻的殿版书用纸各不相同，但会在封面上标明刻印机构名称。

（二）文人学者家刻

清代学术发达，学术的繁荣要远远超过明代，特别是"汉学"即乾嘉考据学派兴盛，出现了众多训诂考据学者，他们以考据校勘见长，在刻书上就体现为校勘的精细准确。这些学者中有不少人也刻书，因此出现了与宋明不同的家刻特点。清代名学者很多，如康熙时有朱彝尊、徐乾学，乾隆时有黄叔琳、卢文弨、卢见曾、钱大昕、鲍廷博、黄丕烈、孙星衍，嘉庆、道光时有阮元、毕沅、胡克家、梁章钜、秦恩复，同治、光绪年间有汪士钟、缪荃孙、王先谦、黎庶昌、叶德辉，等等。

清代的家刻一类是刻自己的著作或前人时贤的作品，一类是刻学者校勘、注疏考证之作，还有一类是一些藏书家或校勘学家辑刻宋元古本丛书，出现了许多有价值的丛书。如康熙三十二年（1693）钱塘高士奇刊《江村销夏录》及《天禄识余》，康熙三十五年（1696）宋荦刻《古今韵略》，康熙三十八年（1699）宋荦刻《施注苏诗》，康熙四十六年（1707）华希闵刻《薛先生文集》，康熙五十

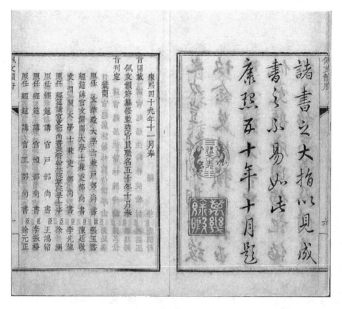

图 7-4 　《佩文韵府》，清康熙时期内府刊本，开化纸印本

图 7-5 　《曲谱》，清康熙时期内府朱墨套印本

二年（1713）上海曹培廉城书室刊《赵文敏公松雪斋全集》，康熙间惠栋红豆斋刻《渔洋山人精华录训纂》，雍正九年（1731）陆钟辉水云渔屋刻《重刊校正笠泽丛书》，等等。

乾隆嘉庆时期亦有：微波榭刻本《𬨎轩使者绝代语释别国方言》，戴震疏证；乾隆四十八年（1783）毕沅灵岩山馆刊《山海经新校正》；嘉庆九年（1804）鄂不馆刊《竹书穆天子传》（图7-6），洪颐煊校；嘉庆十四年（1809）刻张惠言《茗柯文》初编至四编；嘉庆二十一年（1816）对山问月楼刻《古微书》。

清代学者还辑刻了许多校勘精良、有价值的学术性丛书，如曹溶《学海类编》，吴骞《拜经楼丛书》，张海鹏《学津讨原》，卢见曾《雅雨堂丛书》（图7-7），卢文弨《抱经堂丛书》（图7-8），黄丕烈《士礼居丛书》，孙星衍《平津馆丛书》，鲍廷博《知不足斋丛书》，钱熙祚《守山阁丛书》，潘祖荫《滂喜斋丛书》，毕沅《经训

图7-6　《竹书穆天子传》，鄂不馆刊本

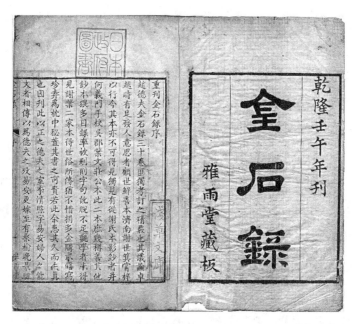

图 7-7 《金石录》三十卷，乾隆二十七年（1762）德州卢氏雅雨堂精写刻本

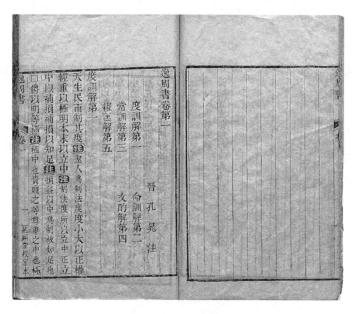

图 7-8 《逸周书》，卢文弨抱经堂刊本

堂丛书》，阮元《文选楼丛书》，缪荃孙《云自在龛丛书》《藕香零拾》，等等。

这些名家学者的家刻本，不像殿本那样用开化纸或开化榜纸，大多用罗纹纸或连四纸，甚至很普通的竹纸，但都认真校勘，质量很好，有很高的学术价值。罗纹纸是清代的名纸，色泽洁白，质地细腻，有明显的横纹，与丝绸的罗纹相似，康熙时席启寓《唐百家诗》即用罗纹纸印。连四纸虽然也是竹纸，但清代以后抄造纸张技术越来越成熟，其纸质细腻洁白，漂得与宣纸一样白，价廉物美，清代非常流行。内府刻书如果针对民间一般读书人销售，则多用太史连纸。如康熙时《全唐诗》、雍正时《唐宋诗文醇》至今仍有许多用太史连纸印本。至于一般的文人，不可能用太高档的纸张，用近于连史纸的米黄色纸，称为黄纸，价格更低廉，道光以后也很普遍。

（三）书坊刻本

清代书坊没有明代繁多，但全国各地都有。清初以南京、苏州最繁盛，清中期以后北京琉璃厂书店最集中，至晚清则上海崛起，独占鳌头。

清初苏州洞庭席启寓藏书刻书，官至工部衡虞司主事，室名琴川书屋，又开扫叶山房刻书，康熙三十八年（1699），康熙南巡曾亲至其家园林。扫叶山房从清初买下毛晋汲古阁"十七史"版片开始印书，传至乾隆、嘉庆时，扫叶山房更发展壮大，到同治、光绪时行销全国，一直办到1955年停业，历史最为悠久。李渔的芥子园也是兼有家刻性质的书坊（图7-9），李渔之后就完全成为一个书坊。金陵奎璧斋从明末开办，也延续至清末。北京琉璃厂、南京三山街都是书坊最集中的地方，著名的书坊如北京的五柳居、鉴古堂、萃

图 7-9 　《芥子园画传初集》五卷，康熙年间芥子园彩色套印本

文堂、宝文堂、老二酉堂、善成堂，苏州的金阊书业堂、聚文堂、文学山房，南京的石渠阁、奎璧斋、大业堂、芥子园、李光明庄、聚锦堂、德聚堂、怀德堂，等等。晚清尤以南京李光明庄影响巨大，在夫子庙状元境开店。李光明，字椿峰，号晓星樵人，一生刻书167种（据曹之《中国版本学概论》），多通俗读物。

　　书坊除了自己刻书外，往往经营代人刻书业务。乾隆、道光间金陵刻工刘文奎家族刻书特多，刘文奎、刘文楷、刘文模、刘觐宸、刘仲高、刘汉洲等人世代以刻书为业，专营代人刻书业务。刘文奎乾隆五十二年（1787）为赵怀玉刻《韩诗外传》《亦有生斋集》《炙砚琐录》，五十四年（1789）为《抱经堂丛书》刻《颜氏家训》，还刻了《拜经堂丛书》《平津馆丛书》等多种，类似于后世的印刷公司。

（四） 晚清官书局刻书

清末武英殿刻本衰落了，但各地官书局却兴盛了。官书局是地方上官营的专门刻书的机构。它是在洋务运动影响下出现的新型出版机构。最早的官书局是同治二年（1863）曾国藩创立于安庆、次年迁于南京的江南书局，后改称金陵书局。同治六年（1867）于杭州设立浙江书局，同年李瀚章在湖北武昌奏设崇文书局，张之洞光绪十三年（1887）在广东奏设广雅书局，此外成都有四川书局，长沙有湖南书局，济南有山东书局，南昌有江西书局，扬州有淮南书局，全国各地的官书局有数十家之多。在晚清官书局的影响下，书局成为一种很时髦的名称，有些书商就会用"书局"为堂号印书。如日本早稻田大学风陵文库中有一册《新编绣门帘代古人名》的说唱本，刻书堂号是"第一书局"。之后出现了许多号称"书局"而非官营的坊刻机构。

官书局都由各省督抚奏设，延请知名学者编书校勘，专门从事编校刊刻工作，其质量比起一般官刻本要高许多，印刷质量也好，是清末刻书中的佼佼者。如金陵书局由张文虎、戴望、刘毓崧主持审校，刻了《王船山遗书》《五种遗规》《十三经读本》《读书杂志》等。金陵书局刻张文虎校勘的《史记三家注》是《史记》校勘名著，中华书局后来的校点本都以它为底本。浙江书局由俞樾、谭献、黄以周等名家主持，刻有《御纂七经》《二十二子》《十三经古注》《玉海》《王文成公全集》《唐宋文醇》《郑氏佚书》，并覆刻殿本"九通"等大部头书籍。其中《二十二子》以清代名家校勘为底本又加订正，质量非常高。广雅书局由张之洞邀请屠寄、王仁俊、叶昌炽等校阅，刻有《广雅丛书》，翻刻《钦定武英殿聚珍版丛书》以及《全唐文》等大部头书籍。广雅书局刻的赵一清《三国志补注》是流传稀少而精良的著作。崇文书局刻有《字典考证》（图 7-10）、《湖北通志》、《清会典》、《吏部则例》、《子书百家》、《唐宋八大家类选》等，章宗源《隋书经籍志考证》向称考据名著。湖南书局刻有《王船山遗书》《曾国藩全集》《汉书补注》《墨子间诂》。金陵书局、淮南书局、江苏书局（在苏州）、浙江书局、崇文书局还联合刻了"二十四史"。这些书的质量都比较高。

晚清的官书局除了一部分仿宋元刻本外，绝大多数都是宋体字，特别是比较扁的宋体字很流行。这主要是因为五局合刻的大部头史书"二十四史"，其中的"十七史"都是据汲古阁本翻刻的，所以扁宋字在局刻本中很多，一望便知是清末局刻本。写刻工形成这种

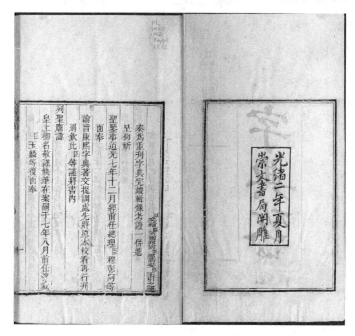

图 7-10　《字典考证》十二集，清光绪二年（1876）崇文书局刊本

写刻风格后，刻其他书也会这样，许多局刻本都是扁宋体，如清光绪三年（1877）湖北崇文书局刻《隋书经籍志考证》，长沙传忠书局刻《曾文正公杂著》《三十家诗钞》也都是扁宋体。

四、 清刻本的鉴定方法

清刻本虽然什么字体版式都有，很难总结出其规律，但不代表清刻本不好鉴别。我们可以先从字体上来说。

（一） 看字体

1. 馆阁体刻本

清代的馆阁体刻本远超明代，整齐规范，流畅优美，在清刻本中具有独特风貌，具有很高的艺术价值，是清刻本中成就最高的。

清代内府与学者家刻常用馆阁体字，馆阁体到清代，无论从规范、整齐还是清秀方面来看，都达到了软体写刻的顶峰。写稿固然漂亮，刀工尤为精细，丝毫看不出刀工的痕迹。在清代，馆阁体写与刻的工价要比宋体和一般软体字高许多。内府刻书中，宋体字叫硬字，馆阁体字叫软字。《大清会典事例》"内务府"规定的刻字工钱："刻宋字，每百字工价银八分；刻软字，每百字工价银一钱四分。刻书内图像，量其大小多寡酌给工价。若枣木版加倍。写宋字版样，每百字工价银二分至四分不等，写软字每百字工价银四分。"[①]清内府刻本许多书软体就是用馆阁体刻印的，如王原祁等纂《万寿盛典初集》（图7-11）、《骈字类编》、《佩文斋书画谱》等等。

---

① 《大清会典事例》卷一千一百九十九"内务府·书籍碑刻·匠役"，光绪石印本。

图 7-11　《万寿盛典初集》，清康熙五十六年（1717）内府刻本

　　除了内府，文人刻书用馆阁体也很普遍。康熙间有朱彝尊《明诗综》，汪氏垂云堂刻《才调集》，席氏琴川书屋刻的唐人集，康熙戊子（四十七年，1708）张伯行正谊堂《居济一得》，康熙四十四年（1705）王士禛《香祖笔记》，康熙刻本《盘山志》，康熙间刊本朱彝尊补释《石柱记》，康熙间武林芹香斋精刊《南宋杂事诗》，康熙六十一年（1722）查嗣瑮《查浦诗钞》。雍正四年（1726）宜兴赵氏松雪斋刊钱曾《读书敏求记》精刊本，雍正、乾隆间方观承刻《方百川先生经义》（图7-12）都非常优美，不比内府刻本差。乾隆间有卢见曾刊《雅雨堂丛书》《经义考》，姚培谦《春秋左传杜注》，傅泽宏《行水金鉴》，等等。

　　馆阁体刻书也不是都完全一样，也有一些差异，大概可分为三类：第一种硬朗瘦劲，如康熙三十年（1691）王士禛《蜀道驿程记》《唐贤三昧集》，徐乾学为纳兰性德刻的整套《通志堂经解》，都属于这一类较刚劲的字体。第二种占大多数，工整规范，圆润秀气，康熙三十四年（1695）汪立名刻《韦苏州诗集》（图7-13），康熙三十八年（1699）顾嗣立刻《施注苏诗》，康熙四十七年（1708）席启寓琴川书屋仿宋刻本《唐百名家全集》，康熙四十八年（1709）《御制宋金元明诗》，这类字有些近于欧体，但实际上仍属于当时流行的馆阁体风格。第三种较流畅灵动，如康熙时林佶写刻的《渔洋山人精华录》《尧峰文钞》《午亭文编》《古夫于亭稿》，号称"林佶四写"，天下闻名。武林芹香斋写刻的《南宋杂事诗》，在纯熟的馆阁体中又不失自己的风格，也很名贵。即便是苏州的家谱、族谱，也都刻得很规范（图7-14）。

康熙歙县罗挺刻《杜诗提要》、雍正三年（1725）新安吕氏刻《梦月岩诗集》（图7-15），都极规范，我们今天印刷业的楷体字就是从乾隆时期馆阁体字定型的。

图7-12 《方百川先生经义》，
方观承刻本

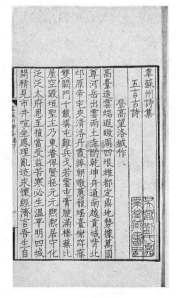

图7-13 《韦苏州诗集》，
汪立名刻本

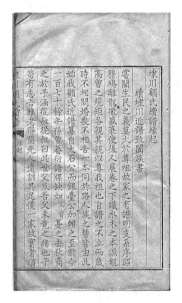

图 7-14 《埭川顾氏续谱》，
雍正九年（1731）刊本

图 7-15 《梦月岩诗集》，
新安吕氏刊本

道光以后直至清末，馆阁体变得间架宽大，笔画较粗。再到清末，石印兴起，字画便愈来愈粗，也愈来愈俗。（图 7-16、7-17）

2. 宋体字刻本

正方体字继承明末以来的传统，顺治、康熙时内府刻书，即多用此体。这类字，经过汲古阁的刻书，在明末清初得到普及，后来的方正宋体，都是由此沿用而来，形成了固定的风格。如顺治年间刻《御制人臣儆心录》满汉文（康熙时刻印），用的就是方正宋体。康熙刻本李光地《安溪先生榕村讲授》，康熙六年（1667）季振宜静思堂刊钱谦益笺注《杜工部诗集》，康熙十四年（1675）师古斋《许氏说篆》（钤印本），康熙二十八年（1689）《幸鲁盛典》，康熙二十九年（1690）《孝经衍义》，康熙年间刻《汇纂功过格》等，从康熙以后基本都没有什么变化了。清代的正方宋体字，在小说、戏

图 7-16 　《钦定大清会典图》，光绪刊本

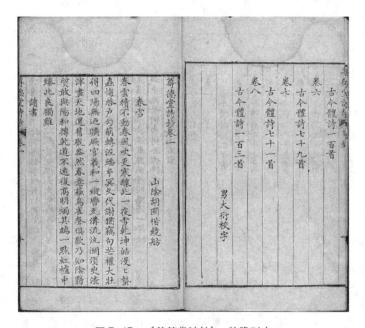

图 7-17 　《尊德堂诗钞》，乾隆刊本

曲以及一些科举高头讲章中用得特别多，但这类书因为不受大家特别重视，为了节省成本，往往字间距、行间距都很密，看起来密密麻麻，非常不舒服。

顺治及康熙初年刻本非常接近明末天启、崇祯的风格：长方字体，字小行疏，版面疏朗美观。如周亮工《闽小纪》、《钦定词谱》、《曲谱》（图7-5），顺治十二年（1655）刊《礼记说约》，顺治十五年（1658）刊贺仲轼《春秋归义》，康熙十九年（1680）叶氏刊叶盛《水东日记》，康熙二十六年（1687）刊《安定先生周易口义》，康熙三十年（1691）敬恕堂刊李士麟选《文韵集》，康熙三十五年（1696）桂山堂刻《太极图说论》，康熙时期书林陈道生刊《东坡养生集》，等等。

入清以后，原来汲古阁略带颜体筋骨的扁宋体字也很流行，大到封面的书名、书前的序言，小到书内正文，如顺治间庄同生《红窗百咏》就是这种汲古阁体。扁宋字，字间、行间距疏朗，给人一种爽心悦目的美感。康熙四年（1665）刻《武经七书开宗合纂全题汇解》，康熙十年（1671）存仁堂刊清周弘起《大易疏义》，天禄阁刻《唐诗正》，邵远平刻《弘简录》，毛奇龄自刻《毛翰林集》，高士奇自刻《江邨消夏录》《天禄识余》，屈大均自刻《广东新语》，林云铭康熙中期自刻《楚辞灯》《古文析义新编》《韩文起》，杭州云林寺刻《济颠语录》，康熙间刊《辟疆园杜诗注解》（图7-18），康熙间刻《唐诗韵会汇谱》，赵吉士《寄园寄所寄》，也都采用这种字体。乾隆以后偶有一些，如乾隆二十五年（1760）钱塘王琦宝笏楼刊《李长吉歌诗》，但是就比较少了。

到了晚清官书局刻书，扁宋体字一下子又增多起来，成为一时

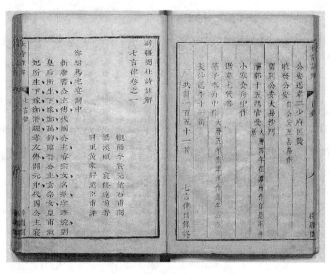

图 7-18 《辟疆园杜诗注解》，辟疆园刊本

的潮流。但晚清局本的扁宋体，与康熙时的扁宋体还是很容易辨别的，康熙扁宋体字字间距宽疏，看起来比较清爽疏朗，而官书局本字间距很小，墨也不如康熙时好，密密麻麻，看起来黑压压一片，缺乏美感。（图 7-19）

3. 仿宋元刻本

清代也有一些仿宋元版而刻的书。如康熙时武英殿仿南宋咸淳本《周易本义》，即上文所引的"软字"刻本，字大墨浓，看起来非常悦目，但与宋本原版差距很大。如康熙时缪曰芑覆宋蜀本《李太白文集》也是这样，字体基本上不脱馆阁体字本色。清代比明代规定更严格，写馆阁体小楷是清代所有读书人每天的功课，梁启超曾批评花大好时光于写小楷之上，因此清代文人的字绝大多数都带有浓重的馆阁体痕迹，在覆刻宋元版书上往往能看出其馆阁体痕迹来。清代前期覆刻本中，只有康熙时徐树榖刻的《哀江南赋》等少数几种忠实于宋本原貌。

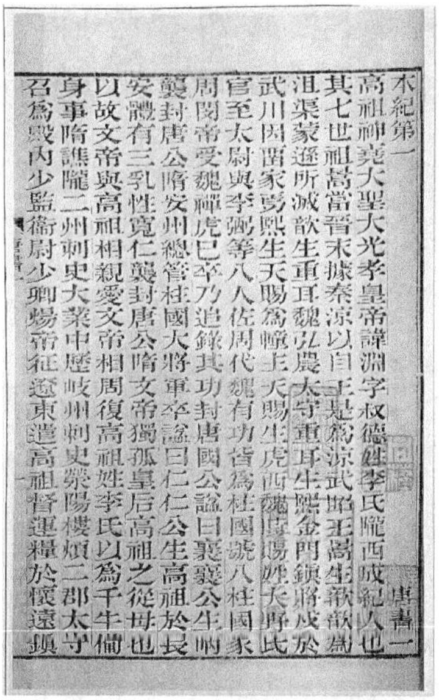

本紀第一　唐書一
高祖神堯大聖大光孝皇帝諱淵字叔德姓李氏隴西成紀人也
其七世祖暠當晉末據秦涼以自王是爲涼武昭王暠生歆歆爲
沮渠蒙遜所滅歆生重耳魏弘農太守重耳生熙金門鎮將戍於
武川因留家焉熙生天賜爲幢主天賜生虎西魏時賜姓大野氏
官至太尉與李弼等八人佐周代魏有功皆爲柱國號八柱國家
周閔帝受魏禪虎已卒乃追錄其功封唐國公謚曰襄襄公生昞
襲封唐公隋安州總管柱國大將軍卒謚曰仁仁公生高祖於長
安體有三乳性寬仁襲封唐公隋文帝獨孤皇后高祖之從母也
以故文帝與高祖相親愛文帝相周復高祖姓李氏以爲千牛備
身事隋譙隴二州刺史大業中歷岐州刺史滎陽樓煩二郡太守
召爲殿內少監衛尉少卿煬帝征遼東遣高祖督運糧於懷遠鎮

图 7-19　《新唐书》，同治十二年（1873）浙江书局刊本

清代仿宋元刊本与明代正嘉年间的仿刻不同。正嘉间仿刻着意于写诗作文，重点在于唐诗古文，清代翻刻除了诗文外，更看重的是学术性。正嘉只是翻刻，不管校勘，而清代仿宋刻本非常注重校勘：拿宋本（或元本）与其他通行版本对照，校出其文字差异，分析其正误及原因，往往在全书卷尾附上校勘记或者“考异”。这种翻刻就比明代翻刻本更可靠，也更有学术价值。

当然这些考异或校勘主要靠那些训诂家或考据家主持。清代考据学兴盛，出现了许多博学的训诂考据家。除了前面“文人学者家刻本”中所列之外，还有乾嘉时的收藏家黄丕烈、顾广圻、陆心源，清后期的汪士钟、丁丙、傅增湘等。黄丕烈为松江沈氏仿刻有《士礼居丛书》，顾千里为当时的文人学者如孙星衍校刻宋本《说文解字》、《古文苑》、《唐律疏议》（实为元刻本），为黄丕烈校刻《国语》、《国策》，为胡克家校刻宋本《文选》、元刻本《资治通鉴》，为张敦仁摹刻宋抚州本《礼记郑注》。此外，有和珅刻宋本《礼记注疏》，汪士钟刻《仪礼单疏》《郡斋读书志》，阮元摹刻宋余氏勤有堂本《新刊古列女传》，孔继涵刻《孟子赵注》，道光四年（1824）鲍崇城扬州穆西堂覆刻宋绍兴九年（1139）临安府刊本《汉官仪》，道光十年（1830）江都石研斋刻《唐人三家集》，号称"影宋本开雕"，字体都带着明显的馆阁体痕迹。这些学者的主要兴趣是校勘考证，为后人提供最准确可靠的版本，倒不在乎字体与版式是否惟妙惟肖，形似方面远逊汲古阁。有些刻书的字体与宋元刻本有很大差别，并不怎么像宋刻元版，相似度比起嘉靖覆刻本甚至还要差一些。如道光四年（1824）扬州汪氏问礼堂影刊宋绍熙建阳余仁仲《春秋公羊经传解诂》，如果与宋版原书一对比，就知道差别很大，宋本颜体笔锋全然不见了（图7-20、7-21）。

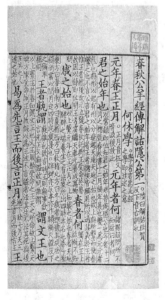

图7-20 绍熙二年（1191）
余仁仲万卷堂刻本

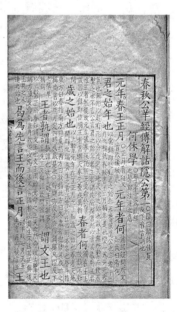

图7-21 道光四年（1824）扬州
汪氏问礼堂影刊本

清末光绪时，仿宋元刻本有了更大发展，大都采用影刻，力求笔画酷肖，也更接近于宋元刻本原貌，如陈三立仿刻宋本《黄山谷集》，端方仿刻宋本《东坡七集》《南岳总胜集》，武进费氏影宋刊本《中兴间气集》，光绪十三年（1887）宝章阁仿南宋绍兴建康府学本《六朝事迹编类》。影响最大的是光绪八年（1882）黎庶昌出使日本，杨守敬作为随员，大力访求日本所藏中国古本书籍，除了购买佚书外，还把最有价值的中国已佚古书影刻出来——在日本延名匠影刻，用日本美浓纸刻印了二百卷的《古逸丛书》，其精美超过以往所有摹刻、影刻，当时在国内甚至在日本都引起了轰动。晚清一些藏书家如缪荃孙、董康、陶湘、徐乃昌、刘世珩、刘承幹等纷纷影刻宋元古本，又形成一种热潮。清光绪三十年（1904）南陵徐乃昌影宋嘉泰本《云仙散录》就非常接近原本。晚清时的摹刻比清前中期要好得多，更接近宋元旧貌。与此同时，西方照相石印的方法传入中国，新的科技手段代替了雕版印刷，中国传统的仿刻、摹刻、影刻的技艺也就结束了。

清代仿宋元刻本的价值并不在于其复古性，人们看重的也并不是仿宋元刻的文物价值，而在于其远超明代的审慎态度与严谨翔实的校勘成果，故清代还有大量的依宋元本刻书都改用宋体字雕版，也同样具有学术价值。清代不同字体并没有精粗之分，只是刻书者的选择。殿本如此，家刻本也如此。卢见曾雅雨堂馆阁体刻本很多，也有方正宋体字刻本，乾隆四十三年（1778）刻的《金薤琳琅》即方正宋体字。有时一本书里有扁宋体，又有长方体，用方正的宋体刻书并不减损其文献校勘价值。

仿宋元刻本的鉴定倒是很容易的，因为与宋元本差别太大，很少能冒充宋元本的。不单单纸张与宋元不同，而且由于清代严格的避讳制度，即使覆刻影刻宋元版中遇到清代帝王的讳字，也必须严格避讳（图7-22）。这为鉴定其版本提供了确凿的依据。

（二）看封面

清代以后刻书往往都有了封面，即在书衣之后的内封面。学者家刻和书坊刻本最普遍。封面染了黄檗汁或万年青而一般呈黄色或红色，丹黄灿烂，非常醒目，也可以有效地防止虫蛀。也有不染色的封面。封面取代了以前的牌记，一般都会有书名、作者、刻书年月及书坊堂号，清代以后的书基本上没有牌记了。封面上往往钤盖堂号印或肖形印或作为版权标志的"图记"（图7-23、7-24），比牌记更能防止盗版。封面和图记可以帮助我们确定一本书的年代，这是最直接的方法。

当然，看封面也并不一定绝对准确，有时也要考虑其他相关因

图7-22　光绪间陈三立仿刻宋本《黄山谷集》，避清道光皇帝讳"宁"字

图 7-23 《成案质疑》，乾隆十一年（1746）刊本

图 7-24 《周易时论合编》，顺治十七年（1660）刊本

素，因为有些封面有可能是后加的。如明虞山钱岱编、姚宗仪校《南北史纂》，本是明隆庆、万历间刊本，后来书版归席氏扫叶山房，席氏遂加了一个封面"明南沙钱汝瞻纂《南北史纂》，扫叶山房藏板"（图7-25）。日本国立公文书馆据封面定为清刻本，就是过于相信封面了。此书实明刊原版，字体明显是隆庆及万历初版本常见字体，扫叶山房只是旧版刷印。扫叶山房印书往往在下书口标堂号，而此书通篇不标堂号，又不避清讳。另一个例子，余象斗《仰止子详考古今名家润色诗林正宗》本是明末刊本，到了康熙时，余氏后人重新刷印，换了个封面，加了一个署名余象斗的小序，摇身一变，成了清刻本。此类例子甚多，鉴定时须将封面与字体、避讳字诸方面一同对照考虑，才能得出正确的结论。

图7-25　《南北史纂》，清扫叶山房刊本

（三）看序跋

清代刻本往往比较规范，一般都有序跋，会交代本书的内容及刊刻原因。有的时候流传久了，书内还会有不同时代的若干篇序，或在书的最后有跋，其中时代最晚的序跋，就最接近刊刻的时代。当然序跋也有可能伪造，如前述。

（四）看避讳

清代避讳严格，人名、地名、朝代名犯帝讳都要改名，书中文字犯帝讳要缺末笔。具体方法如下：

康熙讳玄烨（烨），玄缺末笔，烨缺末笔。人名、地名中或改玄为元，如南京玄武湖改元武湖，北京玄武门改神武门。弦、炫、眩、率都缺"玄"字末笔一点。

雍正讳胤禛。胤缺末笔，或者胤改允；禛改为正，或在书文中缺末笔。

乾隆讳弘历（历）。弘缺末笔，或改为宏；历改为曆，或改为歷。如明代弘治年号改为"宏治"，清陈弘谋改名陈宏谋，乾隆以后历书改称为"时宪书"。

嘉庆讳颙琰，颙缺页下的末笔，或把炎下"火"写为"又"。

道光讳旻宁（宁），缺末笔，或写作甯（注意：宁、甯古为不同的两个字，春秋时有甯戚，东晋有学者范甯，明有甯贵妃，并不是避讳）。

咸丰奕詝（讠），詝缺末笔，兼讳佇。

同治载淳，淳改为湻，兼讳醇，作醕。

光绪载湉，缺末笔。

宣统溥儀（仪），改仪作羛或怡，或缺末笔（最后一撇）。

清人编的字书遇到讳字都严格标明避讳办法。清人对避讳很慎重，有的书如道光十八年（1838）周济编《晋略》，每个讳字都会用圆圈圈出来，很醒目。当然检查避讳字，最好要通篇检查，看最晚的帝讳，才能确定刻书的准确时间。清刻本有时也偶尔有遗漏讳字的。即使上举的严格标圈的《晋略》，在卷二十二中陆曄，"曄"字竟然漏了避讳。对于没封面、没序跋的书，查书中的讳字，看避到哪个帝讳，就是哪个时代的刻书，这可以说是最简便可行的办法。

第八章

活字本及其鉴定

　　活字本古籍要比雕版印刷的本子少得多，比写本、抄本也少，故在古籍中比雕版、写本、抄本都要珍稀。除了清末铅印的书和木活字家谱外，大多数清代以前的活字本都能归为善本书。

一、 活字本概略

　　与雕版不同，雕版是整版刻好然后印刷，活字本是雕出一个一个字，然后排出书来再印刷。

　　活字在古书中有许多别称：宋称沈氏活板（或沈存中法），是指沈括《梦溪笔谈》中介绍的毕昇活字法；元代又称活板、活书板、活字书板；明代称活板、便板、活套书板、合字板；清代称子板、排板、排字板、摆字板、集字板、集锦板、聚珍板、聚珍版；等等。

　　活字印刷术是中国四大发明之一，但在中国，活字印刷却始终并未普及。从理论上讲，活字看起来虽比雕版省事省力，制作一套活字可以一劳永逸印各种各样的书。事实上却不然。活字也有其不可克服的问题。一个字一个字地排版很容易出现错误，不像雕版手抄那样一气呵成，因此很少有校雠精良的善本。活字本不能整版长期保存，排后面就必须拆前面，将来如果重印，就需要重新排版。

雕版今天仍留下许多版片，但至今没有发现有保存下来的活字版，故活字本在今天就显得特别少。西方由于纸型的发明，铅活字排版后，压成纸型，可以浇铸铅版，进入到现代化印刷业，而中国仅止于手工排印，活字本比雕版要少得多。当然，物以稀为贵，活字本在拍卖与收藏中的价格要远高于一般刻本。

活字本按历史上的出现顺序，泥活字最先，其次为木活字、铜活字、铅活字。活字磁版历史上只有泰山磁版一家，其次以泥活字较为稀少，木活字最多。版本学上，对于材质不明的活字，概称活字。清末出现了西方传入的机器铸造的铅活字，翻印了大量的古籍，并以其先进工艺取代了传统的木刻与活字，成为一直沿用到 20 世纪末的最主要的现代印刷方式。

与刻本一样，活字本中也有极少一些套印本，如乾隆初印雍正时《朱批谕旨》，正文为墨色，批语及旁批用朱色。乾隆时《钦定诗经乐谱全书》《万寿衢歌乐章》，朱墨套印。乾隆时活字版《陶渊明集》、谢氏活字本《御选唐宋诗醇》均为四色套印，套色越多，难度越大，视刻本套印尤难而更珍稀。

二、活字本类别

根据活字制作材质的不同，历史上先后出现了泥活字、木活字、铜（锡）活字、铅活字四种。

（一）泥活字

大家都知道活字印刷起源于北宋庆历年间的毕昇。沈括《梦溪笔谈》有详细的记载。但毕昇发明的泥活字所印的书没有流传下来，在宋代也没有得到推广。我们今天能够知道的，仅有南宋绍熙四年（1193）周必大用这种胶泥铜版印了他的《玉堂杂记》（见《庐陵周益国文忠公集》卷一百九十八）。蒙古太宗时期，姚枢教弟子杨古以"沈氏活版"印了《小学》《近思录》《东莱经史说》诸书。[①] 张秀民先生《中国活字印刷史》引朝鲜 15 世纪金宗直《白氏文集》跋和《简斋诗集》跋考证杨古的活字是泥活字，上距毕昇泥活字差不多二百年。

　　甘肃武威市博物馆藏西夏文《维摩诘所说经》下卷（上卷、中卷藏俄罗斯圣彼得堡东方学研究所），后有西夏仁宗尊号题款，据该馆孙寿岭先生研究认定为泥活字本，约比毕昇泥活字晚百年，这是今天能够看到的最早的泥活字书。另，宁夏文物考古研究所藏《妙法莲华经集要义镜注》（国家珍贵古籍名录编号 09679）、《圆觉注之略疏第一上半》（国家珍贵古籍名录编号 09680，图 8-1）经鉴定都

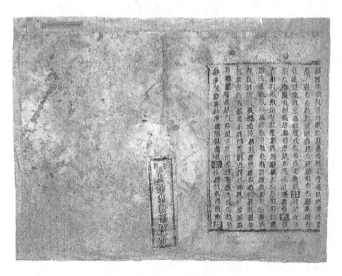

图 8-1　《圆觉注之略疏第一上半》

---

　　① 参见姚燧：《牧庵集》卷十五《中书左丞姚文献公神道碑》。

是西夏时期泥活字本。泥活字是所有活字中最稀少的，明代近三百年就没有明确认定的泥活字印本。

乾隆时吕抚的活字泥版。乾隆元年（1736），浙江新昌人吕抚用活字泥板印自己所著的《精订纲鉴廿一史通俗衍义》（图 8-2）二十六卷四十四回，半页十行，行二十二字，白口，四周单边。吕抚为秀才出身，创造了用 7000 个阴文正字的泥活字字母在泥版上印书的新方法，所制活字最少，且书版能固定保存，类似于后来铅活字的纸型。这是一种很有价值的发明创造，可惜没有推广开来，不为人所知。他的活字版可谓雕版与活字版的结合。（详见附录二）

图 8-2　《精订纲鉴廿一史通俗衍义》，吕抚活字泥版印本

李瑶泥活字本。道光九年（1829）苏州人李瑶在杭州用泥活字排印了《南疆绎史勘本》（图8-3），道光十二年（1832）排印《校补金石例四种》。

翟金生澄泥版。道光二十四年（1844）安徽泾县翟金生用泥活字排印自己的诗集《泥版试印初编》（图8-4）。翟氏称其泥版为澄泥版。其法先把细泥在水里浸泡过滤，增加泥的黏性，制作出的活字坚如骨角。把泥字摆在一起，故又称泥斗版、泥聚珍。造出大、中、小、次小、再小五种字号的泥字约十万个。道光二十六年（1846）又排印了黄爵滋《仙屏书屋初集诗录》（图8-5），半页九行，行二十一字，白口，左右双边。道光二十八年（1848）排印《修业堂初集》十八卷，半页九行，行二十一字，白口，四周单边。咸丰七年（1857），其孙翟家祥排印《泾川水东翟氏宗谱》。

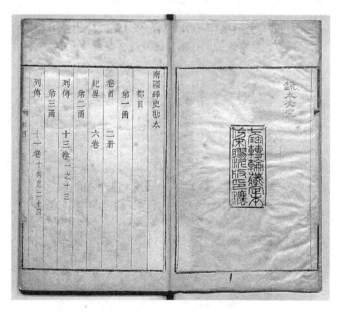

图8-3 《南疆绎史勘本》，李瑶泥活字本

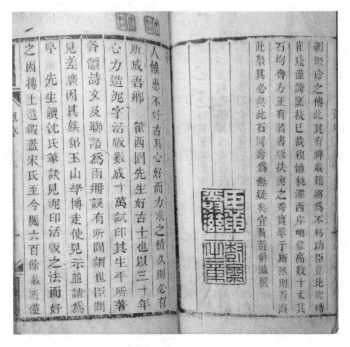

图 8-4　《泥版试印初编》，翟金生泥活字印本

图 8-5　《仙屏书屋初集诗录》，翟金生泥活字本

（二） 木活字

活字中木活字最多。毕昇最初曾试验过用木活字，发现木湿水后高低不平，故舍木而用泥。

元代东平人王祯始用木活字印书。王祯（清避雍正讳改为王桢），字伯善，山东东平人。他写《农书》时因字数太多难于刊印，创制木活字三万多个，两年完工。大德二年（1298）在旌德县尹任上，用木活字试印他编写的《旌德县志》，全书六万字，不到一月而百部齐成。这部县志已佚。后来江西开雕了他的《农书》，王祯的《造活字印书法》因为为《农书》而作，附于其书后。《农书》现存最早刊本是嘉靖九年（1530）山东布政司刊本，其第二十二卷后附《造活字印书法》，有图有文，详细叙述了他的木活字工艺。

元广平人马称德，字致远，至治二年（1322）用木活字印《大学衍义》四十三卷。国家图书馆藏元《御试策》，边框四周接缝处缺口很大，横行参差不齐，墨色浓淡不均，确认为元代木活字本。

现存最早的木活字印书，当为元初西夏文活字版《大方广佛华严经》。内卷五题款中有"雕碎字"者都罗氏。宁夏文物考古研究所藏西夏文《吉祥遍至口和本续》（图8-6）也是经专家确认的最早木活字本之一。

明代木活字有书名可考者一百余种，多为万历时印本。清龚显曾说："明人用木活字印刷书，风乃大盛。"现存最早的明木活字书是弘治间碧云馆活字印本《鹖冠子》（图8-7），为清修《四库全书》时两淮盐政呈送内府的扬州马裕藏书，为四库底本。后来乾隆时的"武英殿聚珍版"字显然受此书启发。

东湖书院嘉靖丁酉（十六年，1537）印海虞钱璠《续古文会

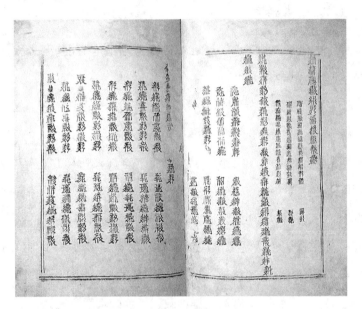

图 8-6　《吉祥遍至口和本续》，存九卷

图 8-7　《鹖冠子》，明弘治间碧云馆活字本

编》，版心下方有"东湖书院活字印行"，东湖书院还排印了八股文名家薛应旂的会魁三试卷。明末南京学者李登用家藏"合字"印自著《冶城真寓存稿》，嘉定徐兆稷借别人活板印其父徐学谟《世庙识余录》。隆庆四年（1570）何玄之排印袁凯《海叟集》四卷（图8-8），半页九行，行十八字，白口，四周单边。

明藩府中蜀藩朱让栩嘉靖二十年（1541）用木活字印苏辙《栾城集》。益藩万历二年（1574）印元谢应芳《辨惑篇》四卷附录一卷、明顾亮《续编》七卷附录二卷，半页八行，行十七字，白口，四周双边，序中有说"命世孙以活字摹而行之"，附录末页中间有"益藩活字印行"一行。万历三年（1575）排印《春秋国华》十七卷，半页九行，行二十字，白口，四周单边。

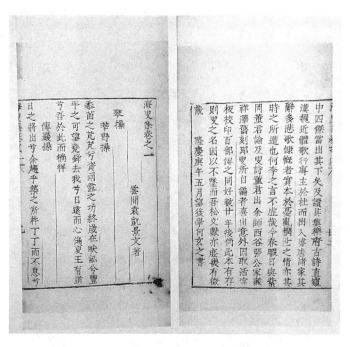

图8-8　《海叟集》四卷，何玄之排印本

明丽泽堂活字本《璧水群英待问会元》九十卷，半页十一行，行二十三字，黑口，左右双边，卷末有"丽泽堂活板印行，姑苏胡昇缮写，章凤刻，赵昂印"一行字，这是活字写工的唯一记载。

崇祯十一年（1638）之后邸报有了活字版排印。

清代在乾隆武英殿聚珍版书以前，还有一些地方官府用木活字印书。如湖北省图书馆藏顺治《江陵志余》，当是清初活字本。故宫博物院藏乾隆十年（1745）木活字印《奉节县志》，当是四川地方官印本，半页八行，行二十字，上大黑口，下白口。雍正三年（1725）汪亮采南陔草堂印本《唐眉山诗集》，半页十行，行二十字，白口，左右双边，馆阁体写刻，字流畅优美，排印也整齐。

清武英殿聚珍版书。乾隆三十七年（1772）修《四库全书》时，从《永乐大典》中辑出失传的古籍一百三十余种，先用木刻雕刻四种，后在负责武英殿刻书事务的金简建议下，改用枣木刻活字印书。乾隆以"活字"不雅驯，改称"聚珍"版。丛书共138种，其中134种是木活字本，每种书前面均冠以乾隆御制的《题武英殿聚珍版十韵诗》一首，这套丛书名为《钦定武英殿聚珍版丛书》（图8-9）。

后来又用这套木活字排印了八种：吕祖谦《大事记》十二卷，鄂辉《钦定平苗纪略》五十二卷，王履泰《畿辅安澜志》五十六卷，齐鲲、费锡章《续琉球国志略》五卷，阿桂等奉敕编《乾隆八旬万寿盛典》一百二十卷，董诰《西巡盛典》二十四卷，《钦定重举千叟宴诗》三十四卷，和珅等续纂《吏部则例》五十九卷，后世称聚珍版单行本。

明代以前活本字都是私家印书，清代内府用了活字印书，各地官府纷纷仿效，官刻书用活字的也多了起来。清末各地的官书局也有用木活字的，如金陵书局印《三国志注》《吾学录初编》《两汉刊

图 8-9 　《郭氏传家易说》，武英殿聚珍版书

误补遗》《史姓韵编》，浙江书局印《柞蚕汇志》，江南书局排印《周易折中》，江西官书局印王闿运《毛诗补笺》，常州曲水书局（也就是安徽官书局）印汪烜《易经诠义》《孝经章句》等。

《红楼梦》程甲本、程乙本。《红楼梦》的版本中有两种重要的版本都是木活字本。乾隆五十六年（1791）程伟元萃文书屋排印了曹雪芹著、高鹗续《红楼梦》一百二十回本，是为程甲本（图 8-10）。出版不久，程伟元、高鹗又对文字做了许多修订，增加了引言，修改了文字，改正了排印中的错误，于次年又排印出版了另一个版本，即程乙本（图 8-11）。这是《红楼梦》最早的印本。这两种活字本都很稀少，程甲本尤难见到。光绪二年（1876）北京聚珍堂木活字排印了王希廉评的一百二十回《红楼梦》较为流行。

乾隆五十五年（1790）婺源紫阳书院排印《婺源山水游记》，

图 8-10　《红楼梦》，程甲本，
萃文书屋排印本

图 8-11　《红楼梦》，程乙本，
萃文书屋排印本

乾隆五十八年（1793）七录斋排印《茶余客话》十二卷，嘉庆十年
（1805）周氏易安书屋排印《甫里逸诗》二卷、《假年录》四卷、
《甫里闻见集》一卷。又排陈元模编《淞南志》，卷后有"玉峰陈景
川刻字局摆印"一行。嘉庆二十一年（1816）吴淑骐企瑶山馆摆印
《瑶光阁集》。乾嘉时省园以宋嘉定版字体排印宋范祖禹《帝学》，
有"省园藏版"之署。嘉庆时常熟藏书家张金吾从无锡购得一套十
万余字的木活字，摆印了宋李焘《续资治通鉴长编》五百二十卷，
又印自著的《爱日精庐藏书志》。道光三十年（1850）南京甘氏津
逮楼排印黄鸿沐《帝里明代人文略》。道光十一年（1831）六安晁
氏排印规模很大的《学海类编》八百零七卷，收书四百余种，版式
每半页九行，行二十一字，活字印刷质量很高，校勘甚精，是活字
本中非常有价值的丛书。

清末北京琉璃厂有许多书店用木活字排印书籍。隆福寺街东口还有一家聚珍堂书坊，专门排印小说、鼓词之类的通俗读物，如王希廉评一百二十回《红楼梦》、《儿女英雄传》、《济公传》、《忠烈侠义传》(《三侠五义》)、《醉菩提》、《历代史略鼓词》等。

明末开始用木活字排印家谱。清末家谱十之六七都是木活字。[①]有专门以此为业的"谱匠"(也有称"谱师")，挑着担子游走四方，专门用木活字为人们印制家谱，以常州的印工最好。

清末的报纸《京报》也用木活字排印(图8-12)，每日两三页，多或六七页，外包黄色薄纸作封面，盖有朱印木戳"京报"二字。《京报》只有文字，没有边框、界行，省了许多工序，降低了成本。清末也有些书如《京报》一样没有边框、界行，如小说《浪史》四十回(图8-13)，开了后世无边栏书的先河。

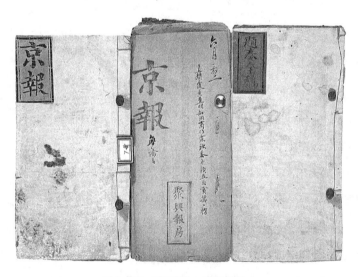

图8-12　《京报》，光绪活字本

---

① 参见张秀民：《清代的木活字》，载宫晓卫、李国庆编：《中国活字本图录：清代民国卷》，齐鲁出版社2010年版。

图 8-13　《浪史》，光绪中活字本

（三）　铜（锡）活字

元代初年，王祯试造木活字时说"近世又有注锡作字"，因"难于使墨，率多印坏"，说明当时已有锡活字的试验。是否有印成的书籍，王祯没有说明。

从现有材料可知，确切的最早的铜活字印书是弘治三年（1490）无锡华燧会通馆印的《会通馆校正宋诸臣奏议》一百五十卷（图 8-14）。在华燧的序文中称"活字铜版印正以广其传"，而据潘天桢引《华氏传芳集》卷四《会通府君宗谱传》云："著《九经韵览》，又虑稿帙汗漫，为铜版锡字翻印以行。"明同时代稍晚的邵宝《会通华君传》说"既而为铜版锡字以继之"。同书卷十五乔宇《会通处士墓表》云："复虑稿帙汗漫，乃范铜为版镂锡为字，凡奇书艰得者，皆翻印以行。"[①] 则

---

① 潘天桢：《明代无锡会通馆印书是锡活字》，载上海新四军历史研究会印刷印钞分会编：《活字印刷源流》，印刷工业出版社 1990 年版，第 140 页。

有可能其铸字材料为锡。

华燧会通馆今存活字本还有弘治五年（1492）《锦绣万花谷》前、后、续、别集一百六十卷，弘治八年（1495）《容斋随笔》七十四卷，弘治十一年（1498）《会通馆九经韵览》十四卷、《会通馆印正缉补古今合璧事类》六十九卷及正德元年（1506）《君臣政要》，以及年份不明的《记纂渊海》《会通馆校正音释书经》。这些书均为半页九行，行十七字。

华珵（华燧叔父）弘治十五年（1502）铜活字印《渭南文集》（图8-15），与华燧一样也是半页九行，行十七字，但与前华燧印书字体明显不同，应当是另制的活字。

华家正德间有华坚兰雪堂，华坚字允刚，华燧之侄。正德八年（1513）印《白氏长庆集》七十一卷，十年（1515）印《元氏长庆

 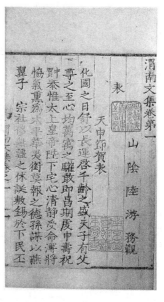

图8-14　《会通馆校正宋诸臣奏议》，
华燧会通馆铜活字印本

图8-15　《渭南文集》，
华珵铜活字印本

集》六十卷，为半页八行，行十六字。正德十年铜活字排印《蔡中郎文集》十卷、外传一卷，有"正德乙亥春三月锡山兰雪堂华坚允刚活字铜版印行"牌记；同年有《艺文类聚》一百卷，目录后有阴文牌记"乙亥冬锡山兰雪堂华坚允刚活字铜版校正印行"，阳文"锡山"圆印、"兰雪堂华坚活字板印行"篆印；十一年（1516）有《春秋繁露》十七卷（图 8-16），上书口有"兰雪堂"三字，卷一尾有"锡山"圆印，下双行"兰雪堂华坚活字版印行"。上三种均为半页七行，行十三字，小字双行同，白口，左右双边。兰雪堂印的书书口大都有"兰雪堂"三字，其书一行内排两行字，称为"兰雪堂双行本"。

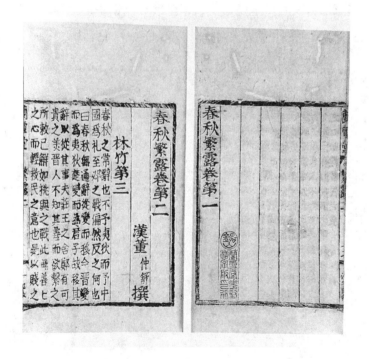

图 8-16　《春秋繁露》，锡山华坚兰雪堂铜活字印本

正德、嘉靖时无锡大族安家也开始铜活字印书。安国字民泰，为无锡富商，居无锡胶山，家种桂花二里余，因之自号桂坡，室名桂坡馆。安国印的铜活字版书有：正德十六年（1521）《东光县志》；嘉靖三年（1524）《吴中水利志》（题"嘉靖甲申锡山安国活字铜版刊行"），半页八行，行十六字，白口，左右双边；《古今合璧事类备要》；《颜鲁公文集》十五卷附《补遗》《年谱》《附录》各一卷；《重校鹤山先生大全文集》一百卷（图8-17）；《春秋繁露》（上三种书版心上方均有"锡山安氏馆"）。安国也有一部分书是木刻的，如正德间沈周《石田诗选》《左粹类纂》。《颜鲁公文集》《初学记》，既有活字本，又有木刻本。①

明嘉靖间苏州徐缙铜活字印《唐人集》，据何良俊《四友斋丛

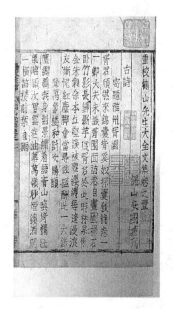

图8-17　《重校鹤山先生大全文集》，明嘉靖安国铜活字本

---

① 参见张秀民、韩琦：《中国活字印刷史》，中国书籍出版社1998年版。

说》卷二十四说"五十家唐诗活字本"。同为苏州人的孙凤，用铜活字印了《小名录》。嘉靖间常熟杨仪五川精舍印《王岐公宫词》。此外还有：明金兰馆弘治十六年（1503）铜活字印《石湖居士集》（图8-18）、《西庵集》。两书均为半页十行，行二十一字，白口，左右双边，上书口均有"弘治癸亥金兰馆刻"。不叫排印或摆印，而叫"刻"，可能仍是刻本留下来的习惯，一时难以全改。

明五云溪馆铜活字本《玉台新咏》（图8-19），今藏南京图书馆。

明正德间铜活字本《曹子建集》，半页九行，行十七字，白口，单鱼尾，左右双边，傅增湘《藏园群书经眼录》卷十二著录长洲徐氏铜活字印本。

图8-18 《石湖居士集》，
金兰馆铜活字印本

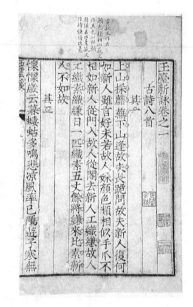

图8-19 《玉台新咏》，
明五云溪馆铜活字印本

以上金兰馆、五云溪馆，并未标具体地点，张秀民先生《中国印刷史》考证皆在苏州一带。

此外建业（今江苏南京）张氏铜活字印《开元天宝遗事》，从字体看也应当在嘉靖时代。浙江有庆元学教谕韩袭芳正德十二年（1517）印《诸葛孔明心书》一卷，题"浙江庆元学教谕琼台韩袭芳铜板印行"。不著堂号、时间的铜活字本《韩诗外传》（天一阁藏），半页十行，行二十一字，白口，左右双边，与国家图书馆所藏蓝印本《毛诗》，字体、版式完全一样，当为一家所印。《包何集》一卷、《包佶集》一卷，半页九行，行十七字，白口，左右双边。不著书坊《天禄阁外史》是明末方正的宋休字，半页九行，行二十字，白口，四周单边。

福建建宁府芝城有铜活字板印《墨子》蓝印本，今藏国家图书馆，卷八末页中间有"嘉靖三十一年岁次壬子季夏之吉芝城铜版活字"一行。在此前一年还印有《通书类聚尅择大全》。芝城即建宁府建瓯县，在建阳附近。建阳也有活字印刷的书坊。建阳游榕万历元年（1573）用铜活字排印徐师曾《文体明辨》，题"建阳游榕活板印行"。次年又与饶氏合作排印了《太平御览》，书版心下往往有"宋板校正，闽游氏同板活字印一百余部"。有的部分又作"饶氏同板""宋板校正，饶氏同板活字印行壹百余部"。大概是两家分工合作排印的。后常熟周堂从饶氏手上购得半部宋板《御览》，又借无锡顾氏、秦氏所藏半部合成全书，排印一百余部。这部书建阳游氏、饶氏排印，却归常熟周堂所有。

清康熙二十五年（1686）吹藜阁铜活字排印常熟钱陆燦《文苑英华律赋选》，在书名页及目录下方、卷四终末行均有"吹藜阁同板"五字。吹藜阁可能亦是苏州一带的书坊。

清代铜活字最为大众所熟知的有内府印的《古今图书集成》。康熙四十五年（1706）皇三子胤祉的师傅陈梦雷纂修了大型类书——《古今图书集成》。康熙末年内府即铸铜活字准备排印。这套铜版还排印了天文、数学、音乐等方面的书籍。《御定星历考原》（图8-20）印于康熙五十二年（1713），在此前后还印了《数理精蕴》《律吕正义》等书。同年，陈梦雷用内府铜字印了他的《松鹤山房诗集》九卷，字体是类汲古阁带颜体特征的宋体，与后来《古今图书集成》字体明显不同。可知康熙末年内府中有不同的铜活字。①

　　清雍正即位，《东华录》记载康熙六十一年（1722）十二月世宗谕，说《古今图书集成》"工犹未竣"，雍正元年（1723）正月谕"今刷印校对之工，尚有未完"，可知康熙时已经基本排印完成。世宗只是将康熙时陈梦雷编纂的《古今图书集成》改由蒋廷锡总纂，"将通部重行校勘，凡讹舛字句及有应删应添之处，必逐一改正，以成皇考未完之书"。用铜活字排印，雍正六年（1728）印成全书。分为六编三十二典，一万卷，5020册，是活字本，也是中国印刷史上规模最大的一部类书。《古今图书集成》每半页九行，行二十字，白口，四周双边（图8-21）。首都图书馆藏铜活字本《金屑一撮》不分卷，字体与此相同，亦当为这套铜活字排印。

　　林春祺福田书海铜活字。福建人林春祺从十八岁起捐资兴工刻铜为字，二十年时间刻成"铜字楷书大小各二十余万字"，因其原籍为"福清之龙田"，即以"福田书海"为堂号。道光二十六年（1846），林春祺用铜活字排印顾炎武《音学五书》（图8-22）等。据张秀民、韩琦考证：咸丰二年（1852）杭州吴锺骏借用铜活字排

---

　　① 参见张秀民：《清代的铜活字》，《文物》1962年第1期。

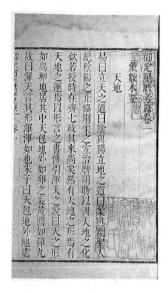

图 8-20　《御定星历考原》，
康熙五十二年（1713）铜活字本

图 8-21　《古今图书集成》，
雍正四年（1726）铜活字本

图 8-22　《音学五书》，清福田书海铜活字本

印《妙香阁文稿》；咸丰三年（1853）满族人麟桂在杭州做官时排印《水陆攻守战略秘书》七种，其字体与福田书海铜活字完全相同，其中《军中医方备要》，林氏也排印过，题"侯官林氏铜摆本"，两书字体、版式、半页行字数都一样，而《水陆攻守战略秘书》末册却标"省城西湖街正文堂承刊印"，故可能福田书海铜活字后来归于杭州。①

（四）铅活字

据陆深《俨山外集·金台纪闻》说："近日毗陵人用铜铅为活字，视版印尤巧便，而布置间讹谬尤易。"毗陵即常州。张秀民据此说，除了无锡华氏、安氏铜活字外，常州还有人用铅铸活字印书。其实无锡明清时都隶属于常州府，华氏、安氏铜板锡字自然也可以说是常州的。铜中含有锡铅也是很正常的，从历史上看纯无杂质的铜器很少，大多数都有一定的铅锡配比。《考工记》中所谓的"金有六齐"，铜易生锈，要加入一定比例的锡铅，可以降低熔点，减少生锈。前面所谓的铜板锡字，大概就是这个意思。铜的硬度高，加入一些铅，可以降低硬度，容易铸刻。这就是所谓"用铜铅为活字"，并非另有一家铸铅活字印书的人。

20世纪通行的铅活字印书是西方人用西方工艺创制的。德国人谷登堡（Johanes Gutenberg）创制了适合西文特点的金属活字印刷技术，奠定了现代印刷术的基础。嘉庆十二年（1807），英国传教士马礼逊在澳门雇人刻制中文字模，用铅铸成铅活字。道光二年（1822），英国人汤姆斯在澳门铸活字印《中国语文字典》，开了用西方铅活字在中国印书的先河。道光二十三年（1843），英国传教士

---

① 参见张秀民、韩琦：《中国活字印刷史》，中国书籍出版社1998年版。

麦都思到上海，建立墨海书馆，咸丰七年（1857）在上海用铅活字印了《六合丛谈》。同治十一年（1872），英国人美查（Ernest Major）在上海创办《申报》及点石斋印书局，又组织图书集成印书局，前制扁体铅字，称"美查字"，出版了《古今图书集成》及《九通》等许多大部头的书籍。19 世纪 70 年代以来，外国人在中国创办杂志，有美国人丁韪良（W. A. P. Martin）编的《中西闻见录》，英国人傅兰雅（John Fryer）编的《格致汇编》，更推广了铅印技术的普及。同治四年（1865），国人自办的官立江南机器制造总局设立译书处和印书处，译介铅印西方科技著作。私营书局如文明书局、广智书局、商务印书馆等渐都采用西式机器印书（图 8-23、8-24），西方铅印在中国普及开来，传统的活字与雕版都宣告终结。

图 8-23 《群学》，光绪二十八年（1902）杭州史学斋铅印本

图 8-24 《国朝闺秀香咳集》，光绪间《申报》馆铅印本

（五）　活字磁版

徐志定泰山磁版以前一直被认为是磁活字。据清金埴《巾箱说》："康熙五十六七年间，泰安州有士人，忘其姓名，能锻泥成字，为活字版。"其实是错误的，据我的考证：它是用活字字模按捺在泥版上，烧成磁版印书的。徐志定，字静夫，雍正时举人，做过知县，康熙末年创磁版，印过其同乡前辈张尔岐《周易说略》与《蒿庵闲话》。前者封面横书"泰山磁板"，后者书尾印"真合斋磁板"。泰山磁版的属性一直争议未决。张秀民、朱家濂先生认为是活字，理由是：两书字体大小不一，但相同的字，都大的大、小的小；墨色浓淡不均，直线有的斜成了弧形；四周边栏有大缺口。但李致忠先生据书页内有断裂处，否定为活字版，认为是刻在泥上，烧成磁版。两种说法各有其道理，又各有其不足。泰山磁版是活字版的孤例。泰山磁版是吕抚活字泥版的前身，两者有一定渊源关系：都是用泥为版，印出边框，然后用阴文正字的活字字模逐字印在泥版上，兼有活字与整版的特点。金埴为清初人，在山东生活过很长时间，所记载的是同时代的人和事，他的锻泥为活字的话应当是可信的。徐志定在印书之后的雍正九年（1731）任浙江新昌知县，吕抚为县庠生，两人有一定的交往，不排除徐受其启发，而只减少一道上釉工序以降低成本。（详见附录二）

三、　活字本的特点

由于活字制作与排版技术的原因，活字本很难与雕版处于同一水平。同一时期或同一家书坊，排印的活字总是要比雕版差一些。

即使活字水平最高的清代聚珍版书，比起同时期内府的木刻本，无论字体、版面还是印刷效果，都相差甚远。排出的字总有一点歪斜，没有雕版清爽整齐。

1. 边框与界栏

活字本的边框粗细往往不均匀，有粗有细。边框四周交接处，往往会不严密，留有或大或小的缺口缝隙，这是活字本最明显的特征。有的缝隙是斜行，有的是竖的或横的。斜线缝隙如乾隆四十年（1775）张滏木活字印本《金陵琐事》四卷（图8-25）、《靖海纪》，横的缝隙如清活字本《临川吴文正公集》（图8-26）、雍正十年（1732）《宋少阳公文集》十卷。凡是边框四角连接处有这种缝隙的，一定是活字本。

清代武英殿聚珍书是个例外，板框为梨木所刻，先印上去，然后在板框内套印文字，故其边框四周无缝隙。

古书中遇到当朝"皇帝""圣朝"等需要另行抬头的地方，刻本可以自然地上边框突出，而活字本要用粗短界条拼接凸字雉堞形，这些连接处与口角一样也有缝隙可寻。而有些书干脆将"帝""圣"等字排于上边栏栏外。

活字版的界栏（或叫界行、行线），有的用细黄铜片，有的用细竹片。在一般刻本中，即使是重印多次的旧版，界栏与上下边框是紧密连接的，但活字本则不然，界栏与上下边框总是有一些缝隙。如明弘治碧云馆《鹖冠子》、乾隆五十八年（1793）七录斋《茶余客话》（图8-27）、《红楼梦》程甲本程乙本，不仅边栏四周有缝隙，界行线上下都留有很大空白。如万历二年（1574）桑大协印桑悦《思玄集》界行（图8-28），有时活字版版面不平，界栏会若有若无，明代华、安两家铜活字本最明显。

图 8-25　《金陵琐事》，
张滏活字本

图 8-26　《临川吴文正公集》，
活字印本

图 8-27　《茶余客话》，
七录斋活字印本

图 8-28　《思玄集》，
桑大协活字印本

活字版版心。版心往往比刻本简单。不管是白口，还是黑口，书口与上边框之间都会留有空隙。张秀民先生说：一般活字本多为白口，很少有黑口，即使有黑口，也是细黑口。上下都是大黑口的极罕见。这话也不尽然。活字本也有不少上下都是大黑口的。如弘治三年（1490）《会通馆校正宋诸臣奏议》，丽泽堂活字本《璧水群英待问会元》，康熙活字本《东斋词略》，吹藜阁铜活字本《文苑英华律赋选》，雍正三年（1725）陈唐活字本《后山居士集》，翟金生《泥版试印初编》《校补金石例》，清活字本《斜川诗集》，都是上下大黑口。所以白口或黑口，对鉴定活字本没有什么作用。活字版版心有的有鱼尾，有的没有，即使有鱼尾，也很简单。

2. 字与字之间无彼此上下笔画相连与交叉

活字本是一个一个单刻的字摆在一起的，上下字之间没有刻本字书法上的贯通与照应，从版面上看起来是比较散的，特别是字与字之间总有一定的空隙，不会相连，更不会交叉。但常有人认为古籍中字行间距大的书就是活字印本。其实不然。活字本中行间距很大的并不多，倒是崇祯到康熙许多刻本字间距较大。因为刻本是按照固定的行格写的，不管疏密，都会很整齐。活字本一个字一个字排，字与字之间不会相连，也不会有太大空隙。

而且如果活字完全出于人工，大小不是那么均匀的话，还会出现下边框底部的字参差不齐的现象。因为字是从上往下排的，上边无疑是整齐的，但排到行底部就会忽高忽低，有的紧贴下边框，有的空隙较大（图8-29）。这在雕版中不会出现，而在活字排版中则是难免的。

3. 文字左右歪斜，不甚整齐

雕版是按行格写刻的，每一行字从上到下都是整齐的，而活字

图 8-29　《春秋国华》，万历三年（1575）活字印本，靠下边框字参差不齐

图 8-30　《鹤林玉露》，
明活字印本

图 8-31　《红楼梦》，王希廉评本，
北京聚珍堂木活字印本

是一个个排成行，行与行之间用细竹片或铜片夹紧。手工刻制的字不会完全整齐划一，排出来的行就会出现有些字略向左或向右歪斜，看起来不是那么整齐。如果行线稍松，歪斜会更明显，甚至有的字只印左半边或右半边。

4. 版面上墨色有深浅，笔画有轻有重、浓淡不均

雕版的版面是平整的，而活字排出来的版面很难每个字都一样高低平整，在刷墨印刷时，较凸出的字就会墨色深而重，低洼的字就会浅而淡，一页书上的字会有明显不同的深浅浓淡之别。（图8-32）

5. 横排与倒排

活字排版要经过至少三个不同工人之手才能完成，一个执原稿人唱字，一个人检字，一个人排字，因此比起雕版更容易出错。脱文、衍文、形近而误比较多。

图8-32 《诸葛孔明心书》，正德十二年（1517）韩袭芳铜活字印本

特别是排字工人有时会不小心把文字横排与倒排，这种形式上可见的错误，倒是让人一下子就能断定这是活字版。

国家图书馆藏明活字本《鹤林玉露》卷三第四页背面"有駊騑騧"，"駊"字排倒；明末曹学佺《诗经质疑》卷九末小题中"质"字倒排；雍正三年（1725）陈唐重订本陈师道《后山居士诗集》六卷，卷二第三页有一"碎"字倒排，卷六第九页右面"天"字倒排：这些都是活字本的明证。

清天禄琳琅旧藏《毛诗》活字本，《唐风·山有枢》篇内"自"字横排，正德时建宁府活字本《史记》四十八卷的"八"字横排，皆可证明为活字。

笔者所藏建阳游榕万历铜活字本《太平御览》残卷三卷，卷二百八十二第六页左半面第三行"以"字旋转了九十度摆放（图8-33），此乃活字之重要实证之一。

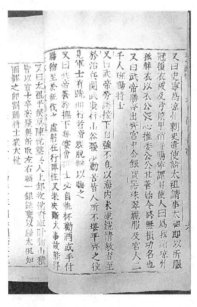

图8-33　《太平御览》，建阳游榕铜活字印本，第三行第七字"以"字横排

1965 年温州郊区瓯海县白象塔出土一件以佛像线条形式排列的《佛说观无量寿佛经》残纸（图 8-34），当地文博部门认为是一件北宋的活字印刷品。[1] 依据就是左上第二行"皆以杂色"句中"色"字与前三字不同，是倒的。姑且不说时代非北宋，仅就这个"倒排的色字"就经不起推敲。这个字不是排倒的，而是从这个字起转到下一行的。"皆以杂色金刚以为底沙，一一水中"才是完整的句子。反倒可以找出不是活字的依据。活字不能交叉，一字是一个方块。上文"一一水中"，两个"一"字很近，合起来还占不到一格，右起第三行"○"下两个字还交叉在一起。

6. 活字版书不会出现断版裂版现象

木刻版书是用梨枣等"硬木"整块木板雕的，如果保存条件不

图 8-34 《（回旋式）佛说观无量寿佛经》，1965 年温州白象塔出土

---

[1] 参见徐定水、金柏东：《温州市北宋白象塔清理报告》，《文物》1987 年第 5 期。

好，如环境潮湿，又经风吹或太阳暴晒，硬木雕版就会出现裂缝，印成书时纸上就会显出一道空白，这就是所谓的"断版"。一般断版大体是左右走向的。这是刻本常见的现象。但活字版却不会这样。活字版四周用木或铜版框钉紧，印完即拆除，绝对不会有断版现象。只要发现一部古籍中有这种断版，可以肯定绝不是活字版。当然，初印的或保存很好的雕版书，通常也没有断版现象，不能得出没有断版就是活字的结论。

7. 活字版校勘多不精

弘治间的《鹖冠子》乾隆说它"字体不工，且多讹谬"；隆庆三年（1569）黄美中活字印本《凤洲笔记》卷十七卷端题名就脱"洲"字；前述建阳游榕铜活字版《太平御览》卷二百八十二后本应是卷二百八十三，"三"误作"二"，导致出现两个内容不同的卷二百八十二（图8-35）。

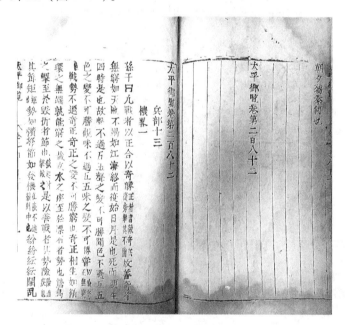

图8-35 《太平御览》，建阳游榕铜活字印本，卷数排错

清胡珽辑《琳琅秘室丛书》是一部非常有价值的丛书，所据多宋元旧刻和稀见稿抄本，流传很少。咸丰三年（1853）用木活字排印。其凡例说："兹本皆系活板，每印一页，辄立待校正，更难免马焉眩目。故于全帙印竣后，经同人复校数次，另志校讹于后。"虽经复校，错误仍不少。印出来之后发现活字本的错误往往无法在原板上改正了，只好用木戳盖去原错字，另印朱色正字于旁边，或在书后附"勘误"。在出版者自属不得已，而作者会形成一种观念，只有雕版才是能保存久远的"藏板"，活字版只是权宜之计。道光甲辰（即二十四年，1844）鲁岐峰用木活字印黄式三《论语后案》，首有《聚珍版论语后案弁言》说："释经难，释《论语》尤难。《后案》之书稿成数年矣。随时删改，未敢遽刊问世也。然钞本存家塾，亦无以求正于有道君子，迄今因有聚珍版之印。"乃以活字本作为征求意见的"初稿"，为将来正式刊行做准备。

四、 活字本的鉴定

鉴定活字本需要抓住上述活字本特点，看它符合哪几条，符合得越多，结论也就越有把握。

1. 利用活字本的特点与称谓综合判断

活字本一般在书的封面、扉页、序言、目录或卷尾会标明。如明《璧水群英待问会元》有"丽泽堂活板印行"字样。又如李瑶泥活字本《南疆绎史勘本》封面背后有牌记"七宝转轮藏定本，仿宋胶泥板印法"篆文两行。翟金生《泥版试印初编》，题"泾上翟金生西园氏著并造泥活"。《仙屏书屋初集》封面题"泾翟西园泥字排印"两行小字。有些则是在序跋中说明，如道光木活字本阮钟瑗《修凝斋集》序称"权用毕昇活字版印若干部"，印曹镳《淮城信今录》序称"顷用毕昇活字版印百部"，明隆庆四年（1570）何玄之排印袁凯《海叟集》，序中有"因取活字板校印百部以传之同好"（图8-8）。

有些称呼虽然没有"活字"二字，但也是活字之意，如便版、合字、子版等称呼，即是活字版。所谓便版，有方便、简便之意。所谓合字，就是把众多的活字合在一起。所谓子版，就是在大的版框中套小的活字。如清代龚显曾用活字印其乡（泉州）贤著作，名《亦园子版书》十四册。《毛氏国风绎》封面题："同治十三年冬日晋江黄氏用子版印于梅石山房。"如在序跋或书题中有此等名称，即是活字版。

不过，活字本有时也会沿袭刻本的习惯称呼，称镌、梓、锓木、雕木、藏版等名称，我们不能被这些称呼所迷惑。有的书按照刻本的习惯仍称刻梓，如乾隆三十二年（1767）乐氏《太平寰宇记》二百卷，卷端大题下署"玉溪后裔梓行"，似乎是木刻本，但看其边框有明显接版的缝隙，字有歪斜，特别是下边框字参差不齐，即可断定为活字本（图8-36）。明万历十四年（1586）《唐诗类苑》下书口标"崧斋雕木"，似乎是刻本，其实从边框看也是木活字本（图8-37）。明金兰馆铜活字本《石湖居士集》《西庵集》上书口均有"弘治癸亥金兰馆刻"。福建宁化阴维新排印李世熊《钱神志》，不是雕版，而仍称"梓匠邑人阴维新"。光绪七年（1881）瘦影山房活字本《霞客游记》封面标"瘦影山房梓"，书的序跋与题记也都未标明是活字本，所以不细看很容易误为刻本。

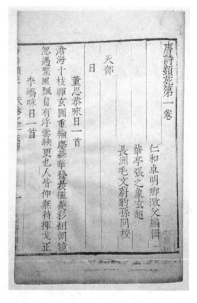

图 8-36　《太平寰宇记》，
　　　　乾隆乐氏活字印本

图 8-37　《唐诗类苑》，
　　　　崧斋活字印本

2. 根据活字本的发展规律判断

元明清的活字本也是在不断发展进步的。弘治、正德年间的活字本字体比较笨拙，边框不整齐，但到嘉靖以后就有了明显的进步。活字字体进一步规范整齐，如上举《漫塘刘先生文集》，与一般嘉靖木刻本字也差不多了。到了清代，不单单方正宋体与木刻本相近，最能代表写刻水平的馆阁体的活字，也与木刻本接近，如用馆阁体字排印的《后山先生集》《唐眉山集》《斜川诗集》写刻水平都相当高，而且排字的整齐、版面的平整、版框的严密都比明代要好许多。武英殿的铜活字、木活字印本，都很难让人一眼看出是活字排印的。有些民间印书如清代寿经堂木活字排印的《陈同甫集》三十卷也容易让人误认为木刻本。总之，活字本越发展，字体越来越整齐规范，边框缝隙越来越不明显，整个版面印刷更平整，鉴定的难度也就越来越大。

有些书只要一看边框四角的缝隙就可以断定，有些书光凭上述一项或两项特点还是无法判定。如行线时有时无，上下有缝隙，雕版印书有时也有类似现象，需注意严格区别。有的雕版放置多年，其界行偶有被碰掉这一部分或那一部分，甚至边框拐角处有缺口现象。有的版片因受潮偶尔也会出现变形，因而在版面上也会出现高低不平、着墨不匀的现象。但这些只是极偶尔的，我们多看几页或几册，排除雕版这些偶然巧合，还是可以确定的。

清末的铅活字印书，由于是来自西方的机器工艺，字是机器铸字，大小高低整齐一律，字排版卡得比较紧，也没有歪扭现象，字的高低一律，印出来的书版面整齐平整，没有以前手工活字排版那些常见的特点。当然这些书的鉴定也有规律可循。第一，清末铅印本字体都与现代字体相同，也就是和现代印书的宋体、仿宋体基本一样，一眼可以看出来与清中期以前不同。第二，它上下边框的衔接处，依然有细小的斜的缝隙，这是铅活字的一个明显标志。第三，由于仍是人工植字，也会有一些失误，如偶尔把字排横或排倒。第四，清末铅字印书用的是油墨，与传统的墨不一样，带有油性，所以在印出的纸张上字的周围会略有一些油的痕迹，越是早期，油墨的痕迹越明显（图8-38）。

3. 断定活字版古籍的时代

除了根据上述特点判断一本古籍是否为活字本外，还需要确定它的时代。时代的判断需要从两方面入手。

（1）看字体。活字本与木刻本字体时代风格一致，只是较木刻字稍拙一些而已。活字本的字体与刻本一样，也分软体与硬体。软体与硬体也随时代变化而变化。有许多书如果不仔细看，往往分不

图8-38 《钦定剿平粤匪方略》，清同治十一年（1872）内府铅活字印本

出是活字还是刻本，在断定活字本刻印时代时，仍然需要从时代地域刻书字体风格入手。只是多数活字要比雕版字略嫌差一些。

如弘治间碧云馆木活字本《鹖冠子》，虽标"弘治年"，但它的字体已很接近正德时苏州陆元大刻本的硬体字，横平竖直，特别是横画末尾的"小三角"（图8-7），都是前人所无，是我们所能见到的最早的宋体字，可以说是正嘉年间宋体字的先声。我们前面说过，正嘉时的字体起源于苏州一带，根据这种字体，基本可以推断这本书应当是弘治后期、苏州一带的活字本。当然，这只是推断，还有待于将来新的材料发现证明。

明活字本《石门洪觉范天厨禁脔》三卷，无排印时间，但观其字体版式及纸张，可以断定亦在正德、嘉靖间（图8-39）。前面提到的《漫塘刘先生文集》因从宋刻本而来，仍保留宋讳字，《天禄琳琅书目后编》列为宋活字本，缪荃孙称其绝不在（成）化、（弘）

治之下。但我们细审此书字体，发现已是非常成熟典型的嘉靖刻书字体，因此可以确定此书不会早于嘉靖年间（图8-40）。

明活字本《蛟峰先生文集》（图8-41）十卷，半页十行，行二十一字，白口，四周单边，字体是嘉靖、万历间略带手写的方体字，纸张是当时流行的白棉纸，必在嘉靖、万历间排印。明任镗活字本《黔南类编》，字体为嘉靖末隆庆时近于仿宋体的字，白口，白鱼尾，白棉纸印。

明代没有典型的馆阁体活字本，清代只有雍正三年（1725）陈唐活字本《后山居士诗集》（图8-42）六卷，逸诗五卷诗余一卷，采用的是康熙以后流行的馆阁体，与刻本字体一致。大多数还是方正或稍扁的宋体字。

（2）看避讳。辨别活字本的时代，最有效的手段还是看避讳字。

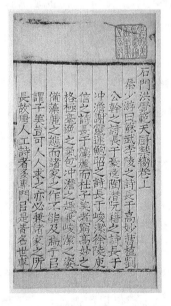

图8-39 《石门洪觉范天厨禁脔》
三卷，明活字印本

图8-40 《漫塘刘先生文集》
二十二卷，明活字印本

 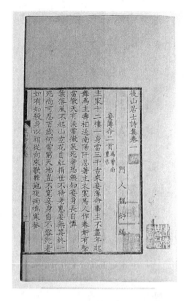

图 8-41　《蛟峰先生文集》，
明活字印本

图 8-42　《后山居士诗集》，
清陈唐活字印本

清代避讳严格，活字本也不例外，而且活字本中一旦某讳字缺笔或用同音字代替，全书前后都一致，不会像刻本那样有避有不避。如北京琉璃厂清末木活字排印本《纪载汇编》，没有书坊名和出版时间，日本国立公文书馆著录为清道光间木活字排印本。此书避讳严格，道光帝讳"宁"字全避，而多处涉及黄淳耀的"淳"（同治讳）却完全不避，可知此书排印于清咸丰年间。

　　明代天启以前没有避讳。但明代一些书习惯沿袭宋讳，如玄、匡、桓习惯上都缺末笔，以致一些藏书家误认为是宋本。明代活字本中，清宫天禄琳琅旧藏蓝印本《毛诗》、徐学谟《世庙识余录》、桑悦《思玄集》都避宋讳，遇匡、恒、桓缺末笔。后两种是明人著作，容易辨别。而《毛诗》就被误认为宋活字本。① 后来人们从其

---

　　① 参见张秀民、韩琦：《中国活字印刷史》，中国书籍出版社 1998 年版。

中《唐风·山有枢》篇中"自"字横排，蓝印始于明代，才断定为明活字本。类似的例子，如明活字本宋刘宰《漫塘刘先生文集》也全避宋讳，《天禄琳琅书目后编》亦著录为宋活字本，但通过刻书字体规律证明其实是嘉靖本，说已见前，不再赘述。

4. 内聚珍与外聚珍

武英殿的铜活字与木活字印书，在书写字体、刻工、排版、边框与界行安置与刷印时，都非常细致认真，与精刻本极易混淆，在判断时难度就会增大。《钦定武英殿聚珍版丛书》前面刻版的四种，即乾隆三十八年（1773）四月刻的《易纬八种》《汉官旧仪》《魏郑公谏续录》《帝范》，虽有"聚珍书"之名，却是刻本。这四种刻本的版式是半页十行，行二十一字，后来的活字版是半页九行，行二十一字。《钦定武英殿聚珍版丛书》印成后，清代内府官修书允许各地翻刻以扩大传播，各地依样翻刻的有许多，如江南有 8 种，江西有 54 种，福建 123 种（后又屡有增刻至 148 种，10 种是聚珍本所无的），浙江 39 种。浙江、杭州、江苏、苏州缩小开本，刻成了袖珍本。这些称作"外聚珍"，都不是活字本。

如何鉴别内聚珍与外聚珍？武英殿聚珍版书印好之后，奏请颁发江南五省各一份，"情愿翻印者，听其翻版通行"。允许各地依样翻刻，出现了许多以"聚珍"为名的木刻本，这些"外聚珍"与真正聚珍版原本还是有所区别的。首先，所有翻刻的书，书的封面要标上翻刻的机构，如浙江书局、江南书局等出版单位，浙江书局翻刻的封面有"遵旨重刊武英殿聚珍版书，浙江省通行"。在首页大题下，内聚珍本作"武英殿聚珍版书"，翻刻的书标作"武英殿聚珍版原本"，以示是照"武英殿聚珍版书"原样翻刻的。只要多出"原本"二字的，一定是外聚珍本。有的在下书口标上翻刻单位，如前述"扫叶山房"（图8-43）。其次，武英殿本版框大小一律是18.7厘米×12厘米，翻刻本版框有大有小，浙江、江苏都缩小开本成了袖珍本，版框为14.3厘米×11厘米，要比原本小许多。最后，翻刻本都晚于原本，有道光时翻刻的，有光绪时翻刻的，除了乾隆时避讳外，还避道光讳"宁"字、同治讳"淳"字，这些讳字都是内聚珍所没有的。

总之，通过以上这些特征辨别活字本还是比较容易的，但要辨别出是什么材质的活字本，是铜活字、木活字还是泥活字，却是相当困难的，至今也没有什么科学有效的办法。除非在书的序跋上有明确的说明，一般概称活字本即可。活字本的造假也不是容易的事，活字本在今天因为稀少成为文物性善本，但在当时人们并不认为它比木刻本精良，没有用刻本冒充活字本的。

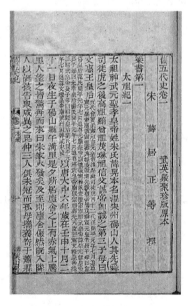

图8-43 《旧五代史》二十卷，嘉庆元年（1796）扫叶山房翻刻聚珍版本

第九章
稿本的价值及鉴定

　　古籍版本类型中除了版刻之外，还有大量的以手写形式出现的书籍，根据其手写者的不同，又可分为写本、抄本、稿本、批校本等。手写形式的古籍要比版刻出现更早，历史更悠久。在雕版印刷之前，所有的书都是以手写方式出现并传播的。雕版和活字版出现以后，也仍有相当一部分书籍保留这种形式。相对于刻印的雕版书籍可以成批印刷来说，这种手写形式的书每本都是唯一的，以稀为贵，故其文献与文物价值也要高一些，而出于作者之手的写本，比一般的写本更加珍贵。这种出于作者之手的本子，也就是我们所说的稿本。

一、 稿本的概念

　　稿本，又称手稿本，也就是作者自己亲手写的本子。细分起来，又可分为草稿本、修改稿、清稿本、校样稿和上版写样稿等。

　　1. 草稿本。是相对于后来的修改稿及誊清稿而言的，即最初起草的底稿，也可以称为原稿本。如国家图书馆藏北宋司马光《资治通鉴》卷九十二稿本残卷（图9-1），背后还有司马光答人的尺牍，可见是司马光最初起草的原稿，因改定誊清而废弃，才在后面"废

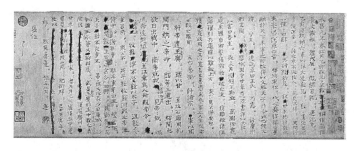

图9-1　宋司马光《资治通鉴》稿本，国家图书馆藏

物利用"来写信的。

古人的草稿一般是用空白的纸张起草的，明清以后也有写在笺纸或稿纸上的，许多学者文人有自己定制的书稿纸，上有自己的室名堂号。一些为前人著作所作的注疏校证类书稿也有借前人著作为底本而在上面书写涂抹，形成自己作品的。如清沈钦韩著《水经注疏证》稿本（图9-2），利用清代普通的《水经注》刻本，在上面逐条加注释疏解，形成自己完整的著作，而又省了原文抄录之劳。天津图书馆藏康有为的《论语注》《孟子微》原稿本都是利用普通的刻本《论语》《孟子》而在上面涂改写定的。原书空白之处写不下，则割裱原文，粘接连缀稿纸而写（图9-3）。这种依托现成的本子为底本而写的，也仍称其为稿本。

2. 修改稿。顾名思义，是经过作者涂抹增删过的稿子。有些作品未必有修改稿。可能在原稿上涂抹修改完成后即可誊清，就不再有修改稿。而有些作者写定初稿后可能要几易其稿，从初稿到定稿中间还会有几次修改稿。清惠士奇《春秋说》五卷（图9-4），誊清之后，在上面又做很大的修改。有的还会标上二稿、三稿……这些肯定都是修改稿无疑。章炳麟《訄书》初刻于光绪二十五年（1899），之后在这个刻本上又重做修改（上海图书馆藏修改本），

图 9-2　清沈钦韩《水经注疏证》原稿本，南京图书馆藏

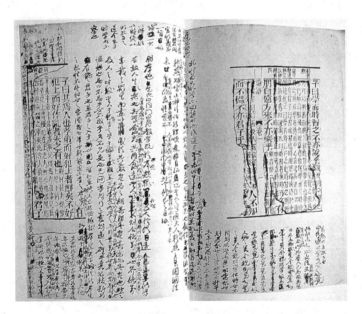

图 9-3　康有为《论语注》原稿本

光绪三十年（1904）铅印出版。后来他在日本对这个铅印本又做了许多增删，并改了书名为《检论》。清方宗诚著《辅仁录》四卷，原稿多次修订，今安庆图书馆所藏残稿即其修改稿之一，书刻成后，作者仍多次增删修改，后来复改名《柏堂师友言行记》，由京华印书局排印。

3. 清稿本。即写定誊清的稿本。清稿本有的是作者自己亲自誊清（图9-6），也有的是请人誊清，自己看后签名或钤印。大多数清

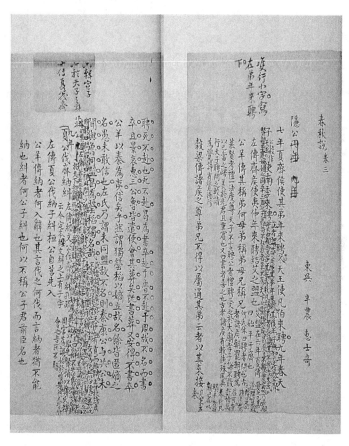

图9-4　《春秋说》五卷，清惠士奇撰，修改稿，苏州图书馆藏

稿本上都会有作者校正或改正的痕迹，签字或钤盖自己的印章。如上海图书馆藏钱大昕《演易》一卷清稿本，钱氏又亲笔补充了许多内容。黄以周《十翼后录》原稿（清华大学图书馆藏）写成后，自己誊清，上有题记："己酉八月廿八日誊抄首本凡六卦，至九月初八日抄毕，癸丑四月续抄四卦。"惠士奇《大学说》一卷（上海图书馆藏），自己手书誊清。有许多人把"清稿本"误当作"清代稿本"，这是一种常见的错误。

　　一般来说，大多数誊清稿是别人誊清的，特别是一些地位很高的大学者，忙于政务或著述，无暇于这种机械劳动，多由弟子或子弟或雇写工誊清。自己看一遍，动手改正一下誊抄中出现的错误，在卷首签名或钤印而已。

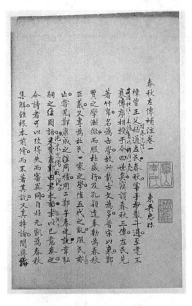

图9-5　《春秋左传补注》，
清惠栋撰，修改稿，上海图书馆藏

图9-6　清焦循自己誊清的稿本
《孟子正义》，南京图书馆藏

图 9-7 　《相台书塾刊正九经三传沿革例》，
清光绪七年（1881）归安姚慰祖未刊样稿本

4. 校样稿。书稿在写定后雕版或排印之后、正式付印之前，要请作者或专家再校一遍，改正雕版或排印错误，作者会对稿子校定，是为校对稿，或校样稿。这种校对稿清代以前很少，在近现代特别多。因是经作者亲自校改过的，也有其特殊价值。也有人书稿印出之后，作者在印成的书上又进行校订修改，亦可视作校稿。

5. 上版写样稿。又称写样待刊稿，将定稿按照一定的版式字体写成刻书样稿，以待上版刊刻。这其实已不是出自作者之手了，是正式雕印之前的稿子，按理不应称为稿本。但因极稀少，习惯上也归入此类来讲。一般说来，上版写样稿在书刻成之后就不存在了。有上版写样稿就证明该书因故未刊。

二、 稿本的类别

根据书写内容和篇幅的不同，稿本又可分为诗文稿、书稿、读书札记、尺牍、日记等类。

手稿的最初形态一般是单篇的，最常见的就是诗文稿。古人朋友之间常有赠序或赠诗的习惯，往往都以单篇的形式写在纸上送给朋友，旧时所谓的"秀才人情纸半张"即是这个意思。著名的如韩愈《送李愿归盘谷序》《送董邵南序》、宋濂《送东阳马生序》等，当年都是作者拿手稿送人的，但绝大多数不易保存，很少能流传下来的。流传到今天的，如清初毛奇龄作《诰授奉直大夫都察院湖广道监察御史何公墓碑铭》《何母陈宜人常寿序》《越州西山以揆道禅师塔志铭》，清中期袁枚赠送别人的诗稿（今并藏浙江省图书馆）都是单篇诗文稿，作者很郑重地签名，并钤自己的印章，可知古人对赠诗赠序的重视。作文章总是单篇成稿，集单篇而成为书稿的。如今藏于日本京都大学的章炳麟《邹容传》草稿（图9-8）就是单篇的文稿。单篇积累多了容易散佚，就要装订成册，也就成了后来的诗集或文集。

书稿。我们一般说的稿本是指成书的本子，无论是个人文学创作，还是学术研究，抑或读书的笺注、札记，只要是出自作者之手的，都可以称为稿本。

过去许多读书人有作读书笔记的习惯，起初只是读书札记，往往随读随记，并不分卷，积累多了，分卷厘定，也就形成了书稿。当然读书札记不是单纯的摘抄，而是在读书中有所思考，有所发现，是学与思的结合。如何焯的《义门读书记》、陈澧的《东塾读书记》

图 9-8 章炳麟《邹容传》原稿

都是此类。今广东省立中山图书馆收藏的陈澧《东塾读书记》（图 9-9）是其最初手稿，不分卷，而到后来陆续整理分卷（成十二卷，又郑学一卷、三国一卷、朱子一卷，其他卷稿子未成）。这个传统一直延续到现代，像陈寅恪、钱锺书先生的大部分学术著作就是他们的读书札记，钱锺书的《管锥编》是从中整理出来的十部书的读书笔记，其他的都未整理出来。现在商务印书馆将其所有读书笔记全部影印成《钱锺书手稿集》，我们才可以一睹其全貌。

除了一般著作的书稿之外，日记也是很常见的手稿。如上海图书馆藏元代郭畀手写的日记，记事自元至大元年（1308）八月二十七日至二年（1309）六月二十日，后有翁方纲、崇恩跋，周尔墉题识，是极为少见的元人手稿本。日记存世数量众多，作为个人生活思想的记录，顾忌最少，最真实，是第一手的研究资料，极有价值。如清代著名书法家何绍基的日记（图 9-10），亦有很高的书法价值。也有许多文人的读书札记是逐日写的。

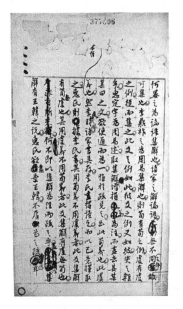
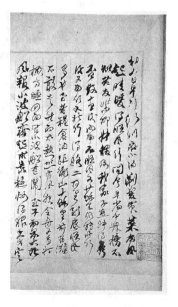

图 9-9　陈澧《东塾读书记》稿本　　　　图 9-10　何绍基日记，原稿本，
　　　　　　　　　　　　　　　　　　　　　　　　湖南社会科学院藏

尺牍。友朋间的往来书信也是常见的手稿类型。清代学者喜欢用尺牍往来讨论切磋学问，因而尺牍蕴含丰富的资源。与诗文稿、读书札记等不同的是，它不是在作者手上，而是分散于各处，是特殊的手稿。当然也有不少人如清代的俞樾、近代的胡适等人都会录副尺牍，留存底稿。日记与尺牍基本上是作者亲笔所写，极少有假手他人的，而且是在自然状态下写的，最能体现本人的思想与字体风格，自有特殊的价值。

还有一类上奏稿，也很常见。官员上奏给上级官员或皇帝的文牍，都是用工整的楷书缮写好进呈的。这类手稿多为折子装，分量不大，便于翻阅。作者自己还留一份原稿或录副稿，则往往比较随意，用行草抄录。

手稿本是作者写作的初期形态，也是最能体现原貌的版本。稿本与其他刻本古籍不同，它介于书籍与法帖之间，兼有书籍与法帖双重属性。现存古籍中稿本要远比刻本、钞本少。这大概有两方面的原因：一是当书稿正式雕版或排印出来之后，原稿也就可有可无了，作者不大重视原稿尤其是东涂西抹的草稿，像鲁迅，经常早餐时拿自己废弃的草稿去包油条，然后就随手弃掷了。前述司马光《资治通鉴》的草稿原稿也是久已弃掷，到南宋末嘉定年间任希夷朝廷夜值时偶然发现才珍藏起来的。二是后人发现前人手稿后，往往视手稿为法帖，与书画同科，很少列入古籍门类。《资治通鉴》原稿在清代大内藏于《石渠宝笈》而不入《天禄琳琅书目》，类似的例子还有元代张仲寿的稿本《嗨斋文稿》。许多名人手稿被当作书画类入藏，说明其价值在一般书稿之上。

三、 稿本的价值

1. 文献价值

一部书籍的价值首先是它的文献价值，稿本是最早、最原始的文本，在所有的版本类型中最接近原貌。一部书，可能有多种版本形式，有刻本，有抄本，有排印本，而且刻本、抄本、排印本还会辗转衍生出许多版本，但这部书的稿本出自作者之手，是最初最早的本子，没有辗转刻印传抄过程中的脱衍讹误和后人的删节臆改，应当是最有价值的版本。例如，清初理学家汤斌有《汤子遗书》，现在通行本是乾隆时的《四库全书》本，但"四库本"往往有许多删改，失去了作者的原貌。如《汤子遗书》卷四《潼关卫儒学重建启圣祠记》一文，单看这篇文章，很完整，似没有问题。但看到汤斌当时的手书原稿（图9-11），有吴大澂批、王廉跋、吴大澂印，就知道此文删了前面一段叙潼关卫儒学兴废及作文缘由的文字："潼关，用武之地也，然以文教为先，而学宫者文教之本也。卫学之设旧矣。崇祯末毁诸兵，重葺于顺治之十有一年，而规模犹多未备。越三年，予莅关，朔望谒庙，见启圣祠独阙，大惧，无以安先圣之灵而仰副朝廷明伦教孝之意，亟鸠工庀材，建祠三楹，前列门坊，既迄工，偕官绅暨博士弟子行祭告礼，咸请予文以为记。"这么重要的一段话被删去，这篇文章的文献价值就大打折扣。

如果这部手稿本从来没有刊刻，那么它就是孤本，就有非常高的价值。美国国会图书馆藏清初辽阳马氏家藏《马氏家谱》清稿（图9-12），收录马鸣佩（1600—1666）、其子马雄镇（1633—1677）、孙马世济（1650—1714）和曾孙马国桢（1666—1720）四

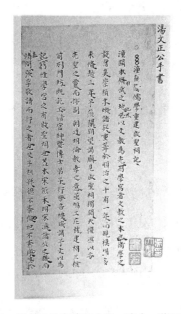

图9-11　汤文正公文稿不分卷，稿本，苏州博物馆藏

代生平资料。马鸣佩曾任兵部尚书，江南和江西总督，并于崇祯六年（1633）参与镇压了南明军。马雄镇曾任工部副理事官，主管铸币，后升内阁大臣，出为广西巡抚。在吴三桂叛乱期间曾遭羁押，迫使其一起反叛。因拒绝向吴三桂投降，他在1677年与其他几位家族成员一同被杀，后被追封为太子太傅、兵部尚书，谥号文毅。后来，他忠正廉洁的事迹被改编成戏剧。马世济官至漕运总督，马国桢官至江南江宁府、常州府和镇江府的巡回督察官。本书还收录了有关他们事迹的官方布告、诰谕祭文和生平传记文章。并附四篇遗稿，分别是马雄镇的诗文以及他的父亲马鸣佩、儿子马世济和孙子马国桢的作品。这些都是辽阳马氏家藏木刊的孤本，叮补史书之阙略。

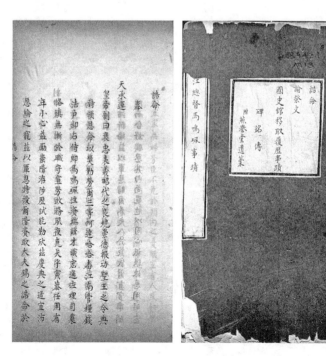

图 9-12　美国国会图书馆藏清初辽阳《马氏家谱》

清莫友芝《影山词》一卷，未收入其《郘亭遗诗》八卷中，流传极少，而其手稿今藏贵州省图书馆，弥足珍贵。有些文稿，虽然后世有刊本，但多是诗文选抄选录，而非全璧。清末学者丁晏（1794—1875），字俭卿，淮安人，一生著述颇丰，有《颐志斋丛书》。他还是一位诗人，有《颐志斋诗文集》十六卷稿本，藏于其家，民国初罗振玉得之于其后人，他认为："说经之文多非精诣，酬应之作，亦可不存，爰钞其所撰传记，得十七篇，非传其文，传其文中之人也。所为诗亦选刊感旧诗一卷，以其略存当时事实，以犹刊文钞之旨云尔。"① 原本十六卷的稿本只刊印了文钞一卷，感旧集诗一卷，聊胜于无而已，十六卷稿本就是很有价值的足本了。

即使后世有刻本或抄本流传，手稿本作为最原始的祖本，也有它独特的价值，可以和后来的刊本或抄本作比较，可以校正后来刊本、抄本辗转传递过程中的错误。

手稿本中作者修改的地方，可以看出作者思想变化及艺术的匠心。宋代欧阳修写《醉翁亭记》，据说其手稿，开头描写醉翁亭周围山势，涂改多次。最后欧阳修把这些描写文句全部划掉，只用"环滁皆山也"一句概括。如果不是看到作者手稿，是无法了解作者在文章写作中的艺术匠心的②。

任何稿本都是孤本，特别是未能订成集的诗文稿更容易零落散佚。如明末史可法在抗清中牺牲，时其遗腹子尚未出生。至清初时，有文人在无锡发现其子，时尚为童生，虽姿质驽钝，但因忠臣之后，特录为县学生。清初好几部笔记小说都提到此事，但都语焉不详。

① 罗振玉：《颐志斋文钞序》，民国四年（1915）罗氏"雪堂丛刻"铅印本。
② 朱子说："欧公文亦多是修改到妙处，顷有人买得他《醉翁亭记》稿，初说滁州四面有山，凡数十字。末后改定，只云'环滁皆山也'五字而已。"见《朱子语类》卷一百三十九"论文上"，文渊阁四库全书本。

笔者收藏有雍正十一年（1733）史可法孙子史文叙（号子翁）自叙身世的稿本（图9-13），叙述其家世旧闻。史可法殉国后，其部下护送怀孕的姬妾从南京钟山辗转到溧阳生下遗腹子，后来又迁居无锡，后代就在无锡生活。这份手稿一直在无锡史氏家族什袭珍藏。民国时史氏后人史聿光重加装裱，请无锡名流侯病骥、谢鼎镕、周道振题跋。虽然只是短短的两页手稿，但忠臣之后，文献阙如，吉光片羽，却有特别的文献价值。

即使稿本已刊，并不减损手稿本的文物与文献价值。手稿作为祖本，可以和刊本对勘，比较手稿与刊本的异同，分析其差别，看出作者的思想与文心。如惠栋增补的《郑氏周易》三卷，已经有卢氏雅雨堂等刊本。上海图书馆藏《郑氏周易》稿本后有蔡孙峰跋："此书得自赵静涵处，以雅雨堂刊本对勘，行款字数悉符。其朱笔填改处，出惠松厓先生手。想松厓既著此书，卢氏刻时，又再删改者。

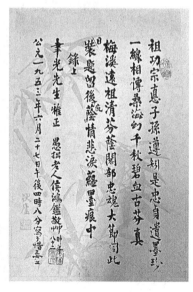

图9-13 史文叙（子翁）自叙手稿及侯鸿鉴跋

于此可见前辈成书，必数易其稿，不肯草率者也，勿以世有刻本而轻视之。"这些红笔改的，正是进行校勘的绝佳资料。又如陶澍嘉庆十五年（1810）到四川典试时写的《蜀辎日记》有道光四年（1824）白下（今江苏南京）刊本。对照这个刊本，就可以看到刊本与原稿有许多不同。原稿本初名《蜀槎日记》（图9-14），作者改"槎"为"辎"，初盖取名于《论语》"道不行，乘槎浮于海"。但蜀为西为上，非乘槎可上，奉天子命典试，又不可谓"道不行"，改用扬雄"辎轩使者"典故，更为恰切。一字之改，颇见用心。内容上字句也有不同，如开头嘉庆十五年（1810）夏五月十五日，"编修史评"原稿下小注"号松轩"，刊本增"山东乐陵人，戊辰进士"。"史编修谱"原稿下小注"即松轩从堂兄"，刊本改为"松轩族兄"。"二十日"原稿"出彰义门望西山一带"，刊本改为"出城望西山一带"。详略各有不同。对照稿本，可以看出作者修改的用心。

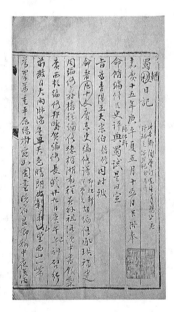

图9-14　《蜀辎日记》，稿本，湖南省社会科学院图书馆藏

2. 文物价值

物以稀为贵，历代名人手稿本，比同时期的刻本、抄本都稀少珍贵得多。大家都说宋刻本稀少，但宋刻本在国内至少还有三千种以上，加上海外藏的大约不下五千种。而宋代的手稿本却只有司马光的《资治通鉴》草稿和南宋刘汉弼写的《宋中书舍人南丰曾公谳议》（故宫博物院藏）两种。元刻本也有三千多种，但元人的手稿本也就只有《畴斋文稿》和《郭畀日记》（图9-15）等几种而已。即使再加上广义上的名人真迹法帖，能确定为稿本的也不过十数种，远远不够宋元刻本的零头。就此，我们即可略知其文物价值了。明代中晚期以后手稿才多了一些，今存的手稿绝大多数是清代以后的，但都远不能与刻本的数量相比。稀少是一个方面，更重要的是这些稿本都出自历代文人学者之手，留有他们的亲笔手泽，而不像刻本出自工匠胥吏之手。

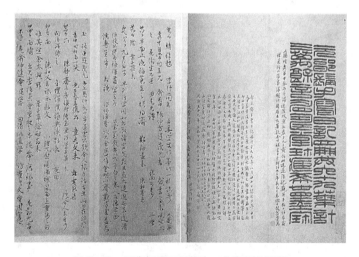

图9-15　元代郭畀日记稿本，上海图书馆藏

3. 艺术价值

名人手稿又可作为艺术品看待，历史上的收藏家往往把尺牍、文稿、日记归为法书或法帖，就是看重它在书法艺术上的价值。历史上许多名人学者往往又是书法家，即使不以书家名，学者手稿的书卷气也自有其收藏价值。司马光自不必说，如元代张仲寿的手稿本《畸斋文稿》历经宋濂、文徵明、项元汴收藏，到清代乾隆时收录在《石渠宝笈》，而不入《天禄琳琅书目》。可知前人对手稿的重视，是当作法书名帖珍藏的。与此相近的还有元郭髦手写日记残卷，今藏上海图书馆。明祝允明《畅哉道人艳体诗》也藏上海图书馆。清末著名词学家陈廷焯，有《白雨斋词话》（图9-16）、《词则》，都是他自己亲自誊录的稿本，行书书写，极流畅优美，如行云流水，

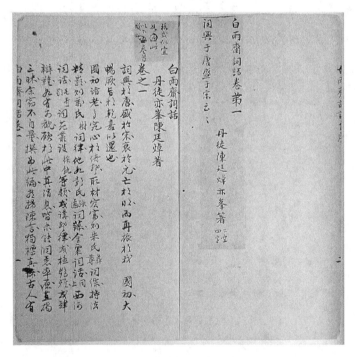

图9-16　陈廷焯《白雨斋词话》，稿本

一气呵成，不仅有很高文献价值，艺术价值也不在其下。至于董其昌亲笔写的《四印堂诗稿》更是小楷的珍品，艺术价值自不待言。

国家图书馆藏清同治间吴县亢树滋手稿《丁我庐小草》（图9-17），是作者亲笔誊清的稿本，经过作者多位师友评阅题跋，每人各以不同墨色圈点批评，有朱、黄、黛、绿、蓝眉批，下钤"渌卿曾读""曼叔过眼""锺瑞眼福""廷琯曾读""星月斋""汪苣""茗生""甘溪过眼""砚贻""亮"十数方印，六色灿然，丹黄满目，极为赏心悦目。

笔者所藏清末书画家、诗人黄小舟诗集《停琴诗草》手稿本，系作者晚年亲笔行书写定，书前有扬州诗人臧谷题书名、有黄承钺、洪祖诒、程镜宇、郭晋超、吴绍伊、郑琦、萧光达、赵寿佺、陈廷焯、王学伊、范用宾等三十九人亲笔书写的诗文题跋，作者一一将原件粘贴于卷首，各色笺纸、各种书体皆有，也非常珍贵。

图9-17　清亢树滋《丁我庐小草》稿本，国家图书馆藏

当然，稿本价值的大小，视作者的学养与影响而定，并不是所有稿本都是善本。明清时代的文人大都经过多年的科举，几乎每个中举或进士及第的人都有自己历年的时文"窗稿"和试帖诗，甚至许多人还有"诗稿"。窗稿多是八股文，"诗稿"多是试帖诗。虽然都是稿本，却没有多大价值。还有大量的乡间塾师用于课徒的四书五经讲义，摘录的用于作诗獭祭的典故，这些所谓的"兔园册子""米汤大全"，要看具体内容，基本没有什么价值。

四、 稿本的鉴定

稿本鉴定比起刻本来难度要大，主要难点在于很难把握书写者的手书风格，很难把稿本与抄本区别开来。一个人有一个人的书法风格，不像刻工有时代的风格特色可循。其实，只要掌握了以下诸要素，稿本的鉴定还是有规律可循的。

1. 看书稿的内容

通过书稿内容看是抄本还是稿本，进行分析，这是最可靠的方法。抄本虽也有修改的地方，大多是文字写错，或漏写，或颠倒，文章原意没有多大改动。而稿本的改动则是在文意上的字词推敲修改，或意思上的修改完善，这两者还是有明显差别的，认真看是可以辨别的。

作者亲笔写的手稿，往往会在作者名下著"手订""手记""稿"等字，加上印章。如国家图书馆藏清雷浚《甘翁诗草》，钤印"雷""浚"印，"式之氏手订书"。雷浚（1814—1893），清代诗人、学者。字式之，号甘溪，江苏吴县人。可知是其亲订的稿本。国家图书馆藏清祁寯藻手稿本《观我斋日记》有“祁寯藻印”，又题“观我居士祁寯藻手记”（图 9-18）。山东省图书馆藏清李廷芳手稿本《袁江于役草》，卷端书名次行有“乙酉七月湘浦手订”（图 9-19）。晚清学者尹彭寿《诸城金石小识》，书名页下有“邑人尹彭寿初稿”，并钤“尹彭寿印”。英和稿本《赓扬集》钤“树琴英和”印。国家图书馆藏清徐琪《接叶闲吟》一册，诗下题“千圃居士徐琪初稿”，钤“臣琪之印”“华农”印。可知此册为御制奉和之作。

有时作者名下自署一“稿”字。国家图书馆藏清恒麟《醉经阁诗稿》，卷端大题“醉经阁窗课诗抄”下，署“月如氏恒麟稿”，下钤“如月之恒”印。

嘉庆丙子二十一年
观我居士祁寯藻手记

图 9-18　祁寯藻《观我斋日记》，手稿本

袁江于役草
乙酉七月湘浦手订

图 9-19　李廷芳《袁江于役草》，手稿本

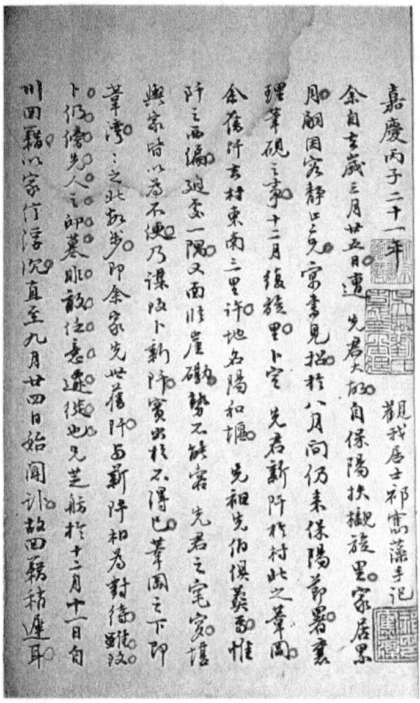

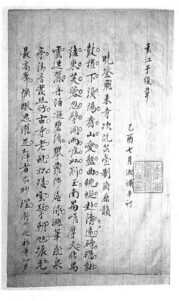

2. 熟悉名人书法字体风格

名人的字体，可分为官场字体与随意字体两种。官场字体特别是清代的诏诰奏章、乡会殿试、应制诗赋题跋，必须用馆阁体楷书书写，不易体现书者的书法风格特点，而日常应酬中率意书写的字最能体现书者的风格。一般在日记、尺牍中是最随意的，名人手校本字也属于私人化的书体。鉴定稿本首先要熟悉一个作者平时日记尺牍的书体风格，也就是我们今天所说的笔迹。这方面可看清人所编的《昭代名人尺牍》，清代吴修编，道光六年（1826）刻本，收集清代 613 位名人的 738 通尺牍，每人各附小传。宣统二年（1910）陶湘编刻了《昭代名人尺牍续集》，石印出版。这类石印和影印的参考书有不少，都可作为鉴定时的参考，如近人钱镜塘收藏明永乐至崇祯四百余位名人尺牍，于 2002 年影印出版，此外如《上海图书馆藏明代尺牍》等。原稿本和修改稿一般都是这样很随意甚至潦草的，而清稿本往往出自弟子或子弟或胥工之手，多是很工整的，大多都是流行的馆阁体。如湖南省社科院图书馆藏《何绍基日记》，是何绍基原稿，随手率意所写，不像书法作品那么讲究。康有为的《论语注》《孟子微》草稿就潦草，东涂西抹，而郭嵩焘的《养知书屋日记》（藏湖南省图书馆）系率性而写，洒脱自然。

3. 熟悉名人室名堂号与稿纸行格

有不少名人有自己特制的笺纸或者书稿纸，在下书口还会有自己的堂号。这是鉴别稿本作者的一个重要依据。清末尹彭寿刻书或写书下书口都有"诸城来山园"堂号。国家图书馆藏清满族崇实的稿本《小琅玕馆学稿》，用的是自制的用于诗文著述的半页六行稿纸，上书口印"课余草"，下书口印"小琅玕"，作者署名"长白崇实"，下钤"完颜崇实"印。清查冬荣著《炊经酌史阁集》用的是作者自制的专门稿纸，左右双边，半页十二行，行二十四字，上书口有"炊经酌史阁集"，有"臣冬荣印"。王筠《说文释例》定稿的誊清稿本用专门为本书定制的稿纸，蓝格，半页十行，行二十二字，上书口印有"说文释例"。丁履恒稿本《谐声类篇》清稿写于印有该书名的稿纸上，前面贴有高邮王念孙的题词。盖写定稿后，专门印稿纸誊清，以备家藏。孙诒让的稿纸，左右双边，蓝格，白口，半页十二行，行二十四字，如其清稿本《周礼政要》《六历臻微》《周礼正义》《温州古甓记》《籀庼述林》等。方宗诚稿本，蓝格，左行双边，半页十行，行二十四字，其《礼记集说补义》《春秋传正谊》都是这种行款。干筠稿本，四周单边，半页十行，行二十二字。王棻稿本，四周双边，半页九行，行二十四字，版心下有"柔桥隐居"。薛福成稿本，红格，白口，四周双边，半页九行，行二十五字（方格）。梁章钜稿本，四周双边，半页七行，行十八字，方格纸，下书口有"茝林撰著"四字，为其专用于著述的稿纸。有些大部头的书，亦专门印制稿纸。如季振宜编《唐诗》，专门为之印制蓝格稿纸，四周双边，半页八行，行二十一字，书口印"唐诗"二字。晚清外交官钱恂夫人、民国初年闺秀词人单士厘辑《清闺秀艺文略》稿本，用自己专门为此书印制的稿纸誊录（图9-20）。

清末以后，许多文人习惯使用方格稿纸书写。这种方格稿纸原是科举考试试卷的格式，各地的府县学和书院科考、岁考都用，一字一格，既整齐划一，又便于统计字数。晚清以后使用得越来越多，如薛福成《出使英法义比四国日记》（图9-21）、王同《武林风俗记》、丁晏《春秋胡传考正》、陈澧《切韵考》、张文虎《校刊史记集解索隐正义札记》、王先谦《新旧唐书合注》等稿本都用这种稿纸。一直到民国仍然有许多人使用，如陈垣的许多手稿都是这种方

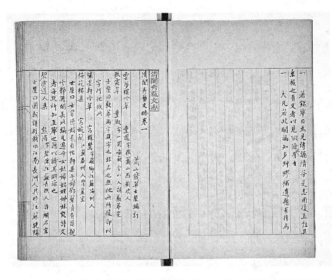

图 9-20　单士厘《清闺秀艺文略》稿本，用专制的书稿纸誊录

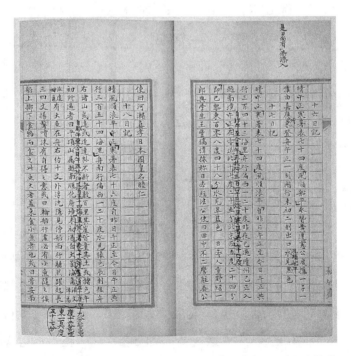

图 9-21　薛福成《出使英法义比四国日记》，稿本，南京图书馆藏

格稿纸，下书口有"励耘书屋"堂号。

不过，需要注意的是，许多学者家里定制的稿纸，有时用来抄书，有时用来著书，虽有堂号，然而是稿本还是抄本，还需要根据具体情况加以辨别。明末祁彪佳，号远山堂，尝撰《远山堂剧品》《远山堂曲品》（图9-22、9-23），国家图书馆藏明末远山堂写的这两种本子，都出于黄裳旧藏。虽然下书口印有"远山堂抄本"，但并不是抄本，而是祁彪佳用自制的抄书稿纸所写的著作。从书迹看，二书当出于一手。前者上面有作者自己涂抹修改的笔迹，《国家珍贵古籍名录图录》著录为稿本，后者著录为抄本，令人费解。难道就因为前者改动几字，后者没有改动，就定为抄本？似乎过于武断。

4. 熟悉名人签名印章

清李兆勖手稿《毛诗笺疏辨异》三十卷（清华大学图书馆藏）

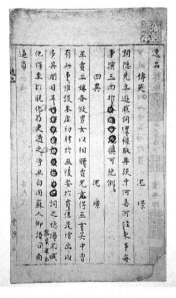

图9-22 祁彪佳《远山堂剧品》，
稿本

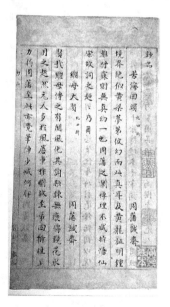

图9-23 祁彪佳《远山堂曲品》，
稿本

后有自己写的跋，首有"李兆勋印"。宁波天一阁藏邵晋涵《诗经篆》系誊清稿本，但首页有"邵氏二云""晋涵之印"。国家图书馆藏清光绪间佚名《鹿末书屋词稿》，绿格，半页八行，行十八字，没有作者题名，卷端底部有"湘侯倚声"印一方，印钤在卷首右下角，即可断定是作者稿本。"倚声"是词的别称，"湘侯倚声"自然是湘侯所作的词（图9-24）。栏外又有题"乙酉岁暮小憩朱仙湘素读过""眉僧拜观"，是作者友人所题（第二首词题目"题金梁感旧图为湘素作"可证）。

5. 借助书上序跋断定

一般在书稿前面的序或后面跋中，会有交代。如广东省立中山图书馆藏陈澧手稿《东塾初学编》清稿本，后有陈澧跋，并钤"陈

图9-24　《鹿末书屋词稿》，稿本，有"湘侯倚声"印

澧之印"。杭州图书馆藏清王同《武林风俗记》（图9-25）是一部清稿本，没有作者签字和印章，但书尾有其子王绮跋曰："《武林风俗记》先君同伯公所辑，未付刊稿本，今夏偶检书箱，重行装订，以手泽所存，子孙宜固藏之。如有余资，当以付梓，聊尽人子之心，以惠先人之志为荷。庚申初夏男绮谨记于怡怡堂。"有单字"绮"印。上海图书馆藏明俞允文《俞仲蔚文稿》，无俞氏签名印章，但后有金农跋语："新安俞祭酒允文，嘉靖间钜公也。文体安雅，书法亦工。此其自书手稿，世所罕传，得之者何异神接蓬壶，复游乎丽农之山，心目为之一快，珍爱又何吝焉？乾隆丙寅秋七月杭郡后学金农识。"

　　稿本鉴定要特别注意稿本与抄本的区别。国家图书馆藏《国朝

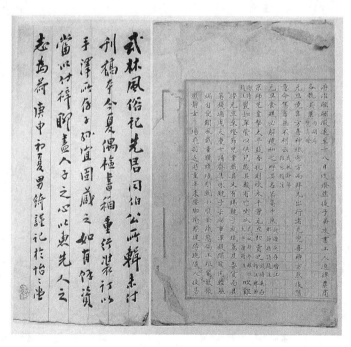

图9-25　清王同《武林风俗记》，稿本

畿辅书录》二卷（图9-26），为清义州李放辑录的学术著作，孙学雷、董光和主编《中国国家图书馆古籍藏书印选编》（线装书局2004年版）版本类别著录为"蓝丝栏抄本"，明显是错误的。这部书为清末民初义州李放辑录，纸张是李放自己定制的稿纸，蓝格，四周双边，半页十一行，下书口有"义州李氏墨幢"，钤有"义州李放""李浪公"朱印，与国家图书馆藏李放的另一稿本《绘境轩画董》九卷（图9-27），字体、版式、钤印纸张悉合，应当都是稿本，而非抄本。另外，一般把墨格称为乌丝栏，红格称为朱丝栏，至于其他颜色，则根据颜色称蓝格、绿格、紫格等，而不称"蓝丝栏""绿丝栏""紫丝栏"等。

手稿本与清稿本有时也容易混淆。一般说来，名家的手稿往往都是极珍贵的，比别人誊清的稿本要有价值得多，因此有些书估会

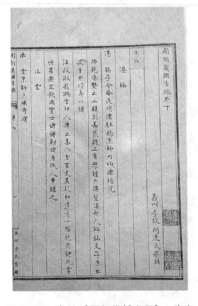

图9-26 李放《国朝畿辅书录》，稿本

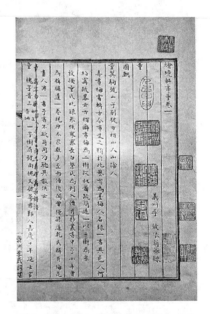

图9-27 李放《绘境轩画董》，稿本

利用清稿本的签名与印章，伪造题跋，以清稿冒充原稿，牟取高价。
翁方纲早在乾隆三十年（1765）前后完成《石洲诗话》后，在广东
雇人誊清一份，他略为校改几处即束之高阁。后来不知何故，这份
清稿却不知去向。过了三十多年后，到嘉庆九年（1804）叶继雯
（号云素）从北京琉璃厂买得此誊清稿。书稿后面有翁方纲的跋：
"此本余视学粤中，归而手缮也。运毫固病纤弱，而前后四万余字，
不旬日而成，洵非今日所能事也。噫！吾老矣，无能为也已。方纲
又记。"叶氏特别重视，题跋珍藏。嘉庆十七年（1812）请翁方纲过
目，翁方纲一眼就看出后来的跋是伪造的。他把伪跋圈掉，在后面
又写一跋说："此是广东雇人誊写，讹字尚未全校改者，不知何人盗
去。云素先生偶买得之，今得借来重抄，亦幸矣。册尾竟有人伪作
拙跋，荒唐已极，可笑可笑。壬申十一月朔。"（图9-28）书商伪造
翁氏跋，目的是以翁氏晚年的题跋，证明此稿是他年轻时亲笔所写，
以高价出售来牟利。伪造的翁氏题跋颇多，如山东省图书馆编的
《山东省图书馆藏珍品图录》（齐鲁书社2009年版）著录的明天启本
《文致》序后的翁跋，一看就知是低级的伪造。

　　翁方纲一生著述甚多，用力至勤，其手稿经过多次修改，然后
请人誊清，誊清后有的又有校改，如所著"五经附记"都有多种不
同的修改稿本。又如《杜诗附记》为读杜甫诗的笔记，精研覃思，
随时增补，前后逾三十年时间，晚年重装成册。"其中为先生手写者
十之八，他人续写者十之二。"（国家图书馆藏《杜诗附记》，梁章钜
跋，图9-29、9-30）熟悉翁氏书法风格的，一眼就可以断定哪是亲
笔，哪是别人所加。

　　其誊清稿，翁氏往往用朱笔或墨笔校改。如国家图书馆藏《苏
米斋兰亭考》手稿系誊清稿，后有清人王树枏跋："定州王文泉孝廉

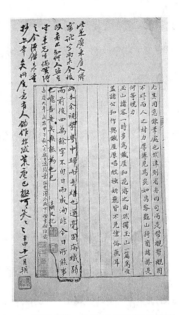

图 9-28　清稿本《石洲诗话》后翁氏的题跋与伪跋，南京图书馆藏

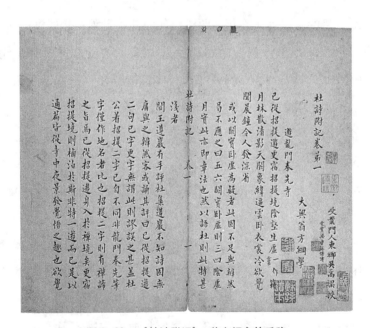

图 9-29　《杜诗附记》，翁方纲亲笔手稿

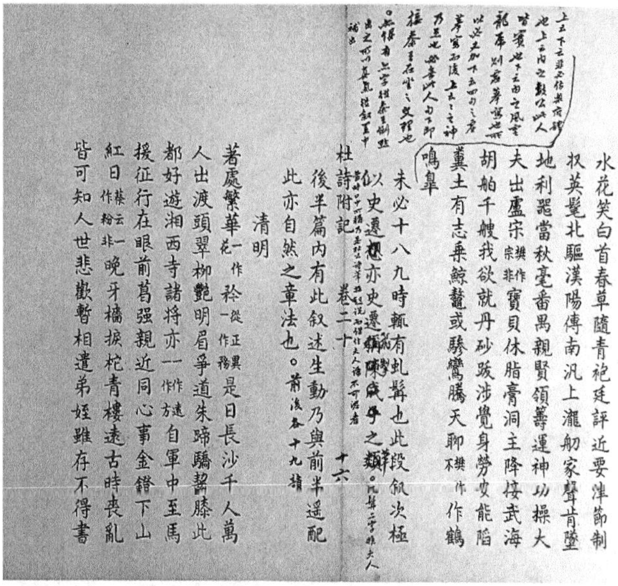

图9-30　《杜诗附记》，翁氏门人增补内容

灏购得翁覃溪先生著书底本数十种，《兰亭考》草稿具在。此盖其誊清之本，红墨笔增删改订之字，皆先生真迹也。何小梅直牧得之袁漱六家，辛亥仲春持以贻予。反复披览，可以想见当日埋头著述之勤矣。新城王树枬跋于北庭。"

有些稿本，既无作者签名印章，也无同时代人题跋佐证，甚至连收藏印都很少，很容易被当作普通的抄本。如燕京大学图书馆旧藏清遵义唐炯《成山庐稿》七卷附《成山草堂稿》四卷（今藏哈佛大学燕京图书馆，图9-31），蓝格，无著者签名印章，著录为精抄本，但经仔细观察研究，此本实系唐炯清稿本，誊录之后请人审订的。唐炯（1829—1909），字鄂生，晚号成山老人。他虽是武将，但长于诗文，《晚晴簃诗汇》尝选其诗多首。他的《成山庐稿》七卷先成，前有七卷总目录，收录咸丰二年（1852）至光绪十二年（丙

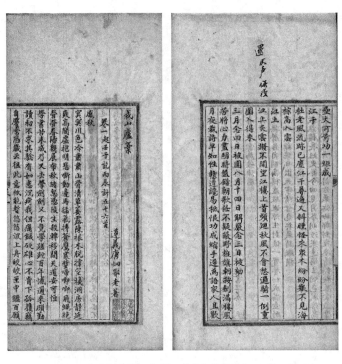

图 9-31　《成山庐稿》七卷，《成山草堂稿》四卷，稿本，
有作者与审订者修订的浮签

成，1886）三十五年间所作的诗。《成山草堂稿》相当于其诗集的外
编，撮拾前集未收的诗，起自咸丰二年壬子，迄同治四年（1865），
书前无目录，可知其为未完稿，纸捻装，书中有浮签夹签。通过对
这些浮签批注的研究，我们可以断定此书版本的性质。《成山庐稿》
和《成山草堂稿》誊清之后，作者只略改数处。《成山庐稿》卷二
《度七盘岭》其二"束薪等官桂，升米足陌钱"下，因无空间，用
浮签加注："《南史·梁武帝纪》：梁初多用九陌钱，中大同元年始诏
民间通用足陌钱。"卷三《江上》诗"秋风不会愁逻骑，一例重围
入得来。"浮签自注："逻，仄声，俟改。"这都是作者自改处。浮签
更多的是审订者的意见。在《成山草堂稿》中，有审订者在一些诗

题目上面加一个或两个三角号，表示此诗较佳或更佳。有的地方加浮签，改正抄写中的讹误。如《成山庐稿》卷一"回眺界首领""领当是岭字之误"。《成山草堂稿》卷一"妻挈"误作"妻挈"，卷二"枨，误作振，赀误訾"，"懴"误"谶"。卷四《观音峡》末句"恬然梦无恐"因触光绪帝讳，"恬字请另易"。《邓伯昭寄示叠子寿观荷诗韵奉怀刘公中丞之作依韵和答兼简子寿》中"国侨缟纻未无因"句"纻"字触道光帝讳，下注"纻字宜缺笔"。《伤秋》其四有"朝廷倘起朱巡抚"用明代崇祯元年（1628）朱燮元平水西土司事，浮签："朱公平水西系总督，非巡抚，请酌。"《成山草堂稿》卷一《夏秋丞丈过草堂出示先君绝命词十六字拓本装册兼为跋尾征题赋此申谢》"执貌殷勤曾废药"，审订者注"废药句有误否?"，从这些浮签上的语气可以看出审订者在审阅其诗稿时提出了意见供作者修改。由此，可以断定此书不是一般的抄本，而是清稿本，并且是作者送人审订的本子，审订人还在上面提出了许多有价值的修改意见。

总之，稿本虽然鉴定起来较复杂，但并非无规律可循，需要借助一些有用的参考书。如清末影印《昭代名人尺牍》，搜罗了清代名人的尺牍，可以看出这些人书法的风格与特点。至于明代，《钱镜塘藏明人尺牍》大致搜罗较备，亦可参考。这对于明清文人的稿本鉴定来说非常有帮助。上海图书馆陈先行编有《明清稿校抄本鉴定》，后面附《明清藏书家稿抄本用纸特表》《明末清代校勘家之印章墨迹》，对明清重要学者、藏书家的室名堂号、印章、用笺的堂号与行格，也非常有参考价值。《北京大学馆藏稿本丛刊》（天津古籍出版社1991年版）汇集了数十家清人手稿，装订为23册。《苏州博物馆藏晚清名人日记稿本丛刊》（全七册，文物出版社2016年版），《国家图书馆藏抄稿本日记选编》（国家图书馆出版社 2015 年版）收抄稿本日记 28 种，《金石学稿钞本集成》（共三编，上海书画出版社 2015 年起陆续出版）汇集上海图书馆藏金石类稿钞本著述共 82 册等等，皆可参考。

第十章
写本与抄本的价值及鉴定

　　在中国的古籍中，有许多书都是以手写的方式存在的。同样是手写本，细分起来却还有很多不同：有些是作者写的手稿，有些是由手稿而辗转的抄录，有些是照其他版本抄录，来源不同，它们的价值也就有所不同。手稿本前面已经说过了，这里专门讲后两种：写本与抄本。在好几种讲版本的书中，如黄永年《古籍版本学》、曹之《中国古籍版本学》、瞿冕良编著《中国古籍版刻辞典》等，都把写本与抄本混而同之，一概归为抄本，这种粗略的分法泯灭了不同版本的特性，不够细致科学。

一、什么是写本与抄本？

　　中国的读书人向来有抄书的传统。看到一部有价值的书，自己没有或买不到，就抄写。抄书是文人读书的一种常见方式，即使到了明清时代刻书已经相当普及，文人抄书的习惯和风气依然不减。文人自己著书，当然也是手写。他写的本子或写后请人誊抄的本子，我们叫原稿本、清稿本，这个概念我们已经很清楚了。但是，如果他的著作经过辗转抄写流传出去，那就有多种抄本了。假如他的著作没有刊行，到后来原稿、誊清稿也不存在了，这些抄本就是它流传的形式，在这种情况下，这种原来的抄本没有任何底本了，我们就不称它为抄本，而称之为写本了。写本的概念很早就有了。李清照《金石录后序》："冬十二月，金寇陷洪州，遂尽委矣。所谓连舻渡江之书，又散为云烟矣，独余少轻小卷轴书帖，写本李、杜、韩、柳集，《世说》，《盐铁论》。汉唐石刻副本数十轴，三代鼎彝十数事，南唐写本书数箧……"可见宋代已用写本这个概念了。

写本，顾名思义就是以手写的形式存在的本子，这是广义上的概念。这个概念太宽泛，所有的手稿本、清稿本、抄本都包含在内，过于笼统，因此需要做个限制。其中，是作者亲自写的称为手稿本，请人誊清的稿本称为清稿本。照着某一种底本抄录的，而且这种底本现在还是可以找到的，确切地说这是抄本。而那些没有底本或后世已经找不到原来底本的书，我们才称之为写本。通常我们把宋元以前没有底本可查的抄本，都称作写本，有明确底本来源的叫作抄本。抄本，过去习惯上写作"钞本"，今天按规范的要求应写作"抄本"。

事实上，历史上有许多书，特别是一些作者或作品不是怎么有名的书，大多数并不可能雕版印刷，一般的文人限于财力，也不可能刻版印刷，只是以辗转手写的方式在社会上流传。这些书可资参考的资料很少，对这类书，人们习惯上也笼统地称之为写本。但当今有许多拍卖行，对于手抄的书，不加分析，一概称为写本。这种做法实际上并不科学。

写本与抄本也因不同的书手而有所区别。有朝廷内府和各级官府机构的写本抄本，有寺庙道观的写本抄本，也有文人学者及藏书家的写本抄本，以及大量的民间写本抄本。写本抄本也有名家写抄、精写精抄本和普通写抄本的区分。

二、 历史上的写本及其价值

从时代的角度来划分，可以分为唐人写本、宋元写本、明清写本等不同时代的写本。从抄写者身份来分，可以分为官府写本、文人写本、民间写本三类。从写本的形式分，可分为普通写本、精写本、彩绘写本、泥金写本等。

（一）唐代之前的写本书

写本书并没有准确的统计数据。根据上海图书馆"中文古籍联合目录及循证平台"所收的中外所藏的古籍目录，写本古籍1889部，抄本古籍67464部，刻本199673部（均含部分影印本）。可见写本比起抄本还是要少得多，比刻本更少了。

唐代之前的书雕版极少，基本上都是手写本。即使是照着前人的书抄写下来的，今天也都见不到底本了，所以一概称之为写本。今天我们能够看到的唐代以前的写本主要是敦煌遗书，绝大多数是佛经，也有极少数当时寓居寺庙的读书人抄写的经史文章类书。

唐前写经，流传到今天最早的是清末在新疆吐鲁番发掘的西晋元康六年（296）所写佛经卷子本，今藏日本。国内现存有确切纪年的最早的一件是西凉建初十二年十二月（417）《律藏初分》残卷，今藏国家图书馆（图10-1）。东晋、十六国以前的写经，楷书中有很明显的隶书痕迹，那是汉代通行的隶书在后世的流风遗韵，也是这一时期写本的明显痕迹（图10-2）。

南北朝时期北方的写经，北魏的碑体字占明显的主体地位，笔画起笔方整，隶书还没有完全失去其影响，横笔的波磔较重，捺笔

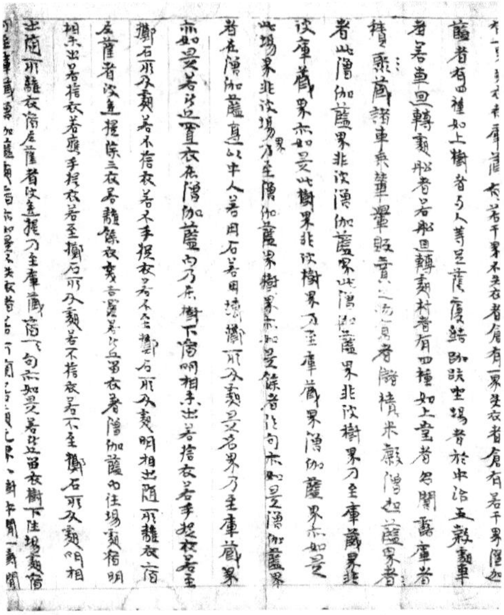

图 10-1 《藏律初分》卷三，西凉建初十二年十二月（417）写本

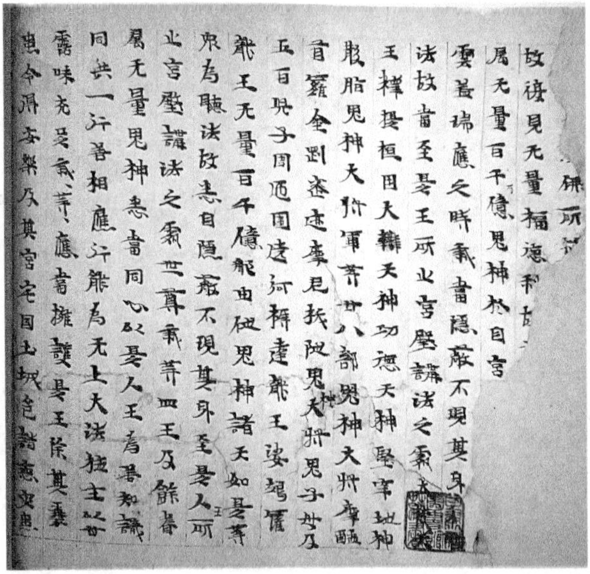

图 10-2 东晋写本《金光明经》残卷，甘肃省图书馆藏

很粗很重很夸张，字显得方硬而笨拙（图10-3）。这些写经因为敦煌石室的发现而流传下来。南朝的写经就很少见。

隋唐之后特别是唐代，二王的楷体才得以流行，没有了前面隶书与北魏碑体的特点，但也没有二王的流畅优美，大多数是寺庙写经生的字。由于抄经手固定下来的写字特点，缺少变化。

唐人写经大多数是寺庙里的和尚和写经生抄写，偶尔也有宫廷的抄写，如国家图书馆藏唐高宗仪凤元年（676）间写的《金刚经》残卷，就是由宫廷书手刘弘珪书写，秘书省书手萧元信三校，使朝散大夫守尚舍奉御阎玄道监制。根据卷后的题识，可以知道这部《金刚经》是宫廷所写。宋代之后，也有一些写本的佛经，最有名的是北宋金粟山广惠禅院写本的《大藏经》。

除佛教经书之外，也有一些其他写本保存下来。如相传为唐代吴彩鸾写本的《唐韵》（图10-4），也是写经生字体，今藏台北"故宫博物院"。还有不少写本流传到日本，如日本东京国立博物馆、日本京都大学人文科学研究所收藏唐初写本伪孔安国《古文尚书》残卷。尚有一些出土的写本，如新疆出土的唐景龙四年（710）卜天

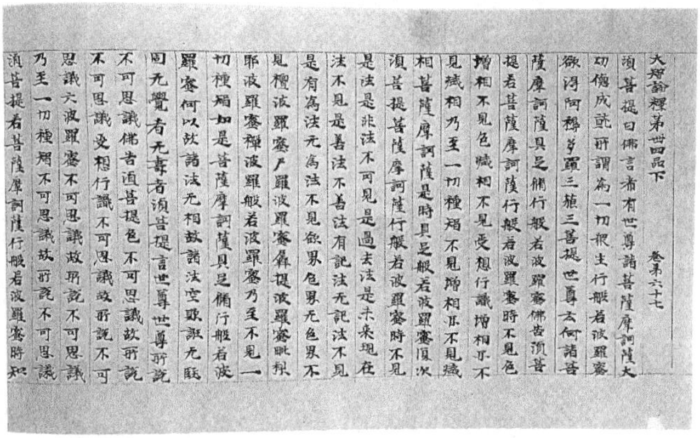

图10-3　《大智度论》卷六十七，南北朝写本

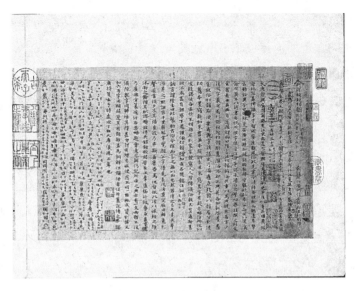

图 10-4　《唐韵》，吴彩鸾写本

寿写本《论语》残件（新疆维吾尔自治区博物馆藏），唐写本的《文选》等。

最近几年，有一些从日本回流的所谓唐人写经，很少有真的东西，多以日本人的写经冒充唐人写经。不同时代有不同的字体。唐人写经都是唐代寺庙里的专门写经手书写。他们写的字体，不仅与当时社会上文人书法家的写字不同，与后世的书法差别更大，更不要说与日本人书法字体的差别了。台北新文丰出版公司 1981 年出版了黄勇武主编的《敦煌宝藏》，厚厚 140 册，搜罗了英国、法国、中国及日本所藏的敦煌卷子，还附有佛像及研究资料。北京图书馆出版社 2005—2012 年陆续出版了任继愈主编的《国家图书馆藏敦煌遗书》146 册，四川人民出版社 1990 年出版了《英藏敦煌文献（汉文佛经以外部分）》14 册，两者都是影印出版，对于了解写经的字体格式非常有帮助。

（二） 宋元以后著名写本

宋代以后虽然雕版日渐普及，但还是有不少书以手写方式存在，比较典型的，如国家图书馆收藏的南宋淳熙十三年（1186）写宋仁宗撰《洪范政鉴》十二卷（图10-5，原为傅增湘双鉴楼藏），朱丝栏，蝴蝶装。另外，尚有台北图书馆藏南宋馆阁体写本《太宗实录》（原藏海盐张氏涉园），上海图书馆藏宋写本《华阳隐居真诰》，等等。

另一类是部头比较大的书籍的本子，雕版不容易。明代的《永乐大典》、清代的《四库全书》是历史上最大的两种写本。《永乐大典》在永乐年间编成后誊写一部，这是永乐正本。到了嘉靖年间担心正本遗失，从嘉靖至隆庆年间又誊写一部，称作"嘉靖录副本"。正本据说为嘉靖皇帝陪葬永陵，后世无一册流传。清代以后只有嘉靖录副本存世，乾隆修《四库全书》时，只剩八千多册，至1900年八国联军入侵时几乎丧失殆尽，今天全世界现存的《永乐大典》加起来才418册，相当于原书的3%左右。《永乐大典》是用明代馆阁

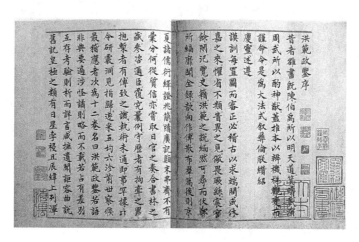

图10-5　《洪范政鉴》，南宋写本

体抄写的。朱丝栏，大黑口，四周双边，朱墨两色书写。半叶八行，大字单行十四五字，小字双行不顶格二十八字，开本阔大，白色皮纸，硬黄纸包背装，非常豪华（图10-6）。

清代的《四库全书》是规模更大的写本书。清代乾隆三十八年（1773）开始编纂，四十六年（1781）文渊阁本编成，收录书籍3462种36000余册，相当于《永乐大典》的3.5倍。因为过于庞大，朝廷无力刊行，只能以手写方式完成。乾隆三十八年先精选出其中特别有价值的一部分计468种，至四十三年（1778）写成《摛藻堂四库全书荟要》，藏于紫禁城坤宁宫摛藻堂。《荟要》专供皇帝御览，无需忌讳文字内容，因而尽录原本，存真求实，写得也最精，今存台北"故宫博物院"。《四库全书》用清代规范的馆阁体抄写（图10-7）。朱丝栏，白口，单鱼尾，四周双边，八行二十一字，注

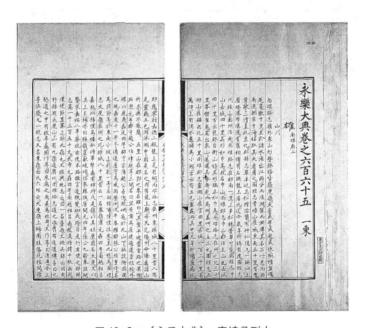

图 10-6　《永乐大典》，嘉靖录副本

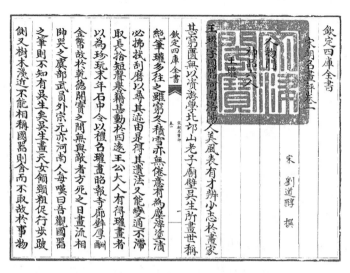

图 10-7 《四库全书》，清乾隆文津阁写本

文双行小字。版心上题"钦定四库全书"，中记书名，下记页码。存于文渊阁、文溯阁、文源阁、文津阁的北四阁本用开化榜纸，存于文汇阁、文宗阁、文澜阁的南三阁本用坚白太史连纸，每册卷首都钤有玺印。

经常会有人把写本与抄本混为一谈，称《永乐大典》为"嘉靖抄本"，《四库全书》为"文渊阁抄本"，这种称呼是不准确的。

三、 写本的主要类别

内府在朝廷史馆编写历朝实录、会要、起居注、御制诗文集，在没有正式印行之前都以写本形式出现，有时会抄录副本，作为存档。如明朝各代皇帝的《御制文集》、《清太祖实录》不分卷、《大清太祖高皇帝实录》十卷，大部分随清宫变迁分别藏于台北与北京故宫博物院及各地图书馆。这类写本历史上还有不少，如清朝的爱新觉罗世系谱、官秩谱档案等，并不对外发行，只要写本存档就行。如清道光间写本《爱新觉罗家谱》今存北京大学图书馆。大臣的奏折、朝廷的诏谕、朱批的奏折、宗室的档案等，大多都是写本，这类写本应当有许多种。根据传统习惯，分为精写本、彩绘本、泥金泥银写本、普通写本等类别。

1. 精写本

写本中写得最好、最有文物价值的书，当然是内府精写本。明清两代的内府都有不少写本书，如明代内府写本《论语集注大全》（藏北京大学图书馆），清代顺治写本《和硕郡主封册》（藏内蒙古自治区图书馆），康熙内府写本《二程全书》（藏故宫博物院），乾隆内府写本《银海精微》（藏南京图书馆）、《何博士备论》（藏上海图书公司）、《幸鲁宝翰》（藏山东大学图书馆）、《日知录删余稿》不分卷（藏河南省图书馆）。有些名家的写本，如明成化年间著名台阁体书家姜立纲手书的《四书白文》是明代最好的馆阁体字写本，开本阔大，书末有王士禛、赵用贤跋，现藏于日本宫内厅书陵部图书寮（图10-8）。

除内府外，其他一些机构如国史馆、国子监及各部院都有不少写本。如明代太祖、太宗（成祖朱棣）、宣宗、英宗等各代御制文集与实录，清代内府写的各种文诰、诏令及档案。清代的《西清古鉴》《石渠宝笈》《秘殿珠林》等都写得非常精美，写工与装潢都特别精致豪华。

明清时代不少王府也有许多写书抄书，如著名的清代蒙古车王府抄曲本，1925年为北京孔德学校马隅卿购得，并委托顾颉刚整理，计1444种2154册，分类编目，总名为《蒙古车王府曲本》，藏北京大学图书馆。曲本内容分戏曲和曲艺两大部分。戏曲有850余

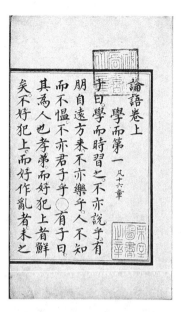

图 10-8　明姜立纲手书的《四书白文》

种，其中京剧最多，约居半数，次为昆曲，有 80 余种，再次为皮影戏、木偶戏、高腔、弋阳腔、吹腔、西腔、秦腔等，还有相当数量的不明剧种。这些书除了少部分的刻本和抄本外，大多数都没有其他底本参照，只能归作写本。

历代皇宫内府都会手写大量的书。因为有的书只是供皇帝或者朝廷少数人看的，不对公众开放，所以没有雕版印刷的必要，就以手写的方式供人阅读，这类书往往非常精致，字写得非常好，装潢豪华。如清朝乾隆武英殿写本《皇朝礼器图式》（藏辽宁省图书馆）、《备物昭诚·祭器图》（藏故宫博物院）、《西清古鉴》等。

内府抄本或写本，往往分不同颜色抄写。如明代《永乐大典》，用两色抄写。清代内府抄的一些戏本（有的是照刻本抄的），把宾白、唱词、宫调曲牌等用不同的颜色抄写，色彩斑斓醒目，如清内府四色抄《昆弋腔选曲》（藏河北大学图书馆），上海图书馆藏《进

图 10-9 《江流记》，清内府四色写本

瓜记》、《江流记》（图 10-9），当是《昆弋腔选曲》中之零本。作为清中期皇家藏戏本，戏曲曲牌名用黄色，唱词部分用墨色，科白用绿色，场步注脚是红色，色彩斑斓，赏心悦目。书的内封上都有乾隆的"五福五代堂宝""八征耄念之宝""太上皇帝之宝"三大印章。

2. 彩绘本

彩绘本是写本中最有观赏价值的书，特别是宫廷或官府彩绘，书写工整，色彩绚丽，非常美观。内府彩绘本最豪华，其中明代内府彩绘最多。如永乐、宣德时《古今列女传》（存卷三，明解缙等奉敕撰），《御制外戚事鉴》（明宣宗撰，日本东洋文库藏），明宣德时期彩绘本《千家诗》（北京、台北故宫博物院藏），《唐玄奘法师西天取经全图》（零本一册，日本东北大学附属图书馆藏），明孝宗时期太医院刘文泰奉敕编写彩绘本《本草品绘精要》，文徵明玄孙女文俶彩绘本《金石昆长草木状》等。彩绘本中明清彩绘舆图是数量最多的，主要为山川形势、关隘要塞、河防海防及各府县舆图。上海书画出版社2021年出版的《中国国家图书馆藏山川名胜舆图集成》收录了大量珍稀明清彩绘舆图，如《长江图》《黄河发源归海图》《八省运河泉源水利情形图》《五台山圣境全图》《西湖三十二景图》等，书写精美，色彩华丽，有非常高的文物价值和艺术价值。

图10-10　《江西省府县分图》，清初彩绘本，国家图书馆藏

不像刻本可以成批刷印，写本只有一部，即使内容相同的书，不同人的写本，也有很大的不同。

3. 泥金泥银写本

写本中，有一种独特的文物，就是泥金写本，往往是在磁青纸上用泥金粉书写佛经道藏这一类的书。泥金或泥银写本一般都是用于宗教类经卷，最多的是佛教，也有道教或民间宗教宝卷写本。纸张一般都用较深色的磁青纸，金黄色或银白色泥金字体显得非常耀眼，金碧辉煌，装帧豪华大气，常用云锦或缂丝作书衣。有的用泥银题写书签，如江西省图书馆藏《太上洞玄灵宝无量度人上品妙经》是一部明代泥金写本的道教经书，封面缂丝，泥银题写书签。闻名于世的泥金写本有：南京图书馆藏辽重熙四年（1035）《大方广佛花严经》，苏州博物馆藏唐五代写本《妙法莲华经》、北宋初年写本《佛说阿弥陀经》，西安博物院藏西夏光定四年（1214）泥金写本《金光明最胜王经》存三卷，温州博物馆藏宋泥金写本《妙法莲华经》，山东省博物馆藏明成化十一年（1475）内府泥金写本《观世音菩萨普门品经》一卷，江西省图书馆藏明《太上洞玄灵宝无量度人上品妙经》，故宫博物院藏乾隆三十五年（1770）泥金写本《大藏经甘珠尔》，国家图书馆藏清代泥金写本《金光明最胜王经》《能断金刚般若波罗蜜经》，等等。藏文佛经中还用银粉写经书，尚有一种明代泥金、泥银同时并用的《金光明最胜王经》，甘肃省张掖市甘州区博物馆藏有残卷（图10-11）。这类写本文献价值也许并不是很高，但佛经的扉页画却非常精美，光彩夺目，有特殊的文物价值和艺术价值。

4. 普通写本

民间普通的写本存世数量较多。这类书形式上一般不是很考究，

图 10-11　《金光明最胜王经》，明泥金泥银写本

字也不一定很工整，装帧很多是纸捻装，但却有许多相当稀见的内容。一般文人诗文集大都是手写本，很少能有刊刻的机会。民间流传最广的小说、戏曲、唱词、小调，也是辗转抄来抄去。各种族谱、家谱也占很大比重，都是几代不断积累写成的。如山东省博物馆藏的《忠惠咸阳王赛氏家传》不分卷，为从元大德三年（1299）一直持续至清光绪八年（1882）的写本。各种机构或家族的档案，也都以写本的形式存在。如笔者收藏的一部清末"中英芜湖公共租界往来信函"（图 10-12），就是极普通的毛装本，抄录了光绪二十七、二十八年间（1901—1902）中英芜湖公共租界当局同官府的所有往来商谈的信函、芜湖租界条约的草案和最后的定稿及照会文字，具有很高的文献价值。这类普通抄本，在民间应当有不少，并未引起人们的普遍重视。

四、 抄本的种类和价值

抄本是指根据一个明确的底本抄录的本子。这种底本有可能是刻本，当然也有可能是稿本或其他写本。照刻本抄录的比较好辨别，

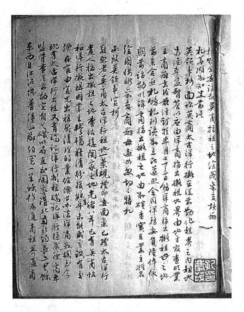

图 10-12　中英芜湖公共租界往来信函

因为刻本往往是成批量的，流传下来的也比较多。依据稿本或者其他手写本的就比较难以断定。宋元以后雕版印刷虽然越来越普及，但抄本却没有减少，反而越来越多。原因自然是多方面的。最重要的当是中国文人以抄代读的读书习惯。看到一部有价值的书，光句读圈点还不够，还要以抄写代之。明末张溥堂号"七录斋"，说自己读书要手抄七遍。梁启超在《清代学术概论》中说清代的文人最好的读书方法就是抄写。看到一部好书，首先想到的不是去买，而是去抄写。至于宋刻元椠，日渐稀少，名家手稿，具见文心，比一般的书更不容易得到，就更主要地依赖于抄录，明清时代的文人很多就有这种良好的读书习惯，有许多藏书家还有专门用于抄书的纸，即便一般的文人学者，也要抄书。互相借书抄录不仅可以不花钱使自己的藏书日增，而且可以通过抄录深入理解，加深记忆。根据不同人的不同读书目的和抄书习惯，抄本可分为以下几种。

1. 影抄本

所谓的影抄，就是用白纸覆在原书上面，像描红那样照着临摹，旧时一般常写作"景钞"。影抄在当时的条件下是最接近原貌的，所谓下真迹一等，比起其他抄本都更接近书的原貌，也更珍贵。把影抄的书刻出来就叫作影刻。影抄主要针对那些特别稀少、特别贵重的宋元版书，重点是要保存书的原貌，照原样复制下来，所以影抄本基本都是精抄本。明末清初毛晋汲古阁对于藏家不愿出售、只能借阅的宋元刻本，常用这种方法复制下来，用洁白薄纸覆在宋版书上面，照原样精心描摹，连原书的版框、避讳字、收藏印章都照原书描下来。毛氏影宋抄本，如影宋浙刻《农书》《蚕书》《於潜令楼公进耕织二图诗》，今藏河南省图书馆。南宋浙江书棚本《周贺诗集》经清初毛奇龄、季振宜、徐乃昌递藏，今存东北师范大学图书馆（图10-13）。影抄叶梦得《石林奏议》，有毛晋、傅增湘跋，今

图10-13　《周贺诗集》，明末清初毛氏汲古阁影宋抄本

藏中国社科院文学研究所。明代影抄宋元版书肯定不止毛氏一家。

　　国家图书馆藏一部明影抄宋版《芦川词》，不知为何人影抄，有何焯、黄丕烈、张元济收藏印，虽无边框，但字体写得极富宋版颜体的神韵。毛晋家里经常有十几个写手日夜为他抄写，其中影抄多为江阴书画家周荣起（字砚农）所写。王士禛《居易录》称其为"江阴老儒，书多手抄，精六书之学。毛子晋校刻古书，多其勘正"[①]。这些影抄本后世称为"毛抄"。清孙从添《藏书纪要》说："汲古阁影宋精钞，古今绝作。字画纸张、丝栏图章追摹宋刻，为近世无有。能继其作者所抄甚少。"[②] 有人由此而得出影抄是毛晋所发明的。这种看法是错误的，在毛晋之前实际就有不少影抄。影摹是中国书画（当然也包括书籍）复制与保护最常见的方法，唐代摹写书画的双勾、单勾法就已经有很多了。用影抄的方法刻书至迟应该在元代就有了，在元代大德年间覆刻宋版书，版框字体与宋版完全相同，这种覆刻其实就是先影抄，然后再上版。明代嘉靖以后，由于重宋刻的时代风气，导致影抄影写宋版的书有很多。丁丙《善本书室藏书志序》说："前明姑苏丛书堂吴氏、四明天一阁范氏，二家之书，半系抄本。至国朝小山堂赵氏、知不足斋鲍氏、振绮堂汪氏，多影抄宋元精本，笔墨精妙，远过明抄。"毛晋之后至清代也有一些影抄本，如清初钱谦益、钱曾、席氏酿华草堂也有影抄，清钱曾影宋抄本《潜夫论》，不明堂号影抄宋本《周髀算经》（辽宁省图书馆藏），等等。席氏影抄《新加九经字样》，经清人汪士钟、杨绍和及近人周暹递藏，今藏国家图书馆。

---

　　① 王士禛：《居易录》卷十八。周荣起是书画名家，又见《江南通志》《江阴县志》诸书。

　　② 孙从添：《藏书纪要》第三则"抄录"，藏修堂丛书本。

但清代影抄影写，难免受当时人人幼而习之的馆阁体的影响，带有浓重的馆阁体痕迹，与原刻本字体有明显的差别。有的影宋抄本，只抄文字，不划行格界栏，如清钱曾影宋抄本《潜夫论》，嘉庆时黄丕烈藏影元抄本《伤寒百证歌》，咸丰时韩氏影抄宋嘉定本王叔和《脉经》，大失宋本原貌。乾隆以后影抄又多了起来，也比前期更精。光绪时西方的照相石印技术传入中国，影印就取代了传统的影抄。

2. 明清内府抄本

明清内府抄书，许多重要的书民间无缘得见，其文献价值和文物价值都是极高的。前面说过的《永乐大典》虽然绝大多数散佚，存世只有百分之三。但清代内府有《永乐大典目录》六十卷的抄本，共十四册，卷首《御制永乐大典序》，书上钤有"桐城姚伯昂氏藏书记"阳文方印，知为清代嘉庆时姚元之抄本。据此可以了解《永乐大典》各卷的内容。台湾藏一部明代的抄本《永乐琴书集成》二十三卷，有学者从《永乐大典目录》第二十五卷"廿一侵"字、册号9512—9534"琴"字下标"大明永乐琴书集成"，共二十三册，考证出这部分内容，就是现今存世的《永乐琴书集成》[①]（也是二十三卷）。这个考证很有意义，如果准确，就可以为《永乐大典》增加二十三册内容。

又如北京故宫博物院藏《佩文韵府》四百四十四卷，清乾隆年间内府朱墨精写袖珍本，上海图书馆藏四色抄本《江流记》《进瓜记》，南京市博物馆藏清内府五色抄本《金印记》《登科记》，宁波天一阁藏清内府四色抄本《蟠桃会》，等等。

---

① 参见张升：《〈永乐琴书集成〉真伪再考》，《音乐文化研究》2021年第3期。

清代皇宫南府（后改名升平署）还有许多抄写的戏本，是研究戏曲的珍贵资料，大致有六类：有供皇帝后妃阅读的"安殿本"，有专供排演人员使用的"总本"，有记录戏中某角色单词的"单头本"，有记录戏中角色歌唱、唱词、音符和节奏等的"曲谱"，有记录戏中人物身段、武打等表演提示和舞台调度等的"排场""串头"，还有记录演出角色出场顺序等的"题纲"。清亡后这些戏本大部分藏于故宫博物院，后来一部分南迁到台湾，一部分在国家图书馆。故宫出版社 2016—2017 年出版的《故宫博物院藏清宫南府升平署戏本》收集了故宫所藏的 11000 余册戏本。

3. 名家精抄本

藏书家动辄以精抄本标示，在后世的著录中就有了一个约定俗成但比较含糊的名称"精抄本"。精抄本是区别于普通抄本而言的，就像精刻本区别于普通刻本一样。但什么是精抄本并没有一个明确固定的标准，所谓的精抄本应当包含以下几个方面。一是校勘精、价值高的本子，经过认真的校勘，错误少，质量高。二是内容完整无缺的足本，比起其他本子，内容更完整，没有残缺。三是名家抄的本子，如著名的文人、学者、藏书家所抄的本子。当然，上述的影抄本也属于精抄。四是书法好、艺术价值高的本子。

宋元名家抄本，传世者极寥，几于星凤。元代抄本今存者很少，国家图书馆藏元抄元人刘埙《水云村泯稿》存十卷（图 10-14），用当时很流行的赵体行书抄写。台北"故宫博物院"藏元至正二十五年（1365）松江（今上海）曹善抄本《山海经》至为珍贵。此书后有曹善跋语，又有王世贞、陈继儒题跋与收藏印章。原为清内府石渠宝笈所藏，有"乾隆御览之宝""五福五代堂古稀天子宝""八徵耄念之宝"三大印。

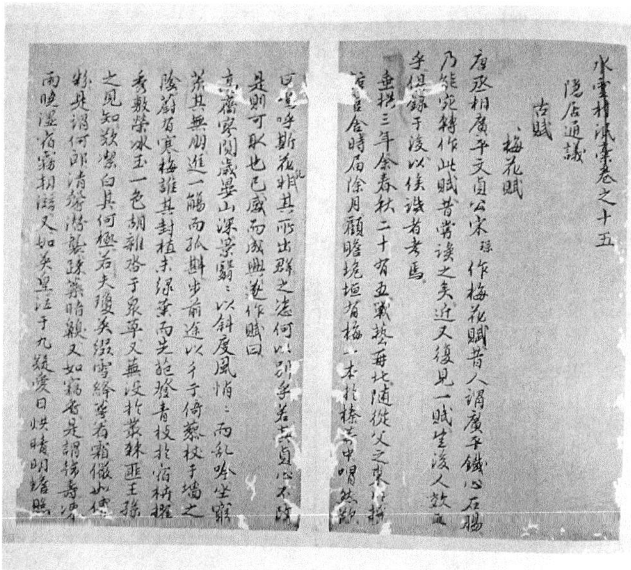

图 10-14 　《水云村泯稿》，元抄本

　　明清两代学者与藏书家抄本较多，往往有专门抄书的纸张，在版心或栏外标明自己的堂号，或钤有自己的印章。据叶德辉《书林清话》所列的名家抄本，明代的主要有：长洲吴匏庵宽"丛书堂"抄本，名吴抄；文徵明"玉兰堂"抄本，曰文抄；金坛王宇泰（肯堂）"郁冈斋"抄本；吴县沈辨之（与文）"野竹斋"抄本，上有"吴郡野竹斋沈辨之制"；常熟杨梦羽（仪）"七桧山房"抄本，或有"万卷楼杂录"；无锡姚咨抄本，版心有"茶梦斋钞"；赵琦美"脉望馆"；昆山叶盛"菉竹堂""赐书楼"抄本；常熟秦四麟抄本，版心有"致爽阁"或"玄览中区"；山阴（今浙江绍兴）祁承㸁抄本，版心有"澹生堂钞本"五字；宁波范钦"天一阁"抄本；秦汴"绣石书堂"抄本；常熟毛晋汲古阁抄本，版心有"汲古阁"三字；长乐谢肇淛抄本，版心有"小草斋钞本"。清代的如：常熟冯氏三兄弟，冯舒抄本有"空居阁"，冯彦渊抄本格栏外有"冯彦渊藏本"

五字，冯班抄本格栏外有"冯氏藏本"四字；钱谦益抄本，版心有"绛云楼"三字；钱曾抄本，格栏外有"虞山钱遵王述古堂藏书"或"钱遵王述古堂藏书"；钱谦贞抄本，版心有"竹深堂"三字；叶万抄本，板框外有"朴学斋"三字；秀水曹溶抄本，版心有"槜李曹氏倦圃藏书"八字或"静惕堂"；秀水朱彝尊抄本，有"曝书亭"；昆山徐乾学及其子圣秋抄本，版心有"传是楼"三字；休宁汪氏抄本，有黑格，版心有"摛藻堂"三字；吴县惠栋抄本，格栏外有"红豆斋藏书钞本"七字；仁和赵昱抄本，有"小山堂钞本"五字；钱塘吴焯抄本，版心有"绣谷亭"三字；汪远孙"振绮堂"抄本；海昌吴骞"拜经楼"抄本；钱塘何元锡"梦华馆"抄本；歙县鲍廷博"知不足斋"抄本；桐乡金檀"文瑞楼"抄本；萧山王宗炎"十万卷楼"抄本；钱塘丁丙"八千卷楼"抄本；金山钱熙祚"守山阁"抄本；归安（今浙江湖州）姚觐元"咫进斋"抄本；钱塘厉鹗之"樊榭山房"抄本；阳湖（今江苏武进）孙星衍"平津馆"抄本；瞿镛铁琴铜剑楼抄本，栏格有书耳"海虞瞿氏藏本"，下书口有"恬裕斋"；陈文田有蓝格稿纸，版框左下栏外有"晚晴轩陈氏钞本"；潘介祉抄本，黑格黑口，下书口有"渊古楼抄藏本"；江山刘履芬抄本，黑格或素纸无行格，书尾有自己的题记；等等。以上藏书家，大多数一辈子抄书不辍。明代叶盛说自己："服官四十年，未尝一日辍书。虽持节边徼，必携抄胥自随。每抄一书成，辄用官印识于卷端。"[1] 如明代吴宽，号匏庵，其抄书版心有"丛书堂"号，用朱丝栏方格的稿纸，便于计字数，虽不是很美观，但其质量为后世所重。吴宽抄《山海经》，亲笔书写，随意挥洒，其所抄

---

① 叶昌炽:《藏书纪事诗》卷二，光绪文学山房刊本。

《广川书跋》（图 10-15），经太仓黄子羽、苏州叶树廉、秦氏味经书屋递藏，后有钱大昕、顾莼、席佩兰、方若蘅题跋，顾氏说："丛书堂精抄本，内有文定公手迹，校旧抄别本多是正，珍护之。"方氏云："道光辛卯秋九月，从味经书屋假校陆敕先藏本，正讹字二十余处。吴文定丛书堂抄本素称善本，良然。"又如祁承爜在天启二年（1622）说他自己近十年来抄书"约已二千余本"。姚咨抄本每有自己校订，盖上"姚伯子手校书"印章（图 10-16）。可见大多数藏书家除了购买和交换之外，抄书而藏也是一个很重要的办法。

有些著名文人学者不以藏书为目的，只是出于兴趣或精神寄托而抄，这部分名家精抄本，不用固定的抄书榀纸，也可能没有标自己的堂号，或有其特殊的作用。如傅山、黄道周、钱谦益都抄过不

图 10-15　明吴宽丛书堂抄本《广川书跋》后题跋

少书。明末黄道周抄写《孝经》（今藏西泠印社），书写于崇祯十四年（1641）因言事系刑部狱时，后有自己跋语，表明自己不得已之苦心、杀身成仁的思想。清初李绂抄野鹤老人撰、李文晖删定《简易秘传》黄格抄本（今藏中国台北图书馆），在作者下标"临川李绂手录"，并钤"穆堂"印章。王国维抄《南唐二主词》（图10-17），是其光绪三十四年（1908）时所抄，随手抄录，间有圈点，后有跋语，现藏国家图书馆，就因王国维的抄录圈点而增加了艺术价值。

名家精抄的价值，就在于他们多为学者藏书家，阅藏丰富，所抄的书皆为精心选择，出自善本、孤本，比通行本更精更全，有较高文献与文物价值，在抄的过程中还有一些认真的校勘订正，故无论是底本的质量还是抄书的质量都比较高。有许多学者名人又是书

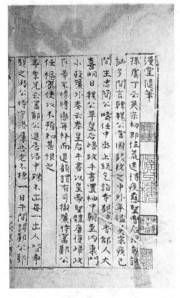

图10-16 　《漫堂随笔》，
明嘉靖间姚咨抄本

图10-17 　《南唐二主词》，
王国维抄本

法家，精抄细写，无疑又是一件精美的艺术品。明代著名书画家钱穀少时家贫，少游文徵明之门，日取架上书读之。手录古文金石书近万卷，闻有异书，必手自抄录，几于充栋，成一代大收藏家。清顺治十一年（1654）学者傅山抄写本《金刚般若波罗蜜经》（今藏山西太谷县图书馆），虽是很常见的佛经，但因傅山的书法而有极高的艺术价值。

这些名家精抄本，有一些并不一定完全由本人抄写。可能是子弟、弟子或家里写工所抄，但一般都经过他们亲自校改，校改的地方正是其价值所在。有些不是很知名的精抄本，如清末王立承精抄的汪廷讷《环翠堂新编投桃记》二卷（藏美国哈佛大学燕京图书馆，图10-18），不仅字写得极工整，而且图都描画得一丝不苟，完全是一件精美的艺术品。

图10-18　《环翠堂新编投桃记》，王立承精抄本

4. 民间稀见抄本

除了上述几种抄本之外，民间一些不太知名的人的写本抄本数量更多，也有许多是很有价值的。历史上还有一些书坊或书估，也以抄书牟利。因为抄书较刻本来得快，稀见的抄本也能卖出比刻本更高的价格。清代嘉庆时苏州书估钱时霁（号听默）萃古斋就有不少稀见抄本，见于记载的就有唐王维《王右丞集》十卷、宋徐铉《徐骑省文集》三十卷、宋杨杰《无为集》十五卷、宋杨伯嵒《六帖补》二十卷、宋张师正《括异志》十卷、宋洪迈《史记法语》八卷、宋陈均《皇朝编年备要》三十卷、宋王溥《五代会要》三十卷、宋李心传《建炎以来朝野杂记》甲乙集各二十卷、宋许叔微《类证普济本事方》十卷、宋释文莹《玉壶清话》十卷、明徐达左《金兰集》三卷续集一卷、清初顾炎武《天下郡国利病书》百二十卷、清钱谦益《绛云楼书目》等等。他是一个书贩，却有许多稀见抄本、刻本，往来于江南淮扬各藏书家之间，与马曰琯、曰璐兄弟，黄丕烈为书友，为他们提供书籍。他也有专门的抄书稿纸，蓝格，边框左下栏外有"萃古斋钞本"。黄丕烈所藏的书中，还有许多并不知名的人的抄本。如胡茨村抄的《安南志略》，胡氏寂寂无闻，但钱大昕曾借读此书，并用朱墨两笔细校若干文字。历史上常常把这些抄写时代、抄写者不明确的本子，称之为"旧抄本"。这些大多都是民间抄本。

五、 写本与抄本的鉴定

（一） 写本抄本的区分

写本、抄本的区别是确定一本书性质的重要一步。写本或抄本一般都比较少见，要确定它属于什么种类、有没有底本，需要借助目录学著作，如公私藏家藏书目录《中国古籍善本书目》《中国古籍总目》。现在又有好几种中华古籍联合目录数据库，如国家图书馆、上海图书馆及台北图书馆都有自己的"中华古籍联合目录"，都可以查找利用。也可以利用罗伟国、胡平编《古籍版本题记索引》、国家图书馆出版社《国家图书馆藏古籍题跋书目丛刊》、中国书店《海王古籍书目题跋丛刊》、上海古籍出版社《中国历代书目题跋丛书》中的索引检索。如果一本古籍有内容相同的底本，且有多种版本，那肯定是抄本。如果没有同类的刻本，或者其他版本的书名卷数有差异，最好是对两种版本进行比较，看其差异之处到底有多人，如果有明确的书名，卷数、篇目次序不同，则有可能就是写本。

（二）写本抄本价值的鉴定

写本抄本的价值判断，可以从文献价值、文物价值与艺术价值等几个方面综合衡量。所谓的文献价值，就是书在文献资料内容方面的独特性，以及重要的参考意义。有许多民间写本，尽管没有第二本，但内容平庸，如八股文、试帖诗等时文选录，或乡党间应酬的应用公文，这些内容在民间写抄本中极多，没有什么价值可言。当然同样的内容，如果是宋元以前的旧物，因为时代的久远，会增加它的稀有程度，也就具有了一定的文物价值。有些书由于书法写得特别精美，纸张或装潢考究，有艺术价值，又当别论。

1921年张元济从涵芬楼所藏的书中，选出"世无传本"的古刻名抄数十种，辑印《涵芬楼秘笈》共十集，其中就有影宋写本《续墨客挥犀》十卷、明抄本《复斋日记》二卷、明抄本《蓬窗类记》五卷、明朱象玄抄本《山樵暇语》十卷、汲古阁精抄本《霍渭厓家训》一卷、古香书屋抄本《黄尊素说略》一卷、旧抄本《消夏闲记摘抄》三卷、旧抄本《孙氏书画抄》二卷、《松下杂抄》一卷等，刻本极少，十之八九都是世无传本的精写名抄，故以"秘笈"名之。

许多抄本，特别是学者名家的抄本，很重视其版本的文献价值，在题跋中有所提示，应当特别予以珍视。明代随郑和第七次下西洋的金陵人巩珍，把他下西洋的所见写成了《西洋番国志》一书，此书与马欢所撰《瀛涯胜览》及费信所撰《星槎胜览》都是郑和下西洋的第一手资料。但后两书流传广泛，《西洋番国志》却很少有人知道。只有清初钱曾《读书敏求记》和《四库全书总目》里提到过，几乎没有人见过此书。研究郑和下西洋和中外交流史的人都以未见原书为憾。向达从周一良处得知其父周叔弢藏有清彭氏知圣道斋所抄《西洋番国志》，大喜过望，赶忙借来抄录一部。后此书连同其他许多周氏藏书一同捐献给了国家。这个抄本现藏于国家图书馆。此抄本白口，四周双边，版心下口有"知圣道斋抄校书籍"，后有向达跋语（图10-19）。近代戏曲大家吴梅藏清杨潮观《吟风阁》戏曲抄本，其后吴氏题跋云："此剧吴中传唱，仅《寇莱公罢宴》一折，其他虽老伶工且不知焉。余未见原本，往岁伯舅邹云巢（福保），曾见示原刊，亦未有旁谱。今得此全谱，自谓眼福不浅。且细按音节，确合律度分寸。或即当时嘌唱梨园所习之本。余敢断言世间无第二本也。犹记光绪三十二年常熟黄慕韩（振元）偶假得此剧，余欲借读一过，悭不肯与，怏怏而返。而今得与二三小友，按牙板击象箸，浅斟低唱，此乐实非容易。"可知一本文献价值高的书对于学者研究的意义。

有些抄本特别是一些精抄本，有较高的文物或艺术价值。如明内府彩绘抄本《明解增和千家诗注》（图10-21），朱丝栏，上图下

二隻與之裝載前去仍差落各門官仔細點檢放出不許纖毫
夾帶透漏故勅
一下西洋去的內官合用鹽醬茶酒油燭等件照人數依
例關支
永樂十九年十月十六日
勅南京守備太監楊慶羅智唐觀大使袁誠今命太監鄭和等
往西洋忽魯謨斯等國公幹大小舡六十一隻該關領原賞南
京入庫各衙門一應正錢糧并賞賜番王頭目人等綵幣等物
及原阿丹等六國進貢方物給賜價鈔買到紵絲等件并原下
西洋官員買到磁器鐵鍋人情物件及隨舡合用軍火器紙劄

油燭柴炭并內官內使年例酒油燭等物勅至爾等即照數放
支與太監鄭和王景弘李興朱良楊真右少監洪保等關領前
去應用不許稽緩故勅
宣德五年五月初四日
西洋番國誌
伏以皇天開泰運聖祖御明時創業建基垂法萬世成功懺美
於唐虞茂德丕隆於湯武欽惟太宗文皇帝繼聖守成代天理
物聲教洋溢乎四海仁化溥洽於萬方制作謀謨騰今邁古永
樂之初勅遣中外重臣循西海諸國招示恩威擴往聖之鴻眺
著當代之盛典輿圖開拓萬善咸臻未有至於此也宣宗章皇
知聖道齋

图 10-19 《西洋番国志》，清彭氏知圣道斋抄本

書名文集而卷目皆標論事蓋集中之一種全集
已亡而此種又闕七之一也四庫全書改題為李相
國論事集以入史部甚當其事新舊唐書通鑑多採
入皆櫽括其辭惟有史鑑所無者脫誤然從校正惟
名臣奏議中錄其文十餘條而脫處與此本正同是
鈔胥傳錄之誤已久矣隨文改正應若可讀非敢以
為定本也嘉慶丁巳白露節月雲居士識 補附錄
新舊兩書傳本傳皆以此書為藍本今逐一注出以新
書所採視舊書多至倍率諸文誠確乎有之昔人反以
此為新書詬病毋乃好為翻案之過同日又識

新舊書並載此事
李深之文集卷一
論事
論李錡財產請代浙西百姓租稅狀
元和二年浙西擒李錡伏法准舊例籍其家財
產業送上都翰林學士裴垍李絳等上言曰李
錡兇狡叛戾僭侈誅求刻剝六州之人積成一
道之苦陛下哀憫無告為之弔伐變愁怨之氣
為發生之和歌舞聖時負戴恩德其李錡家所
積錢帛皆斂于人或有酷法究濫之横死其身
取其貨或有枉法徵剥之吏加其罪納其財前
後事狀布聞遠邇聖恩本以叛亂誅討蘇息一

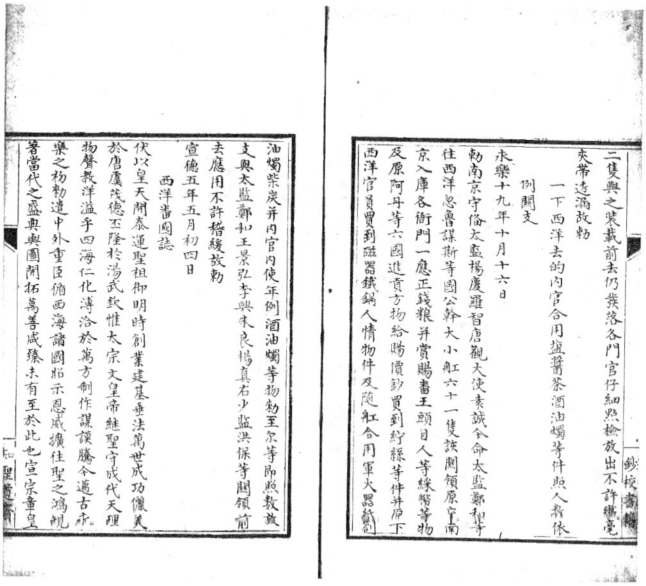

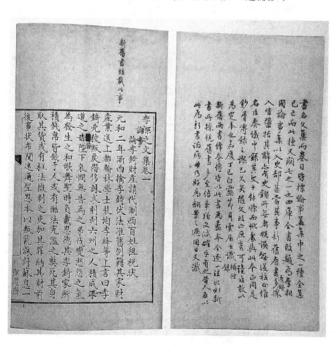

图 10-20 《李深之文集》，清彭氏知圣道斋抄本

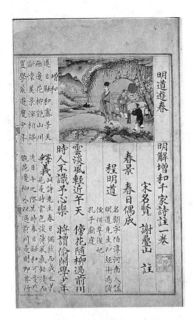

图 10-21　《明解增和千家诗注》，明内府彩绘抄本

文，开本阔大，用厚皮纸抄写。下节为《千家诗》原文与释义，上节步原韵和诗及彩图。此本出于宫廷书手，字为极工整漂亮的馆阁体字，比《永乐大典》的字还要漂亮。上面的彩图画得尤为精细，画幅虽小，线条细致，人物形象生动，背景色彩非常逼真。此书存世仅七绝与七律二卷，各分上下，共四册，却分藏于台北"故宫博物院"与北京国家图书馆两处。

（三）写本抄本时代的鉴定

1. 熟悉名人书法风格

宋代以欧体、颜体或瘦金体最为常见，元代至明代中前期赵孟𫖯的行楷书是当时最流行的风格，明代以后馆阁体成为最主要的抄书字体。馆阁体从明清以后一直影响到民国，以当时流行的馆阁体抄书成为代表性的书风。

虽然都是馆阁体，但明清两代的馆阁体还是有明显区别的。明代馆阁体笔画舒展硬朗，遒劲有力，显得较硬。清代则更加规范整饬，优美有余，刚劲不足。前者以《永乐大典》为代表，后者以《四库全书》为代表。

明清两代文人也都受当时社会上流行的馆阁体的极大影响，明代人的字大多写得比较随意，不够规范，馆阁体字笔画比较生硬，草率拙劣，有许多字写得就像火柴棍似的，远没有清代文人写得流畅规范。清代无论童生入学还是乡试会试，上至朝廷下到一般公共场合，都要用馆阁体，因此不论是文人抄本还是民间抄本，字普遍写得比较好，流畅规范，但有熟软之弊，缺乏明代的遒劲刚硬。

2. 熟悉历代名人室名堂号

明清时代，许多学者或藏书家都有专门用于写书抄书的稿纸，有乌丝栏、朱丝栏或绿格、蓝格等，往往在下书口标明自己的堂号，这些对于鉴定抄写的年代、作者都有一定的价值。藏书家抄书比较讲究，有些部头很大的书，如《太平御览》《文献通考》，还会印制专门的稿纸，把书名印在上面。稿纸的样式也多，明代蓝格抄本比较多。如明抄《新刊监本册府元龟》（图10-22），明抄章潢《古今图书编》《大明宪宗纯皇帝实录》《华夷译语》《皇朝本纪》，明抄吴讷编《百家词》，明数卷斋抄《契丹国志》，明澹生堂抄本《瀛涯胜览》，等等。嘉靖十六年（1537）古涿百川高氏抄宋俞文豹《吹剑录》（图10-23），黑格，四周双边，下书口有堂号（今藏福建省图书馆）。汲古阁抄书一如其刻书，书口都有堂号，有时在版心印有"汲古阁毛氏抄本"字样。清代以后，风气崇尚俭朴，红格（朱丝栏）与黑格（乌丝栏）较多。皇宫写抄书大多用朱丝栏（红格）稿纸，民间用乌丝栏（黑格）稿纸。至于一般文人，用素纸抄写，没

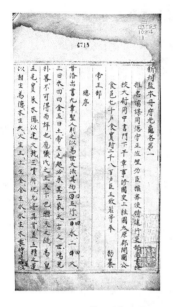

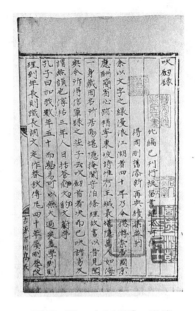

图 10-22　《新刊监本册
府元龟》一千卷，明抄本

图 10-23　《吹剑录》，嘉靖
二十六年（1547）古涿百川高氏抄本

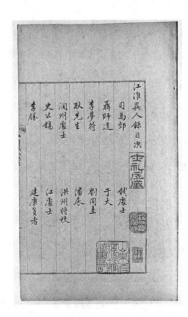

图 10-24　《江淮异人录》，清吴翌凤抄本

有栏格。如吴骞抄《云麓漫抄》（今藏湖南图书馆），吴翌凤抄宋周密《澄怀录》，黄丕烈抄《郑桐庵笔记》，孔广森抄《缉古算经》，都没有栏格。

王世伟、陈先行编《中国古籍稿钞校本图录》，2000 年由上海书店出版社出版，书后列了明清抄书的堂号与行格，可以参考。

3. 借助书前后的序跋断定

不少抄本在首尾的序跋题记中会有所交代。这些序跋题记有的是抄书人自题，有的有藏书家识语，内容往往涉及版本源流或抄写情况，对于鉴定本书为什么时代所写、什么人所抄有很高的价值。一般藏书家有固定的抄书栏格纸，抄书会留下自己的印记，或抄藏印章，或抄校书题跋，特别是清代学者很严谨，抄过要严格校正，如孔广森抄《缉古算经》（今藏山东省图书馆），题下有朱笔批："丁酉九月曲阜后学孔广森钞并朱字校补数事。"（图 10-25）清咸丰时

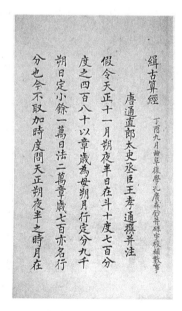

图 10-25 《缉古算经》，清乾隆间孔广森抄本

藏书家丁白一生布衣，手抄宋元刻本、明清稀见本上万卷，藏于其"宝书阁""月河精舍"中。他有一枚闲章说："手抄积万卷，数世之苦心。流落不知处，壁出丝竹音。"这类校书家、藏书家的印章还有许多。

前后的题跋，一种是书上原有的题跋，另一种是收藏家写的题跋，对于鉴定版本及其流传情况都有重要帮助。如过云楼藏魏郑小同《郑志》抄本，原书后面都有乾隆年间的朱笔题记："乾隆四十九年闰三月陈鳣借阅于武原客馆，并从雅雨堂刻《郑司农集》中'鲁礼禘袷义'参校一过。"不仔细看，很容易把它当作乾隆时期抄本。在最后一页最后一行，还有一行墨书小字："光绪丙子闰五月录于江苏书局，十八日竟，江山刘履芬。"旁又有朱笔小字："卷中朱笔及附录七页均依拜经楼本《禘袷志》，朱笔则陈简庄校改也。廿九日。"可知此书实际上是清光绪二年（1876）刘履芬的抄本，还过录了陈鳣的批校。同一批书中，清初吴兆骞的《秋笳集》抄本，原书前有康熙时吴兆骞兄长吴兆宽的序，后有乾隆时跋，很容易让人误以为乾隆时抄本，但从最后一页背面小字"《秋笳集》有大字本及巾箱刻本，余向皆有之。庚申兵燹不存。同治丁卯需次吴门，从武林朱县佐康寿借得是书，手录一分。题签尚有《归来集》一种，惜未得见。腊月廿一日呵冻书竟并记"，可知为同治丁卯年（同治六年，1867）的抄本。

4. 根据避讳字判断

明代刻书写书都没有避讳，只有明末朱常洛、朱由校两帝名避讳，"常"写作"尝"，"洛"写作"雒"，"校"避作"较"，而且避讳很不严格。但明代抄写宋代的本子，习惯上连宋代的讳字都要照写。如匡、桓、恒都缺末笔，但不避明代的帝讳。清代人据此往往把明覆刻本当作宋本。清代内府天禄琳琅藏书好多把明本误断为宋刊。

清代避皇帝的讳比较严格。除了顺治帝福临不避之外，康熙以下所有皇帝的名字都避，就是影写影抄宋本，除了照宋讳外，也要改动宋本中清代皇帝的避讳字。杨守敬影刻《古逸丛书》，所有古书遇到清代的帝讳，一概都避。前面讲清刻本里的避讳，在稿抄写本中同样适用，可参考。

5. 借助已出版的写本抄本工具书进行鉴定

近年来颇有一些写本抄本的影印本和工具书，除了上文所说的王世伟、陈先行编《中国古籍稿钞校本图录》外，尚有上海图书馆周德明、高洪兴编《上海图书馆藏涉园稿抄校本丛书》（100 册），国家图书馆出版社 2019 年出版。这是近代学者、藏书家张元济先生的家藏。张元济的涉园藏书不乏明清以降的稿本、抄本及批校本等，本就具有较高的文物价值，而张元济在购藏后，又以或题跋或补缺或批校等方式对之进行加工整理，大大提升了这批文献的学术价值。此外，如上海古籍出版社 2006 年出版《柏克莱加州大学东亚图书馆藏稿钞校本丛刊》、国家图书馆 2011 年出版李永明编《北京师范大学图书馆藏稿抄本丛刊》等，都可以供我们参考。

附录一

华东师范大学图书馆藏《联新事备诗学大成》
版本质疑*

最近笔者发现《第一批国家珍贵古籍名录图录》(以下简称《名录图录》) 著录的华东师范大学图书馆藏《联新事备诗学大成》三十卷 (国家珍贵古籍编号: 00831) 版本断代有问题, 该书在《名录图录》中著录为元刻本①。根据此书刻书字体直观地判断, 这个版本断代是错误的, 它应当是明代前期的刻本, 而不是元刻本。

为了弄清这个问题, 进一步查阅资料, 发现在国家重点文化工程 "中华再造善本・宋元编" 中也收录此书, 扉页标 "据华东师范大学图书馆藏元刻本影印", 似乎已成定论。事关重大, 不得不辨。

此书最早由建安人毛直方编。毛直方, 字静可, 建安 (治今福建建瓯) 人。宋咸淳中预荐, 入元授徒讲学。原书名《诗学大成》②, 后经三山林桢增补而成。建宁路瓯宁县尹兼劝农事朱文霆序云: "三山林君以正锐于诗者也, 乃欲编集以正其传, 而择取古今名公佳句比附于后, 比之旧编, 于事类则去其繁而益其切者, 于诗语则去其未善而增入其善者, 目之曰《诗学大成》。盖欲示学者之径庭, 而使不为他歧之所惑。……书市刘君衡甫锓诸梓, 且希余为之

---

* 本文系与刘春华合作。
① 见《第一批国家珍贵古籍名录图录》, 国家图书馆出版社 2008 年版。
② 《续文献通考》卷一百八十三 "经籍考", 明万历三十年 (1602) 松江府刊本。

序。"可知林桢为元代人，与朱文霆同时。南京图书馆也有该书藏本（国家珍贵古籍编号：00830），谓建安书市刘衡甫刻于元至正九年（1349）。日本国立公文书馆内阁文库藏有日本南北朝时期覆刊元至正乙未（十四年，1354）翠岩精舍刊本。

明代以后有宣德元年（1426）日新堂刻本，末有牌记镌"宣德元年岁次丙午日新堂刊"，目录末有牌记镌"宣德丙午仲冬日新书堂重刊"，中国台湾与美国耶鲁大学图书馆均有收藏。浙江图书馆藏明正统九年（1444）刘氏翠岩精舍刻、景泰三年（1452）重修本①。明代多有重刻，明代司礼监经厂也刻过此书，且流传更广。但其字体款式与建阳刻本迥然不同，可置勿论。

从《名录图录》的简介可知，此书系袁寒云旧藏，据华东师范大学图书馆韩进先生考证，本书递藏题跋的大致情况为："袁寒云在民国四年（1915）得此善本，在目录页后钤'寒云秘籍珍藏之印'朱文长方形印。《乙卯日记》正月十三日条记录云：'得元刊《诗学大成》三十卷，半叶十三行，行二十五字，明善堂旧藏。'民国十九年（1930）潘家把它捐赠给圣约翰大学，原图书卡片尚存，上书'潘明训先生捐赠，元版《联新事备诗学大成》，十九年十一月十日'。"②

因为此书前面缺了朱文霆的序，又没有刻书牌记及其他信息，故笼统断定为元刻本，并不明确是什么时间、什么书坊所刻。后来与南京图书馆（以下简称"南图"）所藏本对照，版式、行款、字体、笔画均一致，故知此书与南图藏本是一个版本。南图藏本书前有建宁路瓯宁县尹朱文霆的序，作于至正己丑（至正九年）年，序中有"书市刘君衡甫锓诸梓"。南图藏本是丁丙八千卷楼旧藏，丁丙

---

① 国家珍贵古籍编号：01927。
② 韩进：《袁寒云旧藏宋元本拾零》，《图书馆杂志》2012年第2期。

有跋。丁跋全抄前面有建宁路瓯宁县尹兼劝农事朱文霆序（又见丁丙《善本书室藏书志》卷二十）。南图本即据朱序定为"至正九年建宁路书市刘衡甫刊本"。南图藏本卷二书名改作"联新事备诗苑英成"，华东师大藏本也完全相同，都是仅卷二名称不同，其他卷仍作"联新事备诗学大成"，这也就是华东师大藏本定为元刻本的依据。

刘衡甫为元代刘君佐次子，是元末翠岩精舍刻书传人。翠岩精舍从元代前至元、延祐年间刘君佐起，一直延续到明代万历年间，前后历经近三百年时间。从元代前至元、延祐到明中后期刻书字体前后也不一致，仅《联新事备诗学大成》就先后刻过或修补数次，元至正时刻过此书，明正统九年（1444）又刻过此书①。正统九年刻、景泰五年（1454）重修的本子今藏浙江图书馆。华东师大藏本，

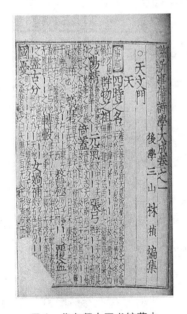 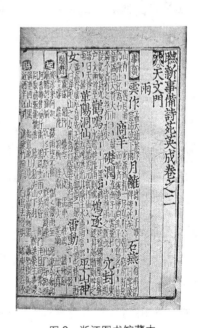

图1　华东师大图书馆藏本　　　　　图2　浙江图书馆藏本

① 参见瞿冕良：《中国版刻辞典》，齐鲁书社1999年版。

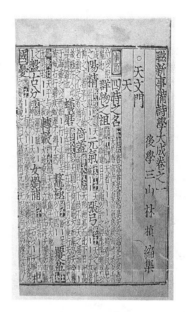

图3　南京图书馆藏本

与南图藏本、浙图藏本字体版式都极为相近。

从以上三图比较又可看出，三种藏本的字体与版式完全相同。微有不同的是浙图藏本每个条目下引用书名为阴文而已。

翠岩精舍是元、明时代建阳最著名的书坊，代表了建阳刻书典型的字体风格。在中国版刻史上，建阳的刻书有自己独特的风格，那就是与浙江地区流行的赵体字风格不同，仍沿袭宋代以来的颜体字刻书风格。元代建阳刻书的颜体字没有宋刻本笔画的厚重挺拔，笔画显得较为松软拘谨。但仍然保持手写行楷的自然流畅，横笔从左到右略向上倾斜，且起笔往往带有行书的逆锋，也就是俗称的"小尾巴"。看看现存国家珍贵古籍中所有元代翠岩精舍刻书的字体，即可知翠岩精舍元代刻书与上述三种刻本字体的差别。

虽然我们现在看不到翠岩精舍元刻本《联新事备诗学大成》原本，但日本国立公文书馆内阁文库藏有日本南北朝时覆刻元至

易變易也隨時變易以從道也其爲書也
廣大悉備將以順性命之理通幽明之故
盡事物之情而示開物成務之道也聖人
之憂患後世可謂至矣去古雖遠遺經尚
存然而前儒失意以傳言後學誦言而忘
味自秦而下蓋無傳矣予生千載之後悼
斯文之湮晦將俾後人沿流而求源此傳
所以作也易有聖人之道四焉以言者尚
其辭以動者尚其變以制器者尚其象以
卜筮者尚其占吉凶消長之理進退存亡

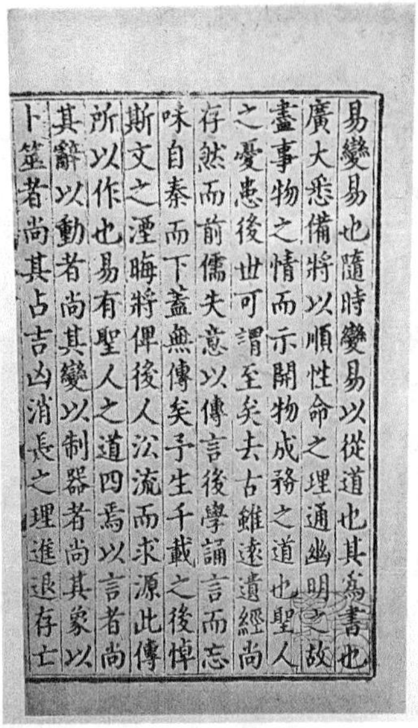

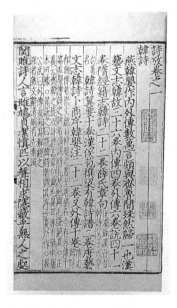

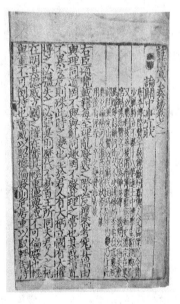

图 4　延祐元年（1314）《程朱二先生周易传义》

图 5　泰定四年（1327）刊《齐鲁韩三家诗考》

图 6　至正十四年（1354）刊《注陆宣公奏议》

至正丙申孟夏
十六年
翠巖精舍新栞
大廣益會玉篇卷第一

图 7　至正十六年（1356）《大广益会玉篇》

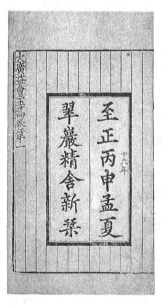

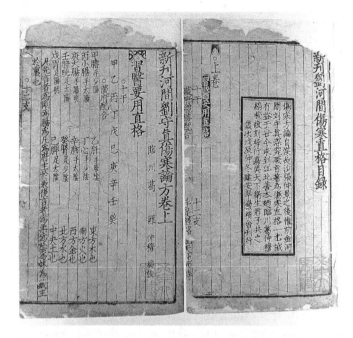

图8　天历元年（1328）《新刊河间刘守真伤寒直格》，翠岩精舍刊

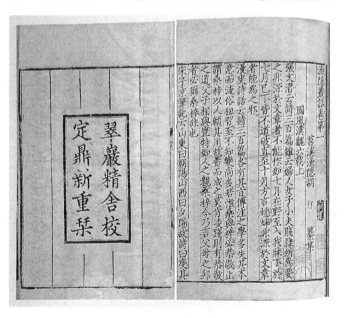

图9　元刻《苕溪渔隐丛话》，翠岩精舍刊

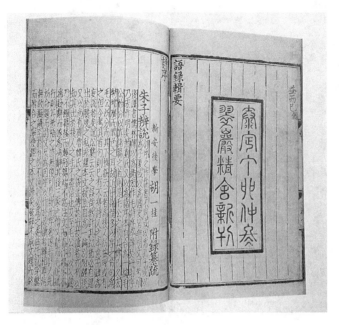

图 10　泰定四年（1327）刊《诗集传》，翠岩精舍刊

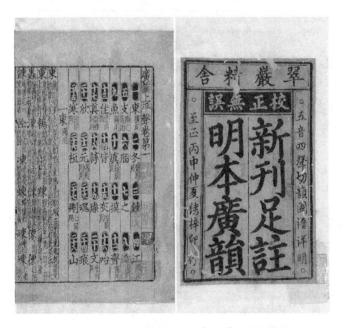

图 11　至正十六年（1356）刻《广韵》，翠岩精舍刊

正十五年（1355）本①，全书完整无缺，字体也与元代建阳刻书字体高度相似，除纸张外几乎看不出覆刻的痕迹。首为全书"纲目"，次为朱文霆序，复次为目录，目录后有长方框形牌记，云："旧刊《诗学大成》，繁而且冗，丛珠、珍珠囊等编，简而又略，盖两病焉。本堂是编，则去诸家之疵，而集诸家之粹。于叙事故事，总名之以事类。撼唐宋名贤佳句而削去重复，采皇元群英之警联而增广新奇，视前刊实为明备。敬用锓梓以广其传，收书君子幸鉴。至正乙未孟春翠岩精舍谨志。"日本南北朝时期相当于1336—1392年，与此书刊刻时代比较接近。

我们由此可以知道，虽然序作于至正九年（1349），实际印书却是在至正乙未即十五年，在纲目后和卷一尾部各有一条内容相同的

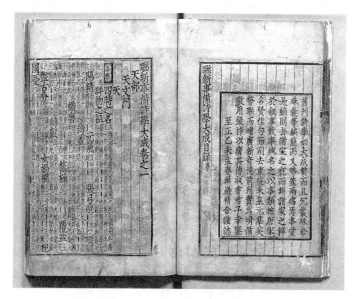

图 12　日本南北朝覆刻至正十五年（1355）《联新事备诗学大成》

---

① 见日本国立公文书馆网站：https：//www.digital.archives.go.jp/.

木记:"至正乙未孟春翠岩精舍新刊"。卷二题名也没有像南图藏本改作"诗苑英成"。字体与前引翠岩精舍元刻本非常相近,故此本才是元刻本原貌,而绝无至正九年(1349)、十五年(1355)两次刻版之理。

相比之下,华东师大馆藏本、南图藏本、浙图藏本没有元代翠岩精舍字体自然生动,笔画显得平整僵硬,特别是横笔已无右上倾斜,顿失自然之趣。这也是建阳刻书在明初共同的特点。明初洪武、永乐时期基本上还与元代的字体没多大区别,宣德、正统以后,刻书字体开始出现了差别。字体逐渐变得横平竖直,横的笔画越来越平,越发显得平整呆板。这是从元代的手写软体到正德、嘉靖间工匠化硬体过渡阶段的共同特征。不单单是翠岩精舍如此,建阳地区整个刻书都有共同的时代与地域特点,一个时代刻书字体风格有高度的一致性。如宣德十年(1435)圆沙书院覆刻元圆沙书院本《大广益会玉篇》,弘治五年(1492)詹氏进德书堂刻《大广益会玉篇》,明初叶氏广勤书堂重刻《针灸养生经》,都是这种平整呆板匠体化的字。翠岩精舍入明之后的刻书有少数还保持元刻的自然风格,如景泰五年(1454)刻《五伦书》,与元刻几无差别,有些书如正统十一年(1446)刊《新编事文类聚翰墨全书》就方正呆板,缺乏自然生动之致。这本《联新事备诗学大成》就属于后者。

总之,华东师大藏的这部,当然也包括南图藏的《联新事备诗学大成》,并不是元刻本,而是明前期翠岩精舍的重刻本。历史上翠岩精舍刻书大都有牌记或内封面,由于佚去了序言与牌记、内封面,被误当作元刻。这类以明初刻本冒充宋元本的例子很多。仅就本书而言,造假亦有多种。中国台北"故宫博物院"藏一部《联新事备诗学大成》,牌记与上引至正十五年的牌记一样,但剜去了最后一

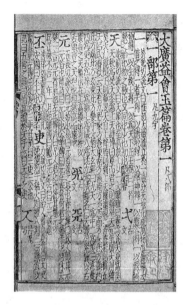
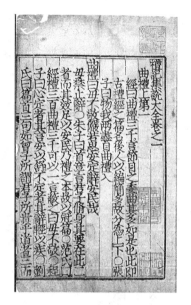

图 13　《大广益会玉篇》，宣德十年
（1435）圆沙书院覆元刻本

图 14　《礼记集说大全》，
明建阳刊本

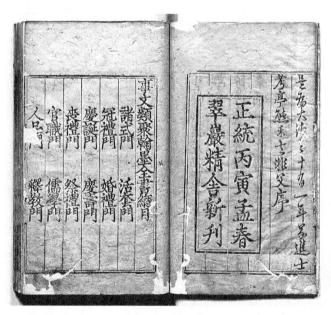

图 15　正统十一年（1446）翠岩精舍刊《新编事文类聚翰墨全书》，
日本国立公文书馆藏

行，改作"皇宋咸淳辛亥新安双桂书堂新刊"，林桢是元代人（见前朱文霆序），牌记竟然是宋代刻书牌记，假冒得更离谱。清内府天禄琳琅收藏一部与此书编者、卷数、内容完全相同的书，书名改为《增广类联诗学大全》，为明正德十一年（1516）西园堂刊本，书估将"正德丙子仲春吉旦，西园堂刊"的牌记中的"正德"挖改为"大德"，以充元版，然而元代大德年间并没有"丙子"年①。张钧衡《适园藏书志》卷九记载有一部《新刊宋本校正增广联新事备诗学大全》，署"建邑刘氏刊"，亦是十三行本，"前无序，后似有牌子，已撤去"。②此书也极有可能是书估故意抽掉了明代刻印的序言、牌记，以冒充元刻本。连大藏书家丁丙与袁寒云都有失细考，把它误断成了元刻本。

---

① 参见彭元瑞等:《天禄琳琅书目后编》卷二十，上海古籍出版社2007年版。顺便一提，此书编者把林桢误标为宋人，也有失细考。
② 参见张钧衡:《适园藏书志》卷九，中国书店2008年版。

附录二

泰山磁版新考

清代康熙末年出现于山东的泰山磁版，是古籍中一种独特的类型——磁版书。它的发明者是泰安文人徐志定。他用磁版印的书，存世的只有两部，即明末清初张尔岐的《周易说略》《蒿庵闲话》。泰山磁版的版本类型是什么？有的说是磁活字版，有的说是泥刻版烧磁。从 20 世纪 60 年代磁版发现以来一直争议不断，莫衷一是。笔者近来经过考证，得出一个新的看法，它是用活字印在泥版上，然后上釉烧成磁版。

一、 泰山磁版的争论

关于徐志定泰山磁版，最早据清金埴的《巾箱说》："康熙五十六七年间，泰安州有士人，忘其姓名，能锻泥成字，为活字版。予初闻之，矜为创造之奇，而不知其有本也。及检沈存中括《梦溪笔谈》云：庆历中，有毕昇为活版，用胶泥烧成，乃知巧心妙手，在前人蚤已为之。按昇即活字版之始。得书之易，洵艺林乐事也。埴特表而出之。"① 金埴为清初人，虽籍贯会稽（今浙江绍兴），但跟他父亲在山东生活多年，所记载的是同时代的人事，他的锻泥为活

---

① 据《古学汇刊》丛书，民国铅印本。

字版的话应当是可信的。

徐志定，字静夫，山东泰安人，雍正元年（1723）举人（举贤良方正），做过知县。他在康熙末年创磁版，印过其同乡张尔岐《周易说略》与《蒿庵闲话》。前者封面横书"泰山磁板"，序后有"康熙己亥四月泰山后学徐志定书于七十二峰之真合斋"。后者卷端下方有"真合斋校正"，卷一尾印"真合斋磁板"。

张秀民、韩琦①，朱家濂②等先生认为是活字。理由是：两书字体大小不均，但相同的字，都大的大，小的小，却相吻合，墨色浓淡不匀，直线有的斜成了弧形，四周边栏有大缺口。但魏隐儒③、陶宝庆①、李致忠⑤先生据书页内有断裂处，否定为活字版，认为是刻在泥上整块烧成磁版。两种说法各有其道理，又各有其不足。

泰山磁版是印刷史上的孤例，缺乏其他相关的证明。《周易说略》序中说："戊戌冬，偶创磁刊，坚致胜木。因亟为次第校正，逾己亥春而《易》先成。既喜其书之不终于藏而人与俱传，并乐此刻之堪以历远久也。"一般的活字可以较快速地排印书，但不能保存书版"堪以历远久"。封面又印"泰山磁版"，所谓"磁刊""磁版"似应当是整版。但为什么边栏的缺口和行字的歪扭又体现出活字的特点呢？会不会是用阴文正字的字模印在泥版上烧成磁版呢？

---

①　参见张秀民、韩琦：《中国活字印刷史》，中国书籍出版社1998年版。
②　参见朱家濂：《清代山东徐氏的磁活字印本》，载上海新四军研究会印刷印钞分会编：《活字印刷源流》，印刷工业出版社1990年版。
③　参见魏隐儒：《中国古代印刷史》，印刷工业出版社1988年版。
④　参见陶宝庆：《一部珍贵的磁版印本〈周易说略〉》《是磁版还是磁活字版？》，载上海新四军研究会印刷印钞分会编：《活字印刷源流》，印刷工业出版社1990年版。
⑤　参见李致忠：《古书版本鉴定》，文物出版社1997年版。

二、 泰山磁版是用活字字模捺印出来的

根据朱家濂先生对《周易说略》《蒿庵闲话》的比较，两书的字完全一致，"相同的字，字皆吻合"，常用的字如者、之、高、经、节等字，都较小，一、二、三、四等数字都稍大，两本书里的"避"字都很大，"字体吻合，丝毫不爽"。①朱先生只是通过这些字的比较，证明它是活字。沿着朱先生的思路，对两书中相同的字，逐一做一个通检，可以得出结论：每个字的字形、大小、写法从前到后在两书中都是完全相同的，也就是说，都是由一个字模印出来的。

笔者的做法，是挑选书中一些特点明显的字，分三类进行逐字的比较。一、字形较小或较大的字。如"亨"明显小于其他字，把所有的"亨"字都找出来，两书中所有"亨"字都明显小于前后的字，而且字形完全一样。"武"字小，而且略向右下歪扭，通检两书也完全一样（图1）。"更""晋""嘉"三个字字形也较小，两书中的这三个字，没有一个大的，笔画也都完全一致。字形较大的字，如"变""机""避"也是前后都一样大，字形、写法完全一致。二、写法较特别的字。如"分"用行草书体，两书中所有"分"都是行草书体，没有一处是工整楷书的（图2）。"厚"上加一点，两书都统一。"氏"的斜勾较长，上加一点作"弋"字，两书皆然。"节"不作"節"而作草字头，字形小于前后其他字，两书中也一致，没有一处例外。三、抓住一些字局部细微的特点，进行更细致的比较。如"小"字的写法，左边的点略带行书回笔笔锋，两书中所有的

---

① 参见朱家濂：《清代山东徐氏的磁活字印本》，载上海新四军研究会印刷印钞分会编：《活字印刷源流》，印刷工业出版社1990年版。

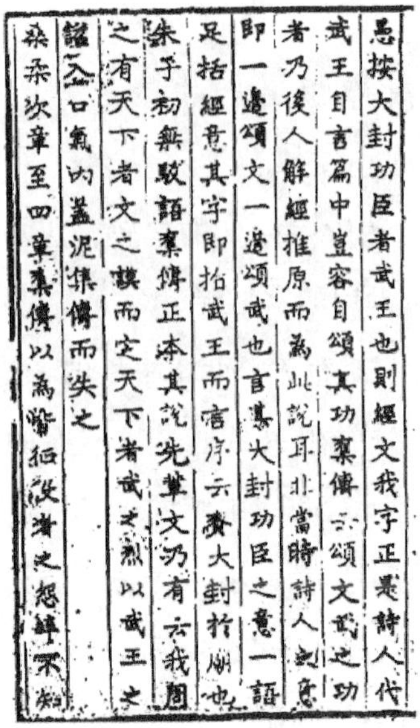

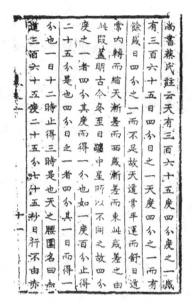

愚按大封功臣者武王也則經文我字正是詩人代
武王自言篇中豈容自頌其功集傳云頌文武之功
者乃後人解經推原而為此說耳非當時詩人剏意
即一邊頌文一邊頌武也言集大封功臣之意一語
足括經意其字即指武王而言序云賚大封於廟也
朱子初無駁語集傳正本其說先輩文乃有云我周
之有天下者文之謨而定天下者武之烈以武王之
謚入之口氣內蓋泥集傳而失之
桑柔次章至四章集傳以為皆征役者之怨辭不知

图 1　四个“武”字比较，
《蒿庵闲话》卷二

尚書蔡氏註云天有三百六十五度四分度之一歲
有三百六十五日四分日之一天度四分之一而有
餘歲日四分之一而不足故天道常平運而舒日道
常內轉而縮天漸差而西歲漸差而東此歲差之由
此段蓋明古今冬至日躔中星所以不同之故四分
度之一者四分其度而得一分也如一度百分止得
二十五分是也四分日之一者四分其一日而得一
分也一日十二時止得三時是也天之腰圍名曰赤
道三百六十五度二十五分廿五秒日行不由赤

图 2　“分”字写法，
《蒿庵闲话》卷一

“小”字左点无不带回锋（图 3）。如“九”横弯笔画略微上倾，一撇较长而略弯曲，“吉”字上横很短而下横特长，两书也莫不皆然（图 4）。唯一发现的例外，是“之”有两种写法，一是工整的楷书，一是略带行书的短捺笔，可能是这个字用得特别多而有两个字模。

一般的活字印刷，特别冷僻的字可能只需要制作一个活字即可，大多数常用字必须多备一二十个或者更多。因为都是手工刻字，就是同一个人写也不会完全相同，尤其是这种软体写刻的字。在一个版面出现相同的字一定是不同的单个活字。不同的活字就能比较出它们的差异。而《周易说略》与《蒿庵闲话》即使是同一版上出现多次的字也完全一样。通过相同文字的比较，说明这两部书与以前的所有活字本不同，不是一个个活字排印的，而是由一个字模印出来的。证明了泰山磁版既不是活字排印，也不是泥版刻印，而是用

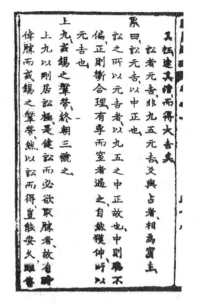

图3　五个"小"字的比较，　　　　　图4　"九"与"吉"字，
　　《周易说略》卷二　　　　　　　　　《周易说略》卷一

活字字模在泥版上一个个捺印出来的，与乾隆初年吕抚的活字泥版是同一种工艺。

正因为造字少，才能够冬创磁刊，春已成书。如果是一般造字，不可能如此神速。一般泥活字至少要造字十万左右，或在泥版上刻字比较费时费力，不可能这么快。这种用活字字模印书的，历史上只有乾隆初年的浙江新昌吕抚活字泥版一家。

三、 徐志定与吕抚的关系考

康熙五十八年（1719）《周易说略》先印成，徐志定对张尔岐的诸多著作"亟为次第校正"，颇有陆续付印之意。之后的《蒿庵闲话》到底是哪年印成的，还印了哪些书，我们不清楚。但徐志定在印书之后中举人，任浙江新昌知县。据民国《新昌县志》卷八"职官表"："徐志定，山东人，生员荐辟，雍正九年任。"① 知徐于雍正九年（1731）任新昌知县。

而吕抚已为新昌县学生员多年，著书颇丰。吕抚兄长吕揆，字尚锡，为选贡。兄弟两个在当地都有较大的影响。民国《新昌县志》卷十二，兄弟二人均有传。吕揆"字同怀尤肫，遣嫁女弟，奁具必厚。造就弟抚成通儒"。说吕抚，"幼读父书，痛自刻励，年十五补弟子员，喜藏书，与兄析产，不受广厦腴田，独检集遗书以去，又自购益之。筑逸亭藏其中，恣意翻阅，遂精于天文、地舆、兵法、性理、皇极之学，思见诸用而不得，遂广集名流以著述为事。成书甚夥，已半付梓。适海宁查氏狱起，因毁板焉，仅传有《三才图》《四大图》《廿一史通俗衍义》。乾隆元年举孝廉方正"②。吕抚《精订纲鉴廿一史通俗衍义》前有新昌县令雍正五年（1727）邑令李之果序，说明吕抚与当地县令关系较密切。在该书第二十五卷中，载吕抚叔父吕作肃所作《安世传》（吕抚字安世）说："癸卯年（雍正元年）邑主李，丙辰年（乾隆元年）邑主程，俱重其才德品望，两举贤良方正，力辞。程不准辞，乃辞官受爵，请给六品顶戴荣身。"③益可证明吕抚与徐志定前后任县令都有非常密切的关系。那么雍正九年（1731）徐志定到任，他们之间交往过从的可能性极大。徐氏刚刚用磁版印了那两部书，或许还在任上继续努力印书，而吕抚"早欲将是书(《精订纲鉴廿一史通俗衍义》)问世，以工价繁重未能也。藏之笥箧者三十年"而未果。两人年龄相若，嗜好相同，徐氏

---

① 参见金城修，陈畲等纂：《新昌县志》卷八"职官表"，民国八年（1919）排印本。
② 金城修，陈畲等纂：《新昌县志》卷十二，民国八年（1919）排印本。
③ 转引自白莉蓉：《清吕抚活字泥板印书工艺》，《文献》1992 年第 2 期。

"锻泥成字为活字版"，泰山磁版想必会给吕抚一定的启发。吕抚的活字泥版大约试制于雍正末至乾隆初，乾隆初年以后成书。《第一批国家珍贵古籍名录图录》中《精订纲鉴廿一史通俗衍义》（编号：02267）定为清雍正活字泥版印本，是错误的。因为该书第二十五卷所附的《安世传》所记事已至乾隆元年（1736），该书的印行，必在是年之后，已晚于泰山磁版十七八年。所以笔者认为泰山磁版是吕抚活字泥版的前身，两者有一定渊源关系。

但是何以吕抚只字未提及他的泥版的来源？这可能与徐志定在新昌的政声不佳有关。徐志定雍正九年（1731）任试用知县，雍正十年（1732）当地即发生不法刁民阻挠经销盐商的骚乱。经绍兴府允准的分销盐商受到当地刁民数十人大打出手，拆毁盐店，徐志定没有立即捉拿制止，反而闹到刁民"哄闹县堂、毁坏公案"，使得新

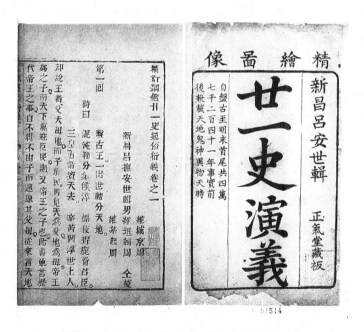

图5　《精订纲鉴廿一史通俗衍义》，乾隆初年吕抚活字泥版印本

昌一度断盐。雍正十一年（1733）六月以"才既昏庸，性复柔懦"
被革职①。

四、泰山磁版与活字泥版的工艺同异

在中国古籍印刷史上，吕抚的活字泥版是一项重要发明。先用
泥制作阴文正字的字母，在准备好的泥板上做好边框行线，用字母
依行印出阳文反字的泥版用来印书。徐忆农《活字本》一书中说：
"这是活字与整版相结合的印刷方式。如果排除制字材料的因素，吕
抚之法比后世用纸型浇铸的铅版工序要少，自然也更方便，同时造
字的数量在古代活字印刷术中是最少的。"②

很有可能吕抚的这个办法来源于徐志定的磁版经验。也可以从
吕抚的活字泥版中看出磁版与泥版的相同工艺，以及后者对前者的
改进与不同之处。

首先，二者制作原理是相同的，都是先制作活字字模。改变以
前活字版印书制作大量活字的办法，每个字只制作阴文正字的字模
（字母）一个，然后制作印书用的泥版。在做好的平整的泥版上用竹
片或木片设置四周边框，画好行线，用字模逐个捺印在泥版上。印
完一行，将文字之外多余的泥清掉，再印另一行。如是一行行地捺
印完整版。

其次，在工艺上，吕抚对徐志定的工艺做了许多改进，制作更
加简易，节省材料，降低成本。徐志定的活字字模是写刻的，吕抚
则是"用两开方铜管，借他人刻就印版"印成字母。也就是拿别人

① 参见金城修，陈畲等纂：《新昌县志》卷四，民国八年（1919）排印本。
② 徐忆农：《活字本》，江苏古籍出版社2002年版。

刻的雕版，在文字上用注泥的铜管向下按，即成阴文正字的字母，省去了自己动手刻字的环节，实在没有的极冷僻的字再动手刊印。仅这一项就省去了大量物力与人工。

最后，徐志定磁版书出现书版开裂与变形。如《周易说略》卷一第四十八叶、卷七第十叶，《蒿庵闲话》卷一第二十二叶、二十三叶都有断版，这可能是泥版制作材料的原因，或烧锻时火候所致。《周易说略》中有相邻几页出现行线不直近于弧线形状，"行线几成弧形，排成一顺歪斜现象"，因制坯材料的原因，阴干的快慢或烧制的温度或冷却的速度，都可能会产生磁版的变形，形成行线的弧形变化①。

这些当是吕抚所知道或亲眼看到的。他对制泥版的材料和工艺做了很大改进：在制作泥版时，先将泥漂洗，去除下沙，"抚因思一法，以秫米粉和水捻成团，如梅子大，入滚汤内煮令极熟。去汤，用小木锤练成薄糊，待牵丝不断，以大梳梳弹过新熟棉花和匀，乃和漂过燥泥粉，入厚板上，用斧杵千百下，硬无软"，"以熟桐油练漂过细泥，用斧杵千万下，宁燥毋湿。待极粘腻，屈丝不断，将油泥打成薄薄方片……以泥片切齐铺板上……"，就可以开始捺印字母了。② 可以看出，吕抚改进了材料，在澄泥里加入了高黏度的秫米粉，掺入新梳弹过的棉花和匀，这样可以避免泥版开裂。

徐志定用阴文正字的活字字母一个个印在泥版上，然后刷一层薄釉，入窑烧为磁版。可能因材料问题，也可能因烧造火候和技术问题，导致有些地方出现裂版和变形，所以吕抚在乾隆初年用泥字

———————————

① 这是陶宝庆先生请教陶瓷厂技术人员分析的磁版变形的可能原因，参见陶宝庆：《是磁版还是磁活字版?》，载上海新四军研究会印刷印钞分会编：《活字印刷源流》，印刷工业出版社1990年版。

② 转引自白莉蓉：《清吕抚活字泥板印书工艺》，《文献》1992年第2期。

版印自著《精订纲鉴廿一史通俗衍义》受此启发，减少了上釉与入窑火烧的工序，既可以降低许多成本，又可避免泥版开裂和变形。

五、结论：磁版、泥版与纸型失之交臂

现代铅印技术是排好铅字版后，在特定的纸质材料上压成阴文的模板，做成纸型，然后用铅液浇铸成铅版以供印刷，既可以反复使用，又便于运输。磁版或泥版，用字模压成阴文，甚至不必剔除边框界栏，即可直接压成可以浇铸的纸型。如果徐志定在工艺上往前跨一步，利用磁版、泥版浇铸铅版，一下子就进入效率百倍的现代工艺了。失之交臂，实在令人惋惜。

后　记

　　这本书是我在南京艺术学院讲授"古籍版本鉴定"课程的讲稿基础上，略加修改补充形成的。大部分曾在《收藏与投资》杂志上发表过，收入本书时做了一些修改。

　　回首几十年来自己与古书的不解之缘，可喜可悲，亦复可笑可怜。自记事起，印象最早最深的，大概是 1968 年夏秋间的一个晚上，我父亲被揪斗的场面：身上贴满白纸，戴着高帽，家里的书被一捆一捆地带走烧掉。那是我能记起的最早的事。父亲在抗战后期是我村学校的创办人，教了几十年书，揪斗他的红卫兵乃至他们父辈都是父亲的学生，这让他很痛心。我的曾祖父孔广选是清末秀才，在县衙里做文书，老年又做私塾，设帐授徒，一辈子喜欢置地买书。祖父考上秀才后，又投考保定军官学校，后来因吸大烟，田产卖尽，唯剩几柜书。1936 年祖父去世时，伯父、父亲都还年幼，等到新中国成立初期父辈分家时，我曾祖父的藏书被分成四份。父亲得到其中一份。那时由于家里孩子多，上学没钱买练习本，就拿一本线装书，把书口裁开，在背面写作业。好多线装书就这样被我哥哥姐姐糟蹋了。我父亲虽然也做过私塾，兴办学校，但眼光很守旧。"破四旧"时，他把父祖辈读过的五经四书、诸子史书以及家谱、地亩册等藏在墙柜里，柜门用石灰抹平，外面用糨糊牢牢地贴上毛主席像，小说、戏曲、碑帖等杂书，无关紧要，搁在书柜里任人查抄。墙上的主席像竟像护身符一样，无人敢动，墙柜里的书因此躲过了"浩劫"。

等到"文革"结束我上初中时，才开始能看懂这些古书。那时候在学校没有课业负担，放学回来就钻在楼上看这些"破书"。只能看一些带图的浅显的《四言杂字》《千家诗》，耍小聪明抄了一些名言名句用人作文中，受老师表扬而沾沾自喜。然后看了残缺不全的《三国演义》，再看完整的《古唐诗合解》《古文释义》等。经过历次查抄，所剩的寥寥无几，大概总共也就三五百本。每次我翻这些东西的时候，我的老父亲就会在旁边指指点点地介绍，并说以前家里还有些什么书，哪些书被烧掉了，哪些书被抄走了，哪些书被人借走了没有还。我发现真正有价值的书都被烧掉、毁掉了，慢慢地就对这些古书有了一种感情，始终怀疑家里哪些角落还会有一些书。我上初中、高中的那几年，经常习惯在家里找书，就在家里各个房间角落寻寻觅觅，有时竟然在阁楼上旧木箱里又找出好一大摞。到伯父姑姑家里也去找，他们家里的孩子都不要书，只要能找到的都归我。一个十五六岁的少年，上高中时经常做的不是罗曼蒂克的梦，而是一堆堆的旧书或金石碑刻，很像一个流落街头的"遗少"。

1982年，我考上河南大学，读的是中文系，每次到学校去，总要带几本线装书，请系里的老教授或图书馆的专家帮助鉴定。在大学期间听了吴君恒教授的目录学课程。吴先生是朱起凤的外甥，目录学讲得很好，直到现在我还保留着当年的听课笔记。毕业后进了南京师范大学中文系读研究生，听了张芷先生、王长恭教授的目录版本学课程。南师大中文系的资料室有十万册线装古书，研究生可以进去看，真是大开眼界。孙望先生买的两卷敦煌写经，那时还在教师备课室柜子里陈放，也随别人看过两次。在绿树环合、古雅宁静的中大楼里翻看这些古书，简直就像进入了人间天堂。

工作之后，同时在几个学校兼课，手上有了一些外快，就开始买书。上中文自考本科课，每学期都会到无锡、常州、南通授课，逛旧书店和古玩市场很方便，特别是无锡的南禅寺，去得更多，常常有意想不到的收获。我买书目标很明确，主要是稀见的线装书。南京的朝天宫、杨公井，更是必跑。每每看到书摊上一摞发黄的线装书，马上就走不动了，蹲下来翻看，一边看一边装作漫不经心地跟卖家砍价，斗智斗勇，总要想方设法买到方罢休。工作出差到外地，第一时间必去的是古旧书店或书摊。只恨自己囊中羞涩，节衣缩食，哭穷甚至耍赖与书商讨价还价。

在买书的过程中，我逐渐发现了自己的学术兴趣。我家原来的藏书大多是祖上科举用的各种八股文选本，自己硬着头皮读过一些。后来从几位书贩手中又买到许多这类书，排比起来有一大书柜，后来读博士时就选定明清八股文流派作研究对象。

20 世纪 90 年代初，在书肆上发现些许书本看来很像佛经，刻的字大，装潢也颇为考究，但书名很长又很奇怪，查不到。我看着好玩买了一些。我那时候经常到南京大学赖永海先生家聊天，请赖老师帮我看，赖老师说这些都不是佛经，是宝卷，但他也查不到这些书名和相关资料。后来查车锡伦先生的《中国宝卷总目》大多也查不到，特别是明代白莲教教派刻印抄写的经卷，有三十多种都是没有见诸著录的，仔细研读又若隐若现地看到白莲教活动的一些行踪，这些明末清初的宝卷也引起了我浓厚的兴趣。

买得最多的一次，是 1995 年底 1996 年初原南京大学王季星、周锺灵先生的两千余册藏书，花了一万元全部买下，装了满满一辆三轮车。

买书是学习古籍版本最有效的途径。几百上千甚至上万元，对于一个穷书生不是个小数目，稍有不慎便全打了水漂。每买一本书，我都要反复审视，翻书目，验图录，数行格，查著录，而有时根本不容查阅求证，就要当场成交。后来一个卖书的好朋友晒出一本《崇宁藏》残卷，我怦然心动，担心别人捷足先登，数万元定金立马成交。为了少交学费，各种讲目录版本的书、各种版本图录我都收集了许多。赵万里主编的《中国版刻图录》不知翻了多少遍，几乎每一幅图都能了然于胸。

2007年后我到南京艺术学院任教，其中一门课就是"古籍版本鉴定"，要把以前买书藏书的经验系统化、理论化，却不是一件容易的事。我逼着自己写出十数万字的讲稿，从前人所有的版本学著作中汲取学养，结合自己的经验教训，总结出可以让人掌握的一些知识和理论。20世纪后古籍数字化日新月异，为我们提供了更为方便快捷的途径，从早期日本东京大学东洋文化研究所、早稻田大学、日本国立公文书馆，到美国哈佛大学燕京图书馆，几乎一本一本地下载，到现在，我已经有了国内外数十家图书馆30T的数字化古籍资源，从纸质书收藏转变为电子书收藏，这是以前任何藏书家做梦都想不到的事。可以足不出户，尽情浏览中外各大图书馆的古籍图书，坐拥百万古书，岂不快哉！

这本书就是我上课的"实录"，试图把很神秘复杂的经验条理化，把抽象深奥的知识简单化，从字体、版式诸方面勾勒出一个较为明晰的轮廓，然后再以国内外现存的古籍来验证。有一些与前人相同的地方不敢掠美，与前人不同的地方也不避直言，希望得到各位读者及专家学者的批评指正，以匡不逮。

感谢我的学生们为我整理初稿，感谢多年来在藏书买书道路上给我指点和帮助的各位前辈学者，如章诚忘、柳定生、杜信孚、沈燮元、沈津、韦力、薛冰、周瑞元等先生。

孔庆茂

2023 年 10 月于南京

图书在版编目 (CIP) 数据

古籍版本价值及鉴定 / 孔庆茂著 . — 北京 : 商务印书
馆 , 2023
ISBN 978-7-100-21459-9

Ⅰ . ①古…　Ⅱ . ①孔…　Ⅲ . ①古籍—版本鉴定
Ⅳ . ① G256.22

中国版本图书馆 CIP 数据核字（2022）第 126639 号

古籍版本价值及鉴定

孔庆茂　著

商 务 印 书 馆 出 版
（北京王府井大街 36 号　邮政编码 100710）
商 务 印 书 馆 发 行
江苏凤凰数码印务有限公司印刷
ISBN 978-7-100-21459-9

2023 年 11 月第 1 版　　开本 720×1000　1/16
2023 年 11 月第 1 次印刷　印张 23¼

定价：99.00 元